P.A.U.L. D.

Lehrerband

6

Herausgegeben von: Johannes Diekhans
Michael Fuchs

Erarbeitet von: Sabine Aland
Markus Apel
Thomas Bartoldus
Johannes Diekhans
Michael Fuchs
Sandra Greiff-Lüchow
Dietrich Herrmann
Martin Pohl
Frank Radke
Siegfried G. Rojahn
Luzia Schünemann
Achim Sigge

Schöningh

Bildquellenverzeichnis

Aus: Paolo Enrico Arias/Max Hirmer: Tausend Jahre griechische Vasenkunst, Hirmer Verlag, München 1960, S. 118/Berlin Ehem. Staatliche Museen: S. 79; Avenue Images/Index Stock/Fabrik Studios: S. 19 (r.); © Caro/Hoffmann: S. 51 (l.); doublepoint pictures/buchcover.com: S. 19 (l.); © dpa-Bildarchiv: S. 27; © dpa-Sportreport: S. 28; Tonke Dragt: Das Geheimnis des siebten Weges, Verlag Beltz & Gelberg, Weinheim 1994, Bilder von Tonke Drag: S. 22; © 2002 Droemersche Verlagsanstalt Th. Knaur Nachf. GmbH & Co. KG, München: S. 84, S. 85, S. 89; © Eichborn AG, Frankfurt am Main, März 1999: S. 131 (4); aus: Guinness. World Records 2002, Guinness Verlag GmbH, Hamburg 2001, S. 220/Mark Thompson, Allsport: S. 29; aus: Historisch-kritische Gesamtausgabe, Bd. 4, Hrsg. von Friedrich Bohne. Wiesbaden: Vollmer Verlag o. J.: S. 59; images.de/Oswald Baumeister: S. 24 (r.); Charles Lamb/Mary Lamb: Was ihr wollt. Shakespeare-Erzählungen, Verlag Werner Dausien, Prag 1985, S. 151/Zeichnung: Miroslav Rada: S. 132; © by Klaus Michael Lehmann, Castrop: S. 50; H. Mall/mallpictures/ buchcover.com: S. 24 (M.); plainpicture/H. Pietsch: S. 24 (l.); aus: e.o. plauen „Vater und Sohn" in Gesamtausgabe Erich Ohser © Südverlag GmbH, Konstanz, 2000: S. 161, S. 194; aus: Gunther Preuß, Leselöwen-Gespenstergeschichten, Illustrationen von Marlis Scharff-Kniemeyer © 1994 Loewe Verlag GmbH, Bindlach: S. 192 (u.); © 2005 Pascal Amos Rest/Agentur Focus: S. 52; © Schapowalow/Huber: S. 51 (o.); aus: Ingrid Uebe, Leselöwen-Dinosauriergeschichten, Illustrationen von Heinz Ortner © 1994 Loewe Verlag GmbH, Bindlach: S. 192 (o.); © VISUM/Martin Franz: S. 51 (r. u.); Veronika Wypior/Verlagsarchiv Schöningh: S. 65; weitere: Verlagsarchiv Schöningh.

Sollte trotz aller Bemühungen um korrekte Urheberangaben ein Irrtum unterlaufen sein, bitten wir darum, sich mit dem Verlag in Verbindung zu setzen, damit wir eventuell notwendige Korrekturen vornehmen können.

www.schoeningh-schulbuch.de
Schöningh Verlag, Jühenplatz 1–3, 33098 Paderborn

Druck 5 4 3 / Jahr 2012 11 10
Die letzte Zahl bezeichnet das Jahr dieses Druckes.

Illustrationen: Matthias Berghahn, Bielefeld
Umschlaggestaltung: Yvonne Junge-Illies, Berlin
Druck und Bindung: AZ Druck und Datentechnik GmbH/Kempten (Allgäu)

ISBN 13: 987-3-14-028014-3
ISBN 10: 3-14-028014-9

Inhaltsverzeichnis

Statt eines Vorworts – P.A.U.L. *D.* von A–Z

Auftaktseite Die einzelnen Einheiten beginnen fast ausnahmslos mit einer Doppelseite, die neben Illustrationen und Arbeitsaufträgen auch einen Einstiegstext enthält, der unmittelbar an die Schülerinnen und Schüler gerichtet ist. Dieser Einstiegstext informiert über die thematischen Schwerpunkte, die zu erwerbenden Kompetenzen und das Ziel der Arbeit. Auf diesem Weg soll die Motivation der Lernenden geweckt und eine didaktisch gewünschte Transparenz geschaffen werden. Die Aufträge knüpfen an die Schülererfahrungen an und leiten unmittelbar in den Erarbeitungsprozess ein, indem z. B. auf das abgedruckte Bildmaterial Bezug genommen wird.

Arbeitsaufträge Die den Texten zugeordneten Arbeitsfragen spiegeln den konkreten didaktischen Prozess innerhalb einer Stunde wider. Sie bieten die Möglichkeit, selbst initiierte Lernprozesse zu gestalten, und erleichtern der Lehrerin und dem Lehrer die Vorbereitung. Ein deutliches Gewicht liegt dabei auf textanalytischen Zugriffsweisen, darüber hinaus werden immer wieder handlungs- und produktionsorientierte Aufträge angeboten, die den Verstehensprozess initiieren, begleiten und absichern sollen.

Arbeitsheft Zu jedem Schülerband gehört ein Arbeitsheft mit ausführlichem Übungs- und Differenzierungsmaterial. Zugunsten der Übungsdichte sind die Arbeitshefte zurückhaltend illustriert. Sie enthalten ein eingelegtes Lösungsheft zur individuellen Kontrolle.

Bebilderung – grafische Gestaltung Dem Buch liegt eine ruhige, ästhetische Seitengestaltung zugrunde. Die Abbildungen sind so ausgewählt worden, dass sie die Vorstellungsbildung der Lernenden nicht behindern. Zahlreiche Abbildungen werden mithilfe der Arbeitsaufträge funktionalisiert und so in den Lernprozess integriert, dass sie zum Verstehen beitragen. Dort, wo es angemessen erscheint, werden auch Originalbebilderungen aus Primärtexten übernommen.

CD-ROM Zum Lehrwerk gehört eine CD-ROM mit dem Titel „Salto“. Darauf finden sich zahlreiche Übungen zu unterschiedlichen Bereichen des Faches Deutsch. Neben Aufgaben zum Lesen und Schreiben bildet außerdem das Thema „Arbeit am PC“ einen Schwerpunkt. Die diesem Kommentarband beigelegte CD-ROM enthält alle Arbeitsblätter in einem Format, das eine individuelle Gestaltung und damit auch eine problemlose Anpassung an die jeweilige Lerngruppe und die gewünschte Lernsituation ermöglicht.

Inhaltsverzeichnis Das Inhaltsverzeichnis des Schülerbandes besitzt eine Doppelstruktur. Links finden die Schülerinnen und Schüler jeweils die thematische Ausrichtung der Einheiten mit den entsprechenden Unterkapiteln. Rechts sind die Kompetenzen aufgelistet, die im Verlaufe des Erarbeitungsprozesses erworben werden können. Fett gedruckte Formulierungen verweisen auf solche Kompetenzen, die in besonderer Weise akzentuiert werden.

Lehrerkommentar Der Lehrerkommentar führt zunächst in die Einheiten ein und nennt noch einmal dezidiert die Kompetenzen, die jeweils vermittelt werden. Daran schließt sich die didaktische Aufbereitung der Unterkapitel mit entsprechenden Lösungen der Aufgaben und Tafelbilder an. Es folgen in der Regel kopierfähige Arbeitsblätter, und den Abschluss bilden Vorschläge zur Leistungsüberprüfung und Selbstevaluation.

Leuchtturm

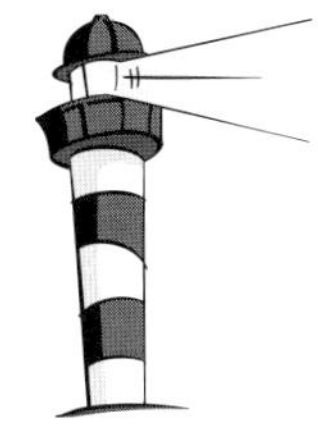

Farblich unterlegte Kästen, die mit dem Symbol „Leuchtturm“ versehen sind, bündeln erworbenes Wissen aus den unterschiedlichen Aufgabenbereichen des Faches Deutsch in systematischer Weise.

Medien

Insgesamt kommt ein weiter Medienbegriff zum Tragen. Das Leitmedium des Faches Deutsch – das Buch – wird ausführlich thematisiert. Gleichzeitig lernen die Schülerinnen und Schüler mit modernen Medien wie dem Internet umzugehen und dieses kritisch und qualifizierend zur Recherche einzusetzen. Umfassend werden die Schüler zudem in die Filmanalyse eingeführt.

Methoden/ Methodenkästen

Die Schülerbände legen ein besonderes Gewicht auf die Vermittlung methodischer Kompetenzen, die in besonderer Weise das selbstständige, individuelle Lernen ermöglichen. Pro Band wird eine Einheit angeboten, die sich unmittelbar mit dem Thema „Das Lernen lernen“ beschäftigt und vielfältige Kompetenzen auf unterschiedlichen Gebieten vermittelt. Darüber hinaus sind zahlreiche Methodenkästen – farblich hervorgehoben und durch ein Symbol (Werkzeugkiste) gekennzeichnet – abgedruckt, die unterschiedliche Ausrichtungen haben. In den Methodenkästen werden z. B. Umgehensweisen mit Medien und Sachtexten thematisiert, textanalytische Zugriffsweisen beschrieben, Hilfen zur Textproduktion und -überarbeitung gegeben und vieles mehr.

Projekte

Innerhalb der Bände werden keine ausgearbeiteten Projekte vorgestellt, welche die Lehrpersonen und die Lerngruppen sehr stark festlegen würden. Vielmehr enden stattdessen zahlreiche Einheiten mit Projektideen, die im Wesentlichen von den Schülerinnen und Schülern selbstständig umgesetzt werden können.

Rechtschreibung

Jeder Schülerband enthält eine ausgewiesene Einheit, in der den Schülerinnen und Schülern Lösungsstrategien im Bereich der Rechtschreibung vermittelt werden. Darüber hinaus werden ausgewählte Rechtschreibprobleme gesondert thematisiert. Die Auswahl der Übungen orientiert sich dabei an unterschiedlichen Strategien und Lernertypen. Der Umfang der Übungen ermöglicht zudem eine Differenzierung und Individualisierung innerhalb des Lern- und Übungsprozesses. Zu den Übungen gehören auch zahlreiche Diktate, die – auch in Anknüpfung an die Grundschule – auf unterschiedliche Weise eingesetzt werden können: als Blockdiktat, als Partnerdiktat, als Dosen-, Schleich- oder Fächerdiktat.

Reflexion über Sprache

In besonders systematischer Weise werden grammatische Phänomene vermittelt, wobei immer wieder deutlich Möglichkeiten des entdeckenden Lernens eröffnet werden. Der Bereich Reflexion über Sprache wird darüber hinaus im Sinne einer integrativen Didaktik dort mit anderen Aufgabenbereichen des Faches Deutsch verknüpft, wo dieses funktional ist und dem Anspruch nach systematischem Lernen nicht im Wege steht. Zahlreiche Übungen helfen, das Gelernte zu sichern.

Sachtexte

Neben den literarischen Texten stellen Sachtexte einen deutlichen Schwerpunkt in der Textauswahl dar. Auch in der Auseinandersetzung mit ihnen wird dezidiert das Leseverstehen der SchülerInnen und Schuler geschult, indem unterschiedliche Methoden im Umgang mit diesen Texten erlernt werden. Mindestens eine Einheit pro Band hat den Umgang mit Sachtexten explizit zum Thema. Dabei werden auch diskontinuierliche Texte einbezogen.

Spiralcurriculum

Die Schülerbände sind in der Gesamtheit so konzipiert, dass bestimmte Curriculumelemente immer wieder aufgegriffen und erweitert werden. Jeder Band enthält

- eine Lyrikeinheit mit Schwerpunkten im Bereich methodischer Zugänge und des Sprechens,
- eine Einheit, in der ein Autor oder eine Autorin vorgestellt wird,
- eine Einheit zum Thema Theater,
- eine oder mehrere Einheiten, in denen explizit Textarten erarbeitet werden,
- eine Einheit, in der Zugänge zu Sachtexten vermittelt werden,
- eine Einheit zum Bereich „Miteinander sprechen/argumentieren“,
- eine Einheit zum Thema „Das Lernen lernen“,
- eine Methodeneinheit zur Rechtschreibung.

Textauswahl

Die Schülerbände enthalten zum einen ein umfassendes Repertoire traditioneller, bewährter Texte. Darüber hinaus sind auch zahlreiche moderne Texte aufgenommen worden, die unmittelbar dem Leseverhalten und -interesse der Schülerinnen und Schüler entstammen. Die abgedruckten und didaktisierten Auszüge aus Kinder- und Jugendbüchern sollen zum Lesen motivieren. Darüber hinaus werden immer wieder weitergehende Lesehinweise gegeben, die zum thematischen Kontext passen. Die Einheiten sind z. T. thematisch ausgerichtet, immer wieder werden jedoch auch unmittelbar Textarten in den Mittelpunkt gerückt, um ein fachspezifisches Wissen zu vermitteln.

Abenteuerliche Welt (S. 12 – 37)

Vorüberlegungen zur Einheit

Abenteuer – ein schillernder, verlockender und vielseitiger Begriff. Auch wenn dieses Kapitel nicht alle seine Facetten ausleuchten kann, will es doch einige Akzente setzen, die – alters- und kindgerecht – zu Lektüre, schriftlicher Auseinandersetzung und Gespräch anregen. Den größten Komplex bilden *Abenteuergeschichten*, also fiktive Erzählungen, genauer gesagt Auszüge aus Kinder- und Jugendbüchern ganz unterschiedlicher Art:
Von fantasievollen Träumen, die wahr werden, bis zu spannenden Erlebnissen im Freundeskreis, in der Familie oder in einer Jugendbande erleben Jugendliche Geschichten, über die sich reden und nachdenken lässt und die auf weitere Leseabenteuer Lust machen (siehe dazu das Projekt am Ende der Einheit).
Doch auch wirkliche und vermeintliche (?) Abenteuer im Alltag, bei Sport und Spiel, finden sich in dem Kapitel und geben Anstöße, um im Kreis der Mitschüler Erfahrungen und Meinungen auszutauschen und Grenzen zu ziehen.

Zentrale Kompetenzen, die in dieser Einheit geschult werden, sind:
- eine Erzählung im Hinblick auf Spannung untersuchen und die Spannungskurve zeichnen
- eine Erzählung gliedern
- sich in eine Person hineinversetzen, ihre Handlungsweise verstehen und ihr Verhalten beurteilen
- eine literarische Figur charakterisieren
- Ausschnitte aus Jugendromanen miteinander vergleichen
- einen Jugendroman vorstellen
- einen Werbetext untersuchen
- einem Sachtext Informationen entnehmen und einen Sachverhalt beurteilen
- ein Computerspiel vorstellen und beurteilen

Didaktische Aufbereitung der Unterkapitel

Abenteuergeschichten (S. 14 – 32)

Henning Mankell: Der Hund, der unterwegs zu einem Stern war (S. 14 – 18)
In diesem Jugendbuch wird auf sehr feinfühlige Weise eine poetische Geschichte aus der Sicht der Hauptfigur, des 11-jährigen Jungen Joel, erzählt, die es Kindern und Jugendlichen ermöglicht, sich in ihn hineinzuversetzen und mit ihm zu identifizieren. Während sich Joel am Anfang der Romanhandlung noch auf Fantasiereisen begibt, veranlasst ihn das Auftauchen eines Hundes zu einem wirklichen Abenteuer, das mit seiner Einsamkeit, seiner Angst, mit seinen Träumen und Sehnsüchten zu tun hat. So bricht er nachts auf in eine bizarre Welt voller Abenteuer und Geheimnisse. „Ohne erhobenen Zeigefinger wird sichtbar, woran einer wächst und ob er seinen ‚Stern' im Leben findet" (aus der Begründung der Jury zum Deutschen Jugendbuchpreis. Eine ausführlichere Inhaltsangabe zu dem Roman findet sich auf Arbeitsblatt 1).

***Joel wartet auf die Nacht* (S. 14)**

Aufgabe 1
S. 14

Wie Joel sich ein Abenteuer vorstellt:

- als Fortsetzung von Fantasievorstellungen in die Realität hinein
- im Schutze bzw. in der Atmosphäre der Nacht (Nacht als Erlebnisraum, in dem Träume wahr werden)
- er sieht sich selbst als Auslöser, „Produzent" und Akteur in „seinem" Abenteuer

***Joel nimmt Ture in den Geheimbund auf* (S. 15–16)**

Aufgabe 1
S. 16

Zur unterschiedlichen Wirkung der beiden Jungen auf den Leser kann folgendes Tafelbild erstellt werden:

Tafelbild

Joel	*Ture*
einerseits: ängstlich, unsicher *andererseits: klug, einfallsreich* *Er will Ture beeindrucken und imponieren, übernimmt Führungsrolle*	*einerseits: selbstsicher, überlegen, von sich überzeugt* *andererseits: unüberlegt handelnd* *Er sucht Anschluss*

Aufgabe 2
S. 16

Hier können die Schülerinnen und Schüler nennen: die unheimliche Atmosphäre von Ort und Tageszeit, die nächtlichen Streifzüge, den Geheimbund, die Mutprobe (Heldenregel).

Aufgabe 3
S. 16

Joel nimmt alles, was er hört und sieht, sehr sensibel wahr und es verdichtet sich für ihn zu Eindrücken, Bildern, Vorstellungen, die starke Gefühle auslösen:

- Spannung erzeugende Wörter:
  Adjektive (groß, dunkel, hastig, stumm),
  Nomen (Einsamkeit, Tod, Dunkelheit (3 X)),
  Adverbien (plötzlich)
- Bilder: Vorstellung des Güterwaggons als menschliches Wesen (Z. 9ff.)
- Vergleiche: „wie ein Tier der Urzeit" (Z. 7), „als ob da jemand in der Dunkelheit sei" (Z. 15f.)
- Satzarten: Fragesätze („Und was geschieht, wenn ein Güterwaggon anfängt zu knurren? Wer verfolgt einen Güterwaggon, der sich von seinen Ketten losreißt und abhaut?" (Z. 10ff.)
- Satzlänge: kurze, atemlos wirkende Sätze, die die Spannung steigern (vgl. Z. 24–26)

Mit dem Arbeitsblatt 2 erhalten die Schülerinnen und Schüler eine Anregung, sich – ähnlich wie Joel – von Bildern und Gegenständen aus der Realität auf fantastische Weise inspirieren zu lassen und ihre Gedanken zu formulieren. Sie können sich anschließend ihre Texte gegenseitig vorlesen und raten lassen, was sie „gesehen" haben.

***Joel begibt sich in Gefahr* (S. 17–18)**

Aufgabe 1
S. 19

Z. 5–14: Man spürt Joels Angst, aber er macht sich Mut, indem er die Gefahr in seiner Fantasie schrumpfen lässt.
Z. 36–44: Er blendet die Gesamtsituation aus, indem er sich nur auf den nächsten Schritt und die notwendigen Handgriffe konzentriert.
Z. 58ff.: Angst und Verzweiflung machen sich breit; Joel hat Todesangst.
Z. 70ff.: Joel hofft inständig auf Hilfe.
Z. 76: Panik ergreift ihn.
Z. 81ff.: Er fantasiert ...

Alternativ oder zusätzlich könnte auch Arbeitsblatt 3 bearbeitet werden; hier geht es auch um Joels „Mutprobe“.

Aufgabe 2
S. 19

- Er gesteht sich ein, dass er auf die Hilfe seines Vaters angewiesen ist. (Z. 70 f.)
- Er erlebt seinen Vater als einzigartig für ihn. (Z. 110 ff.)
- Er hat erwartet (und auch verstanden), dass sein Vater ärgerlich reagiert. (Z. 118 f.)
- Er erkennt, welche Bedeutung er für seinen Vater hat und dass dieser ihn nie im Stich lassen wird. (Z. 121 ff.)

Aufgabe 3
S. 19

So könnte ein möglicher innerer Monolog von Joels Vater lauten: „Das darf doch nicht wahr sein! Ist das da oben wirklich Joel? Was macht er da nur? Wie ist er dahingekommen und warum? Jetzt bloß nicht in Panik geraten! Das könnte er merken. Ich muss ganz ruhig vorgehen. Vielleicht sollte ich ihm erst einmal zeigen, dass ich hier bin. Und dann? Dann sage ich ihm, dass er sich ja nicht bewegen soll! Hoffentlich hört er auf mich. Ob er wohl Angst hat und weint? Ich muss zu ihm klettern und ihn festhalten. Dann muss er langsam zurückkriechen, ganz langsam. Hoffentlich geht alles gut! Ich muss mich jetzt zusammenreißen. Joel darf nichts passieren!“

Aufgabe 4
S. 19

Sicher halten die Schülerinnen und Schüler den Titel auf den ersten Blick für ungewöhnlich für eine Abenteuergeschichte – zu unrealistisch, zu fantastisch. Wenn man sich auf Joels Geschichte einlässt, kann man gemeinsam darüber nachdenken, ob Joel seine Einsamkeit und seine Suche nach mehr Geborgenheit nicht auf den Hund projiziert hat. Am Schluss, nach dem entscheidenden Erlebnis mit seinem Vater, hat er den Hund als Trost und Identifikationsobjekt nicht mehr nötig. Er hat gefunden, wonach er gesucht hat.

Julie Johnston: Flucht nach vorn (S. 19–22)

Aufgabe 1
S. 22

Das Abenteuer gewinnt seinen Reiz durch die besonderen Umstände des Ortes und der Situation. Hintergründe: Eine geheimnisvolle Blockhütte, möglicher Ort eines Verbrechens, soll erkundet werden.

Aufgabe 2, S. 22

Hier könnte folgendes Tafelbild erstellt werden:

Tafelbild

Freds Einstellung zu Abenteuern und Gefahren:	***Die Einstellung von Freds Vater:***
ängstlich (Z. 2) *unsicher (Z. 13 f.)* *will sich lieber zurückziehen (Z. 62 f.)*	*hat genaue Vorstellung davon, wie ein Junge (sein Sohn) sein soll:* *neugierig (Z. 11)* *abenteuerlustig (Z. 9 f.)* *mutig (Z. 12)*

Aufgabe 3
S. 22

Eine angespannte, konfliktbeladene Vater-Sohn-Beziehung erfährt möglicherweise eine Wendung; zumindest der in den Augen des Vaters als Feigling geltende Sohn (Ich-Erzähler) erlebt bei seinem Vater einen Moment der Schwäche (Z. 146–156). Die Situation spitzt sich zu, da der Vater seine Schwäche leugnet (Z. 172 ff.) und sich von seinem Sohn durchschaut fühlt. Es deutet sich an, dass der Sohn seinem Vater gegenüber mehr Sicherheit gewinnen könnte (vgl. Z. 177 ff.).

Mögliche Tagebucheinträge:

Der erste Tagebucheintrag steht noch ganz unter dem Eindruck des Erlebnisses mit seinem Vater; er könnte eine Mischung aus Angst, Wut und Erstaunen verdeutlichen. Der

zweite Tagebucheintrag könnte einen veränderten Umgang mit „gefährlichen" Situationen zeigen: entweder das Abnehmen der Angst oder selbstbewusstere Ablehnung von angstbesetzten Situationen. Freds Umgang mit seinem Vater wird befreiter, unbefangener; er fühlt sich seinem Vater weniger unterlegen.
Auch das Verhalten des Vaters könnte sich ändern: Er könnte sich verständnis- und rücksichtsvoller gegenüber seinem Sohn verhalten und ihn ernster nehmen.

Aufgabe 4, S. 22 Zu dem Vergleich könnte folgendes Tafelbild erstellt werden:

Einstellung der Väter gegenüber ihren Söhnen

Freds Vater:	***Joels Vater:***
– hat ein bestimmtes Bild von seinem Sohn (er soll ein „Mann" werden) *– will seinen Sohn stark und hart machen, indem er ihn in Abenteuer treibt* *– nimmt keine Rücksicht auf die Gefühle seines Sohnes*	*– ist besorgt um seinen Sohn* *– geht in Gefahrensituationen einfühlsam auf ihn ein* *– versucht, ihm zu helfen und ihn vor Schaden zu bewahren* *– zeigt und äußert seine enge Bindung (Liebe) zu seinem Sohn*

Arbeitsblatt 4 bietet mit der kurzen Geschichte „Der Schritt zurück" die Möglichkeit, noch einmal vergleichend und vertiefend die Frage nach Angst und Mut angesichts der Erwartungen anderer zu stellen.

Tonke Dragt: Das Geheimnis des siebten Weges (S. 22–26)

Aufgabe 1 S. 26 Zu dieser Aufgabe könnte man die Schülerinnen und Schüler ein stummes *Schreibgespräch* durchführen lassen. Über folgende Aspekte könnten sie sich austauschen:
- der ungewöhnliche Brief: Wer ist der Absender?
- der undurchschaubare Kutscher: Was hat er vor? Wohin bringt er Franz?
- das geheimnisvolle Wirtshaus: Ist es bewohnt? Ist es verlassen/leer?
- das Licht: Wer oder was steckt dahinter?
- der Unbekannte: Wer ist er – „Freund" oder „Feind"?

Aufgabe 2 S. 26 Handlungsabschnitte, orientiert an den Handlungsorten:

I. Franz wird zu einem geheimnisvollen Treffen abgeholt (Z. 1–43)
II. Die unheimliche Kutschfahrt bei schauerlichem Wetter (Z. 44–182)
III. Das Verlassen der Kutsche am „Siebensprung" (Z. 183–198)
IV. Der Eintritt in das verlassen wirkende Wirtshaus (Z. 199–239)

Die Abschnitte könnten, als Bild oder Text, in folgende Spannungskurve eingezeichnet/eingeklebt werden:

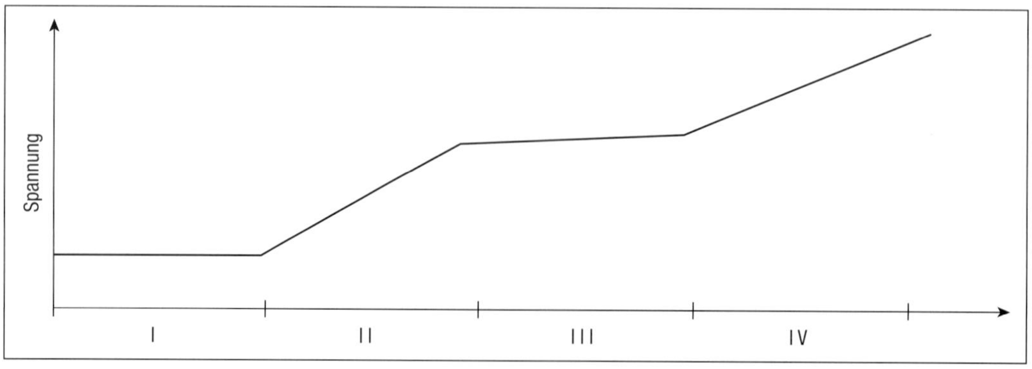

Aufgabe 3 S. 26 freie Aufgabe

Aufgabe 4 S. 26 Jeder Schüler sollte sich für eine Position (Franz ist mutig – Franz ist ängstlich) entscheiden und sich anhand von Argumenten, die er aus dem Text bezieht, auf ein Streitgespräch vorbereiten, das dann in der Klasse ausgetragen wird:

Franz ist mutig	**Franz ist ängstlich**
Er liebt das Abenteuer, wenn auch bisher nur in seinen Geschichten (Z. 53 ff.)	Er spürt seine Angst während der Fahrt (Z. 86 ff.)
Er steigt in die Kutsche ein (Z. 56)	Er hat Angst, als er aussteigt (Z. 169 ff.)
Er nimmt Kontakt mit dem Kutscher auf (Z. 103 ff.)	Er fürchtet sich in der Dunkelheit und befürchtet, dass das Gasthaus geschlossen ist (Z. 202 ff.)
Er fordert den Kutscher auf, ihn aussteigen zu lassen (Z. 151 ff.)	Ihm läuft ein Schauer über den Rücken, als er in dem leeren Wirtshaus steht (Z. 210 f.)
	Ihm stockt der Atem, als er ein Licht sieht (Z. 232 ff.)

Im auswertenden Unterrichtsgespräch könnte festgestellt werden, dass parallel zum Handlungsverlauf und zur Spannungssteigerung Franz' Angst zunimmt und sein Mut nachlässt.
Arbeitsblatt 5 knüpft an die Erzählausschnitte aus „Das Geheimnis des siebten Weges" an und bietet noch einmal die Gelegenheit, eine spannende Passage aus dem Buch zu untersuchen und sich in eine unheimliche Situation hineinzuversetzen.
Mit dem Arbeitsblatt 6 und den entsprechenden Hinweisen/Anregungen können die Schülerinnen und Schüler selbst anhand eines Erzählplans eine unheimliche Geschichte entwickeln und schreiben.

Kurt Held: Die rote Zora und ihre Bande (S. 27 – 30)

Zora und Branko auf der Flucht (S. 27 – 28)

Aufgabe 1 S. 28 Aus dem Textabschnitt wird deutlich, dass die Polizisten Zora als ein unerschrockenes und mutiges (Z. 63 ff.), resolutes (Z. 42), sportliches und geschicktes (Z. 80 ff.) Mädchen erlebt haben, das darüber hinaus clever (Z. 22 f.) wirkt und mit einem praktischen Verstand ausgestattet ist (Z. 14/22 f./70 ff.), dem so mancher Erwachsene so schnell nicht gewachsen ist. Da die Polizisten diese Eigenschaften nicht für typisch mädchenhaft erachten, nennen sie sie ein „Teufelsmädchen" (Z. 96).

Aufgabe 2 S. 28 freie Aufgabe

Zoras Rettungsaktion (S. 28 – 30)

Aufgabe 1 S. 30 Die Schülerinnen und Schüler suchen zunächst Textstellen heraus, in denen Branko Zoras mutiges Verhalten selbst erlebt oder in denen er aus Gesprächen mit ihr einen Eindruck von ihr gewinnt. Sie können auch die Ergebnisse der Aufgabe 1 von S. 28 mit einbeziehen. Dann könnte Branko mit seinem Freund über folgende Aspekte sprechen:
- Zoras umsichtiges und unerschrockenes Verhalten bei der Rettungsaktion
- Brankos heimliche Bewunderung für Zora
- Zoras Mitleid mit Brankos Situation im Gefängnis
- Zoras Bande und ihre Führungsposition
- Zoras uneigennützige und spontane Hilfe

Aufgabe 2
S. 30

Die Aufgabe bezieht sich auf beide Textausschnitte.
Die Schülerinnen und Schüler sollten zunächst anhand der Leitfragen aus dem Werkzeugkasten (S. 31) einen *Stichwortzettel* erstellen und hierzu Textzitate nutzen. Er könnte so aussehen:

Zora
Äußere Kennzeichen:
rotes Haar
Sommersprossen
einerseits weiches, mädchenhaftes Gesicht
andererseits jungenhaft wirkend, manchmal sogar hart und böse

Eigenschaften:
„Zora sah sich vorsichtig um“ (Z. 54)
„Zora sah ihn halb böse, halb belustigt an“ (Z. 80)
„Das Mädchen schwang sich bereits auf den nächsten Zaun und setzte darüber“ (Z. 9)
„Solange einen die Beine noch tragen, soll man ausreißen [...]“ (Z. 80f.)
„‚Ach‘, spottete sie, ‚man soll überhaupt nicht so lange über etwas nachdenken. Ich tue einfach immer, was ich muss.‘“ (Z. 146ff.)
„[...] und ich musste dir eben weiterhelfen, [...]“ (Z. 141ff.)

Am Ende des Kapitels „Abenteuergeschichten“ könnte das Arbeitsblatt 7 eingesetzt werden, da hier – vermittelt durch eine Geschichte – noch einmal verschiedene Aspekte wie Mut, Mutprobe, Angst, Selbsteinschätzung, Gruppenzwang ... angesprochen werden.

Das Leben ist voller Abenteuer?! (S. 33–37)

Menschen brauchen Abenteuer – Brauchen Menschen Abenteuer? (S. 33)

Aufgaben 1 und 2
S. 33

Bilder und Sprichwörter werden von den Schülerinnen und Schülern sicherlich vor ihrem eigenen Erfahrungshorizont eingeschätzt – und somit verständlicherweise auch altersbedingt. Abhängig von Erfahrung, Erziehung und Persönlichkeit der Schüler könnte sich hier eine gewisse Ambivalenz zeigen, die sich zwischen Neugier, Entdeckungsdrang, Fernweh, Herausforderungen, Grenzerfahrungen (als positive Bewertungen) und Angst, Gefahr, Wagnis, Risiko, Lebensbedrohung (als negativ-skeptische Bewertungen) bewegt.

Auf den Arbeitsblättern 9 und 10 finden die Schülerinnen und Schüler Fotos, Zeitungsartikel, Meldungen und Werbetexte über *Extremsport* und *Rekorde*, mit denen sie sich vor dem Hintergrund der Überlegungen zu S. 33 kritisch auseinandersetzen und eine Meinung bilden können.

Abenteuer-Urlaub? (S. 34–35)

Aufgabe 1
S. 34

freie Aufgabe

Abenteuercamp und Sommerferienlager in Lauenhain (S. 34)

Aufgabe 1
S. 35

Die Jugendlichen werden möglicherweise, je nachdem, welche Erfahrungen sie mit Urlaubsreisen gemacht haben (Pauschalurlaub mit Animation, Natururlaub am Meer oder in den Bergen, Sporturlaub ...), und auch entsprechend ihren persönlichen Neigungen die Angebote aus der Reisewerbung als reizvoll oder weniger reizvoll betrachten. Zu diskutieren wäre sicher, ob die in der Anzeige beschriebenen „Abenteuerbestandteile“ (Z. 5) als naturhafte Erlebnisse mit Abenteuerwert oder als künstlich organisierte Inszenierungen (Schauspiel) empfunden werden.

Aufgabe 2, S. 35 Folgendes Tafelbild könnte mit den Schülern erstellt werden:

Tafelbild

Mittel der Werbung für ein Abenteuercamp

Abbildungen:
Eindrücke von Gruppenerlebnissen
Einbindung in sportliche Gruppenaktivitäten
professionelle Ausstattung
Sportarten für einzelne (Klettern) und im Team (Rudern)
Blick auf die Umgebung (Natur)

Adjektive:	*Aufzählung:*
prall gefüllt	*Kanu-ABC*
vielfältig	*Survival-Training*
interessant	*Abseilen*
fachkundig	*Klettern*
modern	*Kanuausbildung*
	große Kanutour
	Flusstrekking
→ positive Attribute, Hochwertwörter	*→ Vielseitigkeit des Angebots, für jeden etwas*

Personalpronomen:
„unser" (Z. 1) – „wir" (Z. 3) = die Veranstaltung
„wir" (Z. 17) = die Reisegruppe (Hinwendung zum Jugendlichen, Erzeugen eines Wir-Gefühls)
„Sie" (Z. 45) = Eltern (persönliche Anrede an die Zahlenden)

Adressaten: Jugendliche und deren Eltern

Adventure-Spiele/The Legend of Zelda (S. 35–36)

Aufgabe 1 S. 37

- Zeldas Abenteuer erinnern an Märchen, Sagen, Helden- und Rittergeschichten.
- Als Hilfsmittel braucht der Held magische Gegenstände:
  Waffen (z.B. Schwert oder Bumerang),
  Masken zur Verwandlung in ein anderes Wesen, eine andere Gestalt,
  Musikinstrumente, um magische Eigenschaften zu erlangen.
- Man kann mit folgenden „Überraschungen" während des Spiels rechnen: ständig neue Gefahren, Auseinandersetzungen und Rätsel im Kampf um das „Gute"; spannende Herausforderungen: sich in Abenteuern zu bewähren; Messen der Kräfte durch Identifikation mit Heldenrolle; Weiterentwicklung des Helden durch besondere Fähigkeiten.
- Ob das Spiel die Fantasie anregt, kann nur vorsichtig eingeschätzt werden, will man den Schülern nicht zu rigoros die Freude an diesen Spielen verleiden: Im Gegensatz zu Leseabenteuern bieten Adventure-Games einen fest begrenzten Rahmen für eigene Vorstellungen; die Abläufe und Schwierigkeiten, die es zu bestehen gilt, folgen einem bestimmten Muster, das nach mehrmaligem Spielen bekannt ist.
- Ob Adventure-Games Machtfantasien wecken und/oder die Gewalt verherrlichen, ist ein komplexes Problem, das in einer sechsten Klasse sicher nur angerissen werden kann.

Kinder brauchen Abenteuer (S. 37)

Mit diesem Bericht soll noch einmal der Blick auf die Reihe insgesamt geworfen werden. Die Schülerinnen und Schüler werden sicher von ähnlichen Erfahrungen mit Verboten berichten können. Das Konzept der Abenteuerspielplätze versucht zumindest ansatzweise, das Abenteuer wieder in den Erfahrungshorizont der Kinder und Jugendlichen zu holen. Von daher ist es eine lohnenswerte Aufgabe, ein Projekt „Abenteuerspielplatz" in Zusammenarbeit mit dem Politik-Unterricht durchzuführen.

Inhalt des Romans „Der Hund, der unterwegs zu einem Stern war"

Schweden in den 1950er-Jahren. Joel Gustafson lebt mit seinem Vater Samuel in Sundsvall, einer Kleinstadt in Nordschweden, in bescheidenen Verhältnissen. Joels Mutter Jenny hat die Familie verlassen, als Joel noch klein war. Er kann sich an seine Mutter nicht erinnern. Joels Vater hat früher als Seemann gearbeitet und ist nun Holzarbeiter. Seinem Sohn erzählt er oft Geschichten von der Seefahrt, von fernen Ländern und exotischen Tieren. Diese Geschichten des Vaters faszinieren Joel so, dass er sich nach dem Meer sehnt und auch Seemann werden möchte.

Eines Tages begegnet Joel einem fremden Jungen, Ture von Svala. Joel nimmt Ture in seinen Geheimbund auf. Der Geheimbund hat die Aufgabe, nach dem Hund zu suchen, den Joel in einer Nacht auf der Straße gesehen hat. Seit Ture dabei ist, suchen sie bei ihren nächtlichen Streifzügen durch die Stadt nicht den Hund, sondern jagen anderen Menschen Angst ein.

Eigentlich ist Joel nicht damit einverstanden, doch er macht mit, um vor Ture nicht als Feigling dazustehen. Dies ist auch der Grund für eine Mutprobe, die Joel unternimmt und die er nur knapp überlebt.

Samuel Gustafson, der immer noch darunter leidet, dass seine Frau Jenny ihn und Joel verlassen hat, verliebt sich in Sara, eine Kellnerin. Manchmal lässt er Joel allein, um Sara nachts zu besuchen. Joel reagiert sehr ablehnend auf die Frau, da er Angst hat, sein Vater könnte ihn ihretwegen verlassen. Seine Angst und Wut werden so groß, dass er einen Stein durch Saras Fenster wirft. Simon Urväder, ein alter Maurer, hilft Joel dabei, seine Traurigkeit zu überwinden, indem er ihn zum „See der vier Winde" führt. Nach der Mutprobe erkennt Joel, dass er mit Ture nicht befreundet sein will, und wirft ihn aus dem Geheimbund. Er erkennt auch, dass sein Vater ihn nicht verlassen wird. Sie planen einen Umzug ans Meer, wenn Joel die Schule abgeschlossen hat.[1]

---

[1] Unterrichtsmodell Henning Mankell: Der Hund, der unterwegs zu einem Stern war, erarbeitet von Kirsten Köster und Verena Löcke, herausgegeben von Johannes Diekhans, Schöningh Verlag, Paderborn 2004, S. 7

Zu Bildern eine unheimliche Geschichte schreiben

Henning Mankell (geb. 1948)
Der Hund, der unterwegs zu einem Stern war

Joel hat viel Fantasie. Er stellt sich z. B. vor, dass ein Güterwaggon knurren kann. Schreibe eine kleine Szene, in der dir plötzlich Dinge ganz anders vorkommen. Du kannst dich durch die Abbildungen anregen lassen.

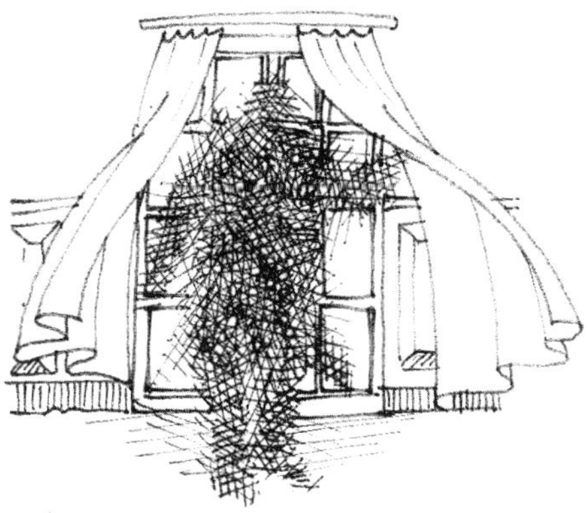

Eine Zeichnung im Zusammenhang mit einem Romanausschnitt deuten

Henning Mankell (geb. 1948)
Der Hund, der unterwegs zu einem Stern war

(nach einer Zeichnung von F. K. Waechter)

1. Was verdeutlicht eurer Meinung nach die Zeichnung?

2. Überlegt, warum Joel auf den Brückenbogen klettert, obwohl er Angst davor hat und er stattdessen Gertruds Kletterpflanzen abschneiden könnte.

3. Findet ihr es richtig, dass Ture Joel dazu drängt, auf den Brückenbogen zu klettern? Begründet eure Antwort.

Eine Geschichte zum Thema „Mut“ deuten

Annette Rauert
Der Schritt zurück

Er stand ganz am Rand. Unter ihm die gleißende Wasseroberfläche. Wie geschmolzenes Blei sah es aus. In seinen Schläfen hämmerte es. Er hatte Angst, nackte Angst. Hinter sich hörte er die Stimme seines Trainers: „Spring!“ Das Pochen nahm zu, gleich musste es seinen Kopf sprengen. Zwischen ihm und der Wassermasse gab es nur dieses kleine schwankende Brett, zehn Meter hoch.

Leute starrten nach oben. Sie warteten. Ihre Gesichter waren feindlich. Trotzdem fühlte er sich ihnen verpflichtet. Er musste springen, damit sie ihre Sensation bekamen. Er fühlte, dass er es nicht schaffen würde. Er war noch nicht so weit. Aber er musste beweisen, dass er ein Mann war. Lieber tot sein, als sich vor diesen Gesichtern blamieren. Nur noch ein paar Sekunden atmen, dachte er, mehr verlange ich gar nicht. Er blickte nach unten. Warum lächelte niemand? Lauter gespannte weiße Ovale mit harten Augen. Sie wissen, dass ich es nicht kann. Es wurde ihm schlagartig klar. Sie wissen, dass etwas passieren wird. Warum rief ihn niemand zurück?

Plötzlich tauchte ein neuer Gedanke in seinem Gehirn auf. Hatten so die Leute ausgesehen, die einer Hinrichtung beiwohnten? Waren ihre Augen so hart, so unbeteiligt gewesen? Ich bin doch einer von ihnen, wieso rufen sie mich nicht zurück? Sie wollen, dass ich mich selbst vernichte für sie. Sie verlangen, dass ich meine Angst bestrafe. Aber was werden sie nachher tun? Wenn es passiert ist, will niemand etwas dafür können.

In ihm kam das Bedürfnis auf zu schreien, die Menschen da unten aus ihrer Starre zu schreien. Sie sollten nicht das Recht haben, schuldlos an seinem Unglück zu sein. Wenn sie geschrien hätten, die Opfer der Millionen Hinrichtungen, sie hätten ihnen dieses Recht genommen. Die Übelkeit in seinem Magen verstärkte sich, nicht mehr aus Angst, sondern aus Ekel vor der Feigheit der Masse da unten. Er hätte ausspucken mögen. Stumm, wie eine Herde blöder Schafe standen sie da unten und warteten.

Aber wenn er jetzt sprang und sich für ihre Gier opferte, war er dann nicht auch so feig wie sie? Ein Schritt nur, ein Schritt. Er war so einsam. Hätte ihn jetzt jemand gerufen, wäre noch alles gut gegangen, aber sie schwiegen. Seine Verachtung stieg ins Unermessliche. Er forschte in seinem Gewissen. Wenn er sprang, war irgendetwas damit erreicht? Tat er damit etwas Falsches? Etwas Richtiges? Er wusste, was er tun sollte, warum sträubte er sich dagegen? Aber war das Springen heldenhaft, hatte es einen Sinn? Ein Schritt nur! Sein Fuß schob sich langsam vor. Dann ging ein Ruck durch seine Gestalt. Er richtete sich auf und drehte sich um. Ganz bewusst. Seine Unsicherheit war von ihm gewichen, der Druck, der auf ihm lastete, verschwand. Langsam kletterte er die Leiter hinab und schritt durch die starre Gruppe.

Zum ersten Mal in seinem Leben trug er den Kopf hoch. Er begegnete den Blicken der anderen mit kühler Gelassenheit. Keiner sprach ein Wort oder lachte gar. Er fühlte sich so stark, als hätte er gerade die wichtigste Prüfung in seinem Leben bestanden. Er spürte so etwas wie Achtung vor sich selbst. Eines Tages würde er auch springen, das wusste er plötzlich.

(Aus: L. Graf, M. Lienhard, R. Pertsch (Hg.): Geschichten zum Nachdenken, © by Gütersloher Verlagshaus, Gütersloh, in der Verlagsgruppe Random House GmbH, München 1977)

1. Bildet kleine Gesprächspaare (mit den Sitznachbarn) und sprecht über folgende Fragen: Wovor hat der Junge Angst? Welche Rolle spielen die Zuschauer? Wodurch kommt die Wende in seiner Einstellung? Tragt eure Ergebnisse in der Klasse vor.

2. Stellt euch vor, der Junge würde nach der Sprungverweigerung von zwei Freunden empfangen. Der eine versteht seine Handlungsweise, der andere versteht sie nicht. Wie argumentieren sie wohl? Spielt diese Szene als kleines Rollenspiel in der Klasse vor.

Einen weiteren Textausschnitt aus „Das Geheimnis des siebten Weges“ deuten

Tonke Dragt (geb. 1930)
Das Geheimnis des siebten Weges

Nachdem Franz van der Steg die Spukkneipe wieder verlassen hatte, machte er sich auf den Weg zum Haus des Grafen Griesenstein, von dem er einen ungewöhnlichen Brief erhalten hatte.

Von nahem gesehen wirkte das Treppenhaus weniger bedrohlich, aber immer noch sehr eigenartig. Selbst im Dunkeln konnte er erkennen, wie kompliziert es gebaut war – voller Nischen und Vorbauten, vorspringenden Dächern und Balkonen, mit vielen Fenstern und Erkern, mit Schornsteinen, die wie Türme aussahen, und Türmen in der Form von Schornsteinen, und mit Wetterfahnen auf den Dächern. Vor dem Haus befand sich eine Freitreppe, die von zwei Laternen flankiert wurde; sie gaben ein schwaches, flackerndes Licht.
„Sie gehen am besten durch den Hintereingang hinein“, sagte der Kutscher.
„Ist dies denn die Rückseite?“, fragte Franz, während er mühsam die Stufen der Freitreppe hinaufging.
„Ja. Wie ich sehe, haben Sie noch etwas Schwierigkeiten beim Laufen“, sagte der Kutscher. Er machte eine Bewegung, als wolle er Franz helfen; aber der tat, als merke er es nicht. Die erste Treppe des Treppenhauses besaß zum Glück nicht viele Stufen, und kurz darauf zog Jan Turelur an einem Strick, der neben der Hintertür hing. Der Klang einer Glocke schallte durch das Haus. Der Kutscher tippte an seine Mütze, brummte einen Gruß und ging dann zurück zu seiner Kutsche.
Franz wartete; er hörte das Geräusch von Schritten, aber es dauerte noch eine Zeit lang, bevor die Tür geöffnet wurde.
Eine magere Frau mit einem säuerlichen Gesicht bat ihn unfreundlich einzutreten. Franz dachte plötzlich an die Schwelle, die er überschritt; er hatte jedoch keine Zeit, um nachzusehen, ob auf dem Türbalken eine Inschrift stand. Die Frau machte ihn auf eine Stufe aufmerksam und ging dann schweigend voraus. Franz folgte ihr durch eine Halle mit Steinfußboden, ein kleines Treppchen hinauf, durch einen mit Eichenholz verkleideten Gang, ein schmales Treppchen hinab, durch einen zweiten holzgetäfelten Flur und dann eine breite Treppe hinauf, die in eine kalte, mit Fliesen belegte Diele führte. Sämtliche Räume waren schlecht beleuchtet. Sie kamen an vielen Türen vorbei; einige waren offen, und dahinter sah Franz noch weitere Treppen, die teils hinauf- und teils hinabführten. Manchmal glaubte er, Schritte zu hören – andere als seine eigenen oder die der schweigenden Frau: Tritte hinter und vor ihnen, ein Trippeln über ihnen und Laufen unter ihnen. Er dachte kurz an Iwan, den Spion, der so gut schleichen konnte, und er überlegte, wo sich wohl das Kind befand, das in diesem Haus gefangen saß ...
Am Ende der kahlen Diele musste er wieder neun Stufen hinaufsteigen (er war jetzt so weit, dass er sie zählte), und dann blieb er stehen, um sich auszuruhen.
Die magere Frau sah ihn missbilligend an; sie schob einen roten Samtvorhang beiseite und sagte: „Hier bitte; der Graf erwartet Sie.“ Dann drehte sie sich um und verschwand.

„Und jetzt", sagte Franz zu sich selbst, „begebe ich mich in die Macht des *Gr... Gr...*, der inmitten all dieser Treppen sitzt und wartet – wie eine Spinne zwischen den Fäden ihres Netzes. Ich fühle mich wie eine Fliege, die überlegt, wie sie wohl je wieder hinauskommen könnte." Nach ein paar Schritten blieb er nochmals stehen und machte große Augen. Er war in einem riesigen Saal gelandet, der einen prachtvollen Parkettfußboden hatte. Rundum befanden sich Galerien, zu denen frei stehende Holztreppen hinaufführten. Dieser Raum war viel besser beleuchtet: Lange Kerzen brannten in hohen kupfernen Kandelabern. Rüstungen standen unbeweglich an ihrem Platz, und außerdem war da noch ein schlanker Herr im grauen Anzug, der auf ihn zukam und ihn mit einer Verbeugung begrüßte. Graf Griesenstein!

Er sah so völlig anders aus, als Franz ihn sich vorgestellt hatte, dass er im ersten Moment kaum glauben konnte, dass es wirklich der Gräuliche Graf war – wie Roberto ihn nannte.

(Aus: Tonke Dragt: Das Geheimnis des siebten Weges, Verlag Beltz & Gelberg, Weinheim 1994)

1. Kannst du dir das Haus des Grafen von **außen** vorstellen? Schreibe die entsprechenden Angaben aus dem Text heraus und versuche, das Haus zu zeichnen.

2. Tausche deine Zeichnung mit deinem Sitznachbarn aus und sprecht darüber, ob das von euch gemalte Haus so wirkt, wie es in der Geschichte beschrieben wird.

3. Wie fühlt sich Franz im **Inneren** des Hauses? Achte auf die Beschreibungen der Räume, der Gegenstände, der Geräusche.

Zu Bildern eine unheimliche Geschichte schreiben

‖ Sieh dir die verschiedenen Häuser auf den folgenden Abbildungen an. Such dir eines aus und denk dir eine unheimliche Geschichte aus, die mit diesem Haus zu tun haben könnte. Entwirf einen **Erzählplan**.

Wenn du eine Idee hast, solltest du nicht gleich losschreiben, sondern deine Erzählung in verschiedenen Schritten planen.
So könnte ein **Erzählplan** für eine unheimliche Geschichte aussehen, den du nachher ausgestaltest:

Orte: einsame Gegend; verfallenes Haus; alte Burgruine; leer stehendes Jagdhaus im Wald
Wetter: heftiger Sturm; dichter Nebel; eisige Kälte; Blitz und Donner
Zeit: während der Ferien; trüber Herbsttag; mitten in der Nacht
Unheimliche Geräusche, Gegenstände, Situationen: knarrende Tür; flatternder Vorhang; wütende Stimmen; düsterer Flur; Suche nach dem Ausgang
Personen/Figuren: ältere Hausangestellte; 3 Männer zwischen 35 und 50 Jahren; 4 Kinder, 12 Jahre alt (Jan, Lisa, Henrik, Anja)
Handlungsschritte:
- 4 Kinder entdecken Hund in leer stehendem Lieferwagen im Wald
- Sie befreien Hund und folgen ihm zu verfallenem Jagdhaus
- Sie beobachten Schatten von Männern hinter Gardine
- Sie schleichen sich in Keller und entdecken zahlreiche Kartons
- Schritte nähern sich ...
- Einbrecherbande wird überführt

Spannungsaufbau: Einleitung – Hauptteil (mit Höhepunkt) – Schluss
Überschrift: Das Versteck

Eine Geschichte zum Thema „Überwindung der eigenen Angst" deuten

Theodor Weißenborn (geb. 1933)
Der Sprung ins Ungewisse

Martin ist der körperlich schwächste Schüler der Klasse; er ist unsportlich und schreibt lieber Gedichte, doch er möchte schon seit langem gerne in die Tiger-Bande aufgenommen werden. An dem entscheidenden Nachmittag erscheint er nicht zum verabredeten Termin, weil er sich um seine kranke Mutter kümmern will. Da er sich zu dem Grund seines Fehlens nicht äußert, soll er nun eine besonders harte Prüfung bestehen.

Die Stimme des Boss' riss ihn jäh aus seinen Gedanken: „Die Mutprobe lautet: ‚Der Sprung ins Ungewisse'".

Martin fühlte sein Herz schlagen. Er wusste nicht, was sie ausgeheckt hatten. Man musste anders sein, wenn man mit ihnen auskommen wollte. Man durfte nicht dichten. Was verstanden sie von Stimmungen, Farben, Klängen, Gerüchen ...? Das verstand nur Mutter. – Aber sie waren stärker. Man musste sich gut mit ihnen stellen.

Rolf verband ihm die Augen mit einem Fetzen Sackleinen, in der Dunkelheit, die ihn jäh umgab, hörte er den Befehl des Boss': „Los! Tragen!" – Bald hab' ich's geschafft, bald, dachte er. Aber zugleich stieg Angst in ihm auf. Jemand packte ihn unter den Armen, ein anderer fasste seine Füße, sie trugen ihn. Er lauschte. Nichts war zu hören als das Keuchen der Träger, das dumpfe Tosen des Straßenlärms von ferne und das Geräusch von Schritten, vieler Schritte, der Schritte der „Tiger", die das Geleit gaben. Es ging eine Treppe hinauf, der Straßenlärm schien näher zu kommen, die Schwärze vor seinen Augen hellte sich auf, sie mussten jetzt im Tageslicht sein. Die Schritte hallten wider. Sand knirschte unter Schuhsohlen, das musste der Betonboden der Maschinenhalle sein, in die sie aus dem Keller heraufgestiegen waren. Wieder wurde es heller. Ein warmes Rot drang durch das Tuch auf ihn ein, Sonnenlicht. Er spürte es auf seinen Armen und Beinen. Vogelruf ringsum. Autohupen, nun deutlich erkennbar aus der Vielfalt der verworren aus der Ferne hereindringenden Geräusche der Stadt, Kollern von Steinen, Schutt, nun wusste er nicht mehr, wo er war. Das Licht verblasste wieder. Eine Eisentreppe erklang, ein Treppenabsatz, Beton, wieder Eisenstufen, die Schritte der andern waren nicht mehr zu hören. Rot flutete aufs Neue über seine Augen, endlich wurde er abgesetzt. Man stützte ihn, bis er stand, fasste ihn an den Schultern, drehte ihn in eine bestimmte Richtung. Von irgendwoher kam die Stimme des Boss': „So stehen bleiben! Nicht von der Stelle rühren, eh ich es sage! Aufgepasst! Einen halben Meter vor dir ist ein Abgrund. Du weißt nicht, wie tief. Verfolger sind hinter dir. Der Sprung ins Ungewisse ist deine einzige Rettung. Ich zähle bis drei. Bei ‚drei' springst du! Verstanden?"

Martin nickte. Er spürte, wie sein Magen sich zusammenkrampfte, es war das gleiche Gefühl wie damals in der Turnstunde, als er aufgestemmt am Reck hing, diese nicht enden wollenden Sekunden lang, die Riege im Rücken, die weißgekalkten Wände der Halle ringsum, die Decke über sich, behangen mit leise schwingenden Ringen – Barren, Pferde, Böcke in den Ecken, Folterinstrumente, eigens erfunden, ihn zu quälen. „Überschlag!", befahl Dr. Hölzel. Martin zögerte und blickte starr geradeaus. Nun waren schon alle aufmerksam geworden. Er spürte ihre Blicke im Rücken, gleich würden sie lachen. [...]

Wie damals spürte er jetzt den Druck auf seinem Magen, den Schweiß in seinen Handflächen. „Er muss sich durchsetzen", hatte Vater gesagt. Mehr als einmal hatte er das gehört. – Ich werde mich durchsetzen!, dachte er. Was ich jetzt mache, tu ich freiwillig, damit –

„Du kannst noch einen halben Schritt vorgehn!“, rief der Boss. Seine Stimme schien von unten zu kommen. Martin tastete sich mit den Füßen nach vorn. Der Boden war eben und aus Stein. Dann stieß sein Fuß ins Leere. Er fühlte mit der Fußspitze nach, der Boden brach geradlinig vor ihm ab. Vielleicht stand er auf einer Mauerkrone, drei, vier, fünf Meter hoch? Wie sah es unten aus? War Wasser da, Gebüsch, Schutt? „So, Dichter, jetzt lass sehn, was du kannst!“ Martin keuchte. Ich will nicht – ich will nicht, dachte er. – Oh, sein Zimmer jetzt in der Nachmittagssonne, die Boote auf dem Wasser, die Stimmen der Ruderer –

„Ich kommandiere!“, rief der Boss.

Wenn er nun sehr hoch stand! – Wenn ihm nun etwas passierte – wenn sie – wenn sie es wollten! – Sie würden weglaufen – keiner von ihnen hatte ihn gesehen – und er – und Mutter. Nein, nicht springen – nicht –

„Eins ...“, zählte der Boss.

Wie sie triumphieren würden, wenn er nicht sprang!

„Zwei ...“

Nein! Dieser Triumph musste ihm gehören. Er würde springen. Er würde sie besiegen, dies eine Mal, was immer sie auch mit ihm vorhatten. – Er widerstand der Versuchung, in die Hocke zu gehen, damit der Sprung nicht so tief sein sollte – was würde das schon ändern –, straffte sich und stand, mit den Füßen wippend, aufrecht auf der Kante.

„Drei!“

Abstoß, die Arme fliegen nach vorn, Wind saust an den Ohren – Mutter, die Decke mit den braunen Mäandern, „Er muss sich durchsetzen!“, Sonnenschirme, rot, blau, gelb, Lampions – jäh der Aufprall. Die Wucht reißt ihn nach vorn. Er fängt den Sturz mit den Armen ab, da dringen Schneiden in seine Handflächen, scharf und stechend. Blut läuft warm über seine Handballen, das Tuch herunter! Licht!

Ringsum hockten die „Tiger“ im Gras. Martin sah umher. Sie befanden sich im Garten hinter einer Ruine. Er war von einem Balkon der ersten Etage gesprungen. Zwei oder drei Meter tief. Dann begegnete er dem Blick des Boss’.

„Hallo, Conny“, sagte er, zaghaft lächelnd, noch klopfenden Herzens. Der Boss betrachtete ihn nachdenklich und kaute auf seinen Lippen. – Er lächelte nicht zurück.

„Das war geleistet“, sagte Rolf.

„Halt die Schnauze!“, sagte der Boss. Er blickte Martin lauernd an und sagte langsam: „Ich mache das Bestehen der Probe noch abhängig von einer Bedingung: Du wirst jetzt sagen, warum du gestern nicht gekommen bist.“

„Aber das hat doch mit der Mutprobe nichts zu tun“, sagte Rainer. „Ich finde, er ist gesprungen, das genügt.“

„Schnauze!“, sagte der Boss, und, zu Martin gewandt: „Nun?“

1. Martin hat Angst. Lege zu diesem Begriff eine Mindmap mit allen Wörtern an, die dir dazu einfallen (auch unterschiedliche Wortarten). Benutze nun einige Begriffe aus deiner Mindmap, um zu erklären, ob Angst für dich etwas Gutes oder Schlechtes ist.

2. Sollte man versuchen, seine Angst zu überwinden, wenn man unbedingt in eine Gruppe (Bande) aufgenommen werden will? Bilde dir eine Meinung.

3. Kurz vor seiner Entscheidung geht Martin ein Satz durch den Kopf (Z. 87 f.): „Wie sie triumphieren würden, wenn er nicht sprang!“ Schreibe die Geschichte an dieser Stelle weiter – mit einer anderen Lösung.

4. Die eigentliche Erzählung ist hier noch nicht zu Ende. Was, glaubst du, wird Martin tun? Die Lösung findest du in einem der letzten, hier nicht abgedruckten Sätze der Geschichte: „Er würde allein sein wie immer, und sie würden ihn verspotten; aber er hatte keine Angst mehr.“ Denke dir einen Mittelteil aus, der zu dem Anfang und dem Ende der Geschichte passt.

Auseinandersetzung mit Extremsportarten

„Faszination, Fitness, Risiko: Klettern an Kunstwänden zieht die Menschen an – wie hier bei der Expo in Hannover. Die Hemmschwelle vor der Natur ist bei Hallenalpinisten jedoch manchmal groß. Eine Berliner Kletterschule hat sich deshalb das Ziel gesetzt, auch Naturschule zu sein.“

(Aus: Süddeutsche Zeitung vom 22.8.2003)

Deutscher Schüler stürzt beim Klettern in Tirol in den Tod

(AFP) Ein zehnjähriger Junge aus dem hessischen Walldorf ist am Sonntag im österreichischen Tirol in den Tod gestürzt. Wie die örtliche Polizei mitteilte, war das Kind mit vier Gleichaltrigen zum Beerensammeln bei Kufstein im Wald unterwegs. Die Schüler verbrachten ihre Ferien in Tirol. Nach und nach sei die Gruppe in unwegsames Gelände geraten. Beim Klettern stürzte der Schüler 20 bis 30 Meter tief in den Tod.

(Aus: Yahoo! Nachrichten, 20.7.2003)

Abenteuer geglückt

London (dpa). Fünf Briten haben den Nordatlantik in einem Schlauchboot überquert. Die Männer waren Ende Juli im kanadischen Halifax gestartet und hatten sich über Grönland, Island und die Färöer Inseln im unbedachten Boot 4800 Kilometer bis Schottland durchgekämpft.

(Aus: Haller Kreisblatt vom 16.8.2003)

Bungee-Jumping

„... zuerst denkst du, das war‘s, und dann kommt nach der Panik dieses irre Glücksgefühl ...“

Bungee-Jumping ist seit vielen Jahren der ultimative Thrill. Wenn du schon gesprungen bist, dann weißt du, was ich meine. Wenn nicht, dann solltest du Bungee-Jumping unbedingt mal ausprobieren.

Mitmachen, nicht zuschauen, ist die Devise. Nie war Bungee-Jumping so günstig wie heutzutage.

„Auf geht‘s! Let‘s bungee!“

(Aus: www.bungee-jumping.de/bungeeindex.htm).

Das Leben hängt an 1 000 Latexfäden

31-Jähriger bei Bungeesprung gestorben/Ursache noch unklar

Dortmund (dpa). Am Bungee-Springen scheiden sich die Geister. Für die einen ist es unvorstellbar, sich an einem Gummiseil von einer Brücke oder einem Turm in die Tiefe zu stürzen, für die anderen ist es der Kick schlechthin. In Dortmund hat die Suche nach dem Adrenalin-Stoß einen 31-Jährigen aus Mainz das Leben gekostet.
Bei seinem Sprung von der Plattform des „ESPRIT sports Bungee-Sprungzentrum Dortmund" ist das geschehen, was eigentlich nicht hätte passieren dürfen: Das aus 1 000 Latex-Fäden zu einem Paket zusammengebundene Bungee-Seil riss. Der TÜV hat dies gestern bestätigt. [...]

(Aus: Haller Kreisblatt vom 22.7.2003)

Extremsportler oder Wahnsinniger? Felix Baumgartner überquerte den Ärmelkanal von Dover nach Calais im freien Fall und ohne Motorkraft.

(Aus: „OWL am Sonntag" vom 3.8.2003)

1. Warum wollen Menschen sich solchen extremen Belastungen aussetzen? Warum wird der Freizeitsport immer riskanter? – Sucht Gründe und wägt die Nachrichten, Berichte und Kommentare auf diesen Seiten gegeneinander ab. Notiert, was für und was gegen Extremsportarten spricht. Tragt eure Ergebnisse vor.

2. Schreibe einen Artikel für die Schülerzeitung, in dem du dazu Stellung beziehst.

Auseinandersetzung mit Rekordversuchen

Aus dem Guinness-Buch der Rekorde 2002:

Jüngster Mensch an beiden Polen

Robert Schuhman (GB) reiste am 6. April 1992 im Alter von zehn Jahren an den Nordpol und am 29. Dezember 1993 im Alter von elf Jahren an den Südpol. An den Nordpol gelangte er mit dem Flugzeug, an den Südpol hingegen mit dem Mountainbike, nachdem ein Flugzeug ihn in die Nähe seines Ziels gebracht hatte. Auf beiden Reisen wurde er von seinem Vater begleitet.

Einzige Antarktisdurchquerung ohne Motor

Die belgischen Abenteurer Alain Hubert und Dixie Dansercoer sind die ersten und einzigen Menschen, die die Antarktis ohne künstlichen Antrieb von Norden nach Süden durchquert haben. Die Reise über 3 900 km begann am 4. November 1997 und endete am 9. Februar 1998 nach einem 99 Tage währenden Kampf gegen Schneestürme und bei einer konstanten Temperatur unter –10° C.

Tiefster Tauchgang ohne Atemgerät

Am 13. Mai 2000 stellte Audrey Mestre Ferrera (F) den Weltrekord im Tieftauchen ohne Atemgerät für Frauen auf. Sie tauchte bei Las Palmas, Kanarische Inseln, in 2 Minuten 30 Sekunden bis in eine Tiefe von 125 m.

Wenn es keine Brücke gibt

Die längste Seiltraverse der Welt (ein festes Seil über ein Hindernis, z. B. eine Schlucht oder einen Fluss) war 953,63 m lang und überspannte die Elbe zwischen Belveder und Dolni Zleb (CZ). Die Traverse wurde vom tschechischen Höhlenrettungsdienst gebaut und von Zdenek Kadlec (CZ) überquert. Er zog sich im Gurtzeug an dem Seil hängend am 3. Juli 1998 in 59 Minuten 6 Sekunden über den Fluss. Die Strecke war länger als bei dem Rekord, den die slowakischen Höhlenretter im Jahr zuvor aufgestellt hatten.

(Aus: Guinness. World Records 2002, Guinness Verlag GmbH, Hamburg 2001)

1. Höher ... weiter ... schneller ... tiefer! Beeindruckende Rekorde, extreme Leistungen, Aufregung und Nervenkitzel = „Abenteuer pur“? Urteile selbst.

2. Sind unsere/eure Ansprüche heute gestiegen, wenn wir an „Abenteuer“ denken? Können die großen Abenteurer und Entdecker früherer Zeiten oder ausgedachte Abenteuergeschichten da überhaupt noch mithalten? Was meint ihr?

Leistungsüberprüfung – Selbstevaluation – Klassenarbeit

1. Textausschnitt „Joel begibt sich in Gefahr", Schülerbuch S. 17–18

- Nach der Rettung durch seinen Vater schreibt Joel in sein Tagebuch, wie er die Situation erlebt hat. Er denkt auch über seinen Vater und Ture nach.
- Schreibe die Geschichte weiter, indem du noch ein kleines Abenteuer hinzufügst, das zu den Personen und dem Bisherigen passt.

2. Einen Leserbrief schreiben

- Schreibe einen Leserbrief für eure Schülerzeitung, in dem du dich mit der Frage auseinandersetzt: „Sollen wir am Wandertag in einen Abenteuerpark fahren?" und dazu Stellung beziehst.

Stadt und Land entdecken – Gedichte
(S. 38–55)

Vorüberlegungen zur Einheit

Der Ort, wo wir leben, oder die Orte, wo wir gerne leben wollen, beeinflussen wesentlich unsere Lebenswelt und unsere Sicht der Dinge. Die grundsätzlich erfahrungsorientierte Einheit will daher die mit dem Lyrikkapitel von „P.A.U.L. D. 5" begonnenen Fäden weiterspinnen und mit der Thematik „Stadt und Land entdecken" verknüpfen, um die formalen Eigenheiten der Lyrik (Sprachbilder, Metrum, Reim) anhand zweier der häufigsten lyrischen Sujets (Natur- und Stadtgedichte) zu vertiefen, an analytische Verfahren heranzuführen, die Erfahrungen der Schüler damit in Beziehung zu setzen und schließlich die insgesamt gewonnenen Einsichten produktiv in eigenen Gedichten umsetzen zu lassen. Von hoher Bedeutung ist die im Kapitel geförderte Transparenz des Vorgehens in thematischer wie methodischer Hinsicht, sodass z. B. Einstieg und Abschluss des Kapitels auf kreative Weise miteinander verwoben werden können.
Die Einheit gliedert sich in drei thematisch aufeinander bezogene Teile, in denen neben der inhaltlichen Auseinandersetzung das bereits in der fünften Jahrgangsstufe erworbene Theoriewissen ergänzt und vertieft wird. Der erste Teil setzt bei den konkreten Erfahrungen der Schülerinnen und Schüler an und bringt sie mit den in den Gedichten ausgedrückten Eindrücken von der Stadt in Verbindung. Texte von Reding, Storm und anderen beleuchten dabei sowohl die Möglichkeit, ein liebevolles Verhältnis zur ‚Stadt' zu haben, als auch die ironischen Vorbehalte, die das Stadtleben provoziert. Sprachbildlichkeit und ihre Wirkung werden über Farben und Lichtverhältnisse erschlossen. Aus gattungsspezifischer Sicht wird neben dem Metrum der Metapher besonderes Augenmerk geschenkt: Ihre Bildung und Funktionsweise werden durch Analyse *und* praktische Übungen vermittelt.
Das zweite Unterkapitel richtet den Blick auf das Landleben und die insbesondere durch die Stadt bedrohte Landnatur. Anhand des Motivs der Sehnsucht wird die Zwiespältigkeit des Verhältnisses der Städter zum Land verdeutlicht, der am Beispiel von Gedichten Fontanes und Storms ein ursprünglicher und überraschender Zugang zur Natur gegenübergestellt wird. Die Texte geben Gelegenheit, Techniken des gelungenen Gedichtvortrags zu vertiefen sowie Grundlagen des Reims und der Strophe zu wiederholen. Zivilisationskritische Texte runden das Bild ab und leiten in den handlungsorientierten dritten Teil des Kapitels über, in dem mithilfe einer Wahrnehmungsschulung auf das Verfassen von eigenen Gedichten vorbereitet wird.

Die wichtigsten Kompetenzen, die in dieser Einheit vermittelt werden sollen, sind:
- die Vertiefung der typischen formalen Merkmale lyrischer Texte (Vers, Strophe, Reim und Metrum)
- die kreative Aneignung dieser Merkmale durch eigene Textproduktion
- die Untersuchung von sprachlichen Bildern (Metapher, Vergleich und Personifikation)
- die textgestützte Beschreibung der Stimmung von einzelnen Gedichten
- der Vergleich von thematisch verwandten Gedichten
- der anschauliche und sinnerschließende Gedichtvortrag
- die Beschreibung der Bildlichkeit lyrischer Texte

Didaktische Aufbereitung der Unterkapitel

Doppelauftaktseite (S. 38–39)

Aufgabe 1 S. 39

Die Schülerinnen und Schüler werden schnell erkennen, dass die linke Seite Stadtansichten (Marktplatz, Straße in Berlin, Einkaufszentrum, Bahnhof) zeigt, während die rechte von typischen Bildern des Landlebens (Felder, Landhaus, Bauernhof, Feldweg) bestimmt ist.

Aufgabe 2 S. 39

Die Collage spielt mit z.T. klischeehaften Vorstellungen vom Stadt- und Landleben, sodass zu erwarten ist, dass die Schüler und Schülerinnen je nach ihren eigenen Erfahrungen und Vorstellungen ohne Schwierigkeiten kritisch oder zustimmend Stellung nehmen werden können. Mit Blick auf die vorgesehene Abrundung der Auseinandersetzung auf Seite 52 des Schülerbuchs (siehe dort Aufgabe 3, unten) ist es ratsam, die Ergebnisse des Gesprächs auf einem Plakat o.Ä. festzuhalten und im Klassenraum aufzuhängen, um sie nach eingehender Bearbeitung der Thematik noch einmal mit den neu erworbenen Kenntnissen und Erkenntnissen zu vergleichen.
Alternativ bietet sich ein kreativer Zugang an, bei dem die Schüler aufgefordert werden, zu einem Bild ihrer Wahl einen Text zu verfassen. Denkbar wären hier thematische Vorgaben wie „So stelle ich mir die Stadt vor, weil ...“ oder „Dieses Stadt- bzw. Landbild entspricht nicht meinen Vorstellungen, weil ...“. Sollte das Einzugsgebiet der Schule vorrangig ländlich oder städtisch geprägt sein, empfiehlt sich eine Gewichtung des Vorgehens vom Bekannten hin zum eher Fremden.
Mit Bezug auf den fachlichen Gehalt des Kapitels wäre auch die Produktion von Elfchen mit dem Titel „Stadt“ bzw. „Land“ möglich. In jedem Fall kann sich nach der Präsentation der Textergebnisse (etwa in Gestalt eines Literarischen Cafés in Anlehnung an die Form des Geschichtencafés; vgl. „P.A.U.L. D.“ 5, Schülerbuch, S. 242) ein weiterführendes Unterrichtsgespräch anschließen.

Meine Stadt (S. 40–47)

In diesem Teilkapitel wird versucht, den Schülern über die Diskussion des eigenen Verhältnisses zu ihrer Heimatstadt einen Zugang zu Stadtgedichten zu eröffnen.

Aufgaben 1 bis 3 (oben) S. 40

Entscheidet sich die Lehrkraft für den oben vorgeschlagenen kreativen Einstieg in die Thematik, können diese Aufgaben auch in einem einfachen Unterrichtsgespräch zusammengefasst werden. Umgekehrt bietet sich hier auch eine ähnliche Vorgehensweise wie die anlässlich der Auftaktseite vorgeschlagene an, wobei Aufgabe 3 die Zusammenarbeit mit dem Fach Kunst/Textilgestaltung nahelegt.

Josef Reding: Meine Stadt (S. 40)

Redings Hommage an „[S]eine Stadt“ (vgl. die Originalfassung im Schülerbuch auf Seite 310) berücksichtigt gleichermaßen Licht und Schatten des städtischen Lebens, wobei das vorgeblich Negative der Stadt gerade als das Menschliche in Erscheinung tritt. Die ersten drei, anaphorisch mit der Wiederholung des Titels einsetzenden Strophen (V. 1–14) zitieren bejahend diese „Vorurteile“ (Schmutz, Lärm, ‚dunkle Ecken‘), um ihnen relativierend („aber“ – V. 3 und 8; „wie“ – V. 12 und 14) die analoge familiäre Erfahrungswelt entgegenzuhalten.
Schließlich erläutert das lyrische Ich in den letzten drei Strophen (V. 15–40), dem umfangreicheren zweiten Teil des Gedichts, sein eigenes Verhältnis zur Stadt (V. 15), das als Freundschaft und Vertrautheit bezeichnet wird, die die „Schutthalden“ (V. 24), die der Bür-

germeister den Gästen „von fern her“ (V. 19) nie zu zeigen wagt, nicht ausspart. Dabei hat der Sprecher durchaus Verständnis für das Verhalten des Bürgermeisters (vgl. V. 25–29). Allerdings enthält das lyrische Ich seinen Gästen den „Mülleimer“ (V. 28) nicht aus Prestigegründen vor, sondern weil es sich um ein eher intimes Verhältnis handelt, worauf der kumpelhafte Umgang mit Mülleimer und Konservendose sowie die Personifikationen in der letzten Strophe (der „Müllkasten“, der „fröhlich klappert“ – V. 33, 35, und die „Konservendose“, die „tanzt“ – V. 39 f.) hindeuten. Die Beziehung des lyrischen Ich zu seiner Stadt ist ähnlich wie das Verhältnis sich vertrauender Menschen dem Zugriff Dritter entzogen.

Aufgabe 1 (unten) S. 40 Die Gliederung der Prosafassung in Verse erfordert Erfahrungen mit Formverständnis lyrischer Texte, wie sie das Lyrikkapitel in „P.A.U.L. D. 5“ grundgelegt hat. Gründe für Versgrenzen können u. a. sein: die Betonung der Adjektive „schmutzig“ und „laut“ in isolierten Zeilen, die identische Wiederholung der Satzteile „Meine Stadt ist oft ...“ und „... ist es auch“, der adversative Einsatz mit „aber“ sowie die parallelen Konstruktionen „ich mag ihn“ bzw. „ich mag sie“.

Die Gliederung des Gedichts in Strophen kann sich an Signalwörtern wie das wiederholte „Meine Stadt“, die Ortsangabe „Zu Hause“ (V. 25), das prononcierte „Aber“ in Vers 30 sowie die Satzstruktur (die einzelnen Strophen umfassen stets nur wenige, inhaltlich eng verbundene Sätze bzw. nur einen Satz wie in den letzten beiden Strophen) orientieren.

Aufgabe 2 (unten) S. 40 Der Vergleich mit dem Original hat von einer grundsätzlichen Gleichberechtigung der Versionen auszugehen. Die begründete Einteilung des Fließtextes durch die Schüler kann hierbei die Grundlage für das Verständnis der Entscheidungen des Autors legen.

Aufgabe 3 (unten) S. 40 Das lyrische Ich spricht voller Zuneigung von ‚seiner‘ Stadt und bezeichnet sein Verhältnis zu ihr explizit als tiefe Freundschaft: „wir sind Freunde,/die sich kennen“ (V. 16 f.). Diese Freundschaft ist gerade auch dort, wo die Stadt ihre hässlichen Seiten zeigt, durch umfassende Vertrautheit (V. 32 ff.: „klopfe ich dem/braven grauen Müllkasten/auf den Deckel“) und fröhliches Miteinander (vgl. V. 36 ff.) gekennzeichnet.

Theodor Storm: Die Stadt (S. 41)

Auch Storm richtet wie Reding seinen Blick auf die unwirtlich erscheinenden Merkmale seiner Heimatstadt, doch im Unterschied zum Autor von „Meine Stadt“ wertet er diese nicht insgeheim auf, sondern stellt ihnen ein von positiven Kindheitserinnerungen getragenes „Trotzdem“ entgegen: „Doch hängt mein ganzes Herz an dir“ (V. 11).

Die durch das wiederholte Farbadjektiv ‚grau‘ und die Reimstruktur (identische Reime in V. 1/4 sowie V. 12/15) hervorgehobene trübe Eintönigkeit Husums (vgl. V. 5) verdankt sich laut Sprecher wesentlich der Abwesenheit von jahreszeittypischen Erscheinungen, die vom alles beherrschenden Nebel (vgl. V. 3) unterdrückt werden. Die andernorts bekannten Boten des Frühlings (rauschender Wald und Vögelkonzert) sind auf klägliche Zeugnisse der Küstenlandschaft (Nebel, V. 3; Meeresrauschen, V. 4, und Wind, V. 10) und des Herbstes reduziert: „Die Wandergans mit hartem Schrei/Nur fliegt in Herbstesnacht vorbei“ (V. 9 f.). Storms Heimatstadt erscheint als ein Ort, an dem selbst Zugvögel auf ihrem Weg in den Süden keine Rast machen wollen.

Die dritte Strophe markiert deutlich die Wende durch das einleitende „Doch“ (V. 11) und die sentimental gefärbte Apostrophe „Du graue Stadt“ (V. 11/15), die das Gedicht aus einer distanzierten Beschreibung zu einer persönlichen Reminiszenz machen (vgl. auch das wiederholte „dir“ in V. 14). Positiv konnotierte Wortwahl („mein ganzes Herz“, V. 11; „Der Jugend Zauber“, V. 13, sowie „lächelnd“, V. 14) ist Kontrapunkt des nüchternen Realismus in den beiden ersten Strophen („seitab“, V. 2; „Nebel“, V. 3; „Eintönig“, V. 5; Verneinungen in V. 6 f.).

Storms untypisches Stadtgedicht gewinnt seine Überzeugungskraft besonders durch diese Gegenüberstellung von Realismus und Sentimentalität, zumal die letzte Strophe in ihrem inhaltlichen Gewicht die beiden ersten Strophen in auffälliger Weise aufzuwiegen vermag.

Aufgaben 1 und 2
S. 41

Die Suche nach einem passenden Adjektiv erfordert auch wegen der verlangten Begründung (Aufgabe 2) das genaue Lesen des lyrischen Textes, zumal deutlich werden sollte, dass das Adjektiv auf so unterschiedliche Bezugswörter wie „Strand“, „Meer“ und „Stadt“ angewendet werden muss. Als mögliche Lösungen sind u. a. zu erwarten: grau, verlassen, eintönig, fern etc.

Berücksichtigen die Schüler vor allem die erste Strophe, werden sie aufgrund des Signalworts „Nebel“ (V. 3) auch auf das Adjektiv „grau“ kommen, das mit Blick auf den Stimmungswechsel und die nicht mehr negative Bewertung der Farbe Grau in der dritten Strophe den Gegensatz offenlegt, der Storms Gedicht bestimmt. So können die Schüler schnell den Aussagekern des Textes selbsttätig entdecken.

Aufgabe 3
S. 41

Diese und die vierte Aufgabe lösen analytisch ein, was die ersten beiden Aufgaben auf kreative Weise haben aneignen lassen. Zentral sind hierbei die visuellen und auditiven Eindrücke, die sprachlich evoziert werden sollen. So können die Schüler zu den folgenden Übungen zur Metaphorik und sprachlichen Bildlichkeit lyrischer Texte hingeführt werden. Für die Ergebnissicherung zur dritten Aufgabe bietet sich folgendes Tafelbild an:

Tafelbild

Das Bild der Stadt in den ersten beiden Strophen von Storms Gedicht „Die Stadt“

Was man sieht	*Was man hört*
• *Strand und Meer erscheinen einfarbig grau (V. 1)* *→ alles erdrückender Nebel (V. 3)* • *vorbeifliegende Wandergänse (V. 8–9)* • *wehendes Gras im Wind (V. 10)*	• *Meeresbrausen unterbricht vorherrschende Stille (V. 4)* • *statt Waldrauschen und anhaltendem Vogelgesang nur Schrei der Wandergans (V. 6–8)*

→ Storms Bild der Stadt ist durch „eintönige“ Farbgebung und Geräusche gekennzeichnet. Insgesamt wirkt dieses Bild wenig einladend auf die Leser.

Aufgabe 4
S. 41

Hier sollten die Schüler auf einige der in der Textbeschreibung aufgeführten sprachlichen Besonderheiten hinweisen können. Besonderes Augenmerk verdienen der Auftakt mit „Doch“ sowie die völlig unerwartete Anrede der Stadt, die ähnlich wie bei Reding einem Liebes- bzw. Freundschaftsverhältnis vergleichbar ist.

Hans Herbert Ohms: Abends am Fenster (S. 42)

Das Gedicht von Ohms (1910–1991) entfaltet in seinen sieben regelmäßig gebildeten Strophen (trochäisch alternierendes Metrum, Kreuzreime, z. T. unrein) das Lichterspiel, das sich in den Abendstunden in einer größeren Stadt dem aus einem Fenster sehenden lyrischen Ich bietet. Bei gleichzeitiger Dämpfung des Tageslärms („wenn die Polterstadt/ langsam leiser wird“, V. 1 f.; vgl. die ersten beiden Strophen) erwachen die Stadtlichter zum Leben („Lichter!, Lichter“, V. 9). Das lyrische Ich charakterisiert sie durch Metaphern wie „gelbe Fenstersterne“ (V. 10).

Bedeutsam sind die Farbeindrücke, die der Betrachter der abendlichen Stadt und ihrer Lichtquellen empfängt: Die Fenster sind wie die Straßenbahn „gelb“ erleuchtet (V. 3 und

10), die Eisenbahn funkelt (vgl. V. 13), die Signale des Flugzeugs sind Rot und Grün (vgl. V. 15f.). Das Leben in der abendlichen Stadt wird zur Laterna Magica für die Fantasie des Betrachters, in die auch die Natur einbezogen wird: Die untergehende rote Sonne („rot die Kugel wacht", V. 18) erscheint in der Abenddämmerung fast wie der Mond, der jedoch in übergroßer Erscheinung (vgl. V. 23) „hinterm Park" (V. 21) aufgeht. So wie sich der Mond von der Erde abhebt, fällt auch die letzte Strophe des Gedichts inhaltlich aus dem Rahmen, weil sie direkt die Qualität sprachlicher Bilder auf semantisch ambivalente Weise anspricht. „Blaue Worte", die auf die schwach erhellte Fläche des Mondes anspielen könnten, fassen als Metapher stellvertretend die Assoziationen der vorangegangenen Versgruppen zusammen. Sie „gehen an" (V. 25), was sowohl „beginnen" als auch „sind noch akzeptabel" bedeuten kann. Diese Worte und „ein Bild darüber" (V. 26; im Sinne von ‚Bildthema') sind jedoch nicht „schöner als man träumen kann", d.h., sie können den Traum und den Schlaf des lyrischen Ich nicht wirklich ersetzen.

Aufgabe 1 S. 42 Diese Aufgabe zielt auf das Erkennen der enthusiastisch und fantasiereich in Worte gefassten Wahrnehmung der Lichter (vgl. vor allem die Verse 9–16), die das Abendritual des lyrischen Ich begründet. Der Fokus auf die bildhafte Wortwahl führt hin zur Beschäftigung mit der klassischen Metapher (vgl. Haltestelle auf Seite 42 unten).

Aufgabe 2 S. 42 Die ‚Bilder im Kopf' sind intuitiver Zugang zur Funktion sprachlicher Mittel als Visualisierung innerer Bilder (vgl. Schülerband „P.A.U.L. D. 5", S. 88–96). Als konkrete Anhaltspunkte für das Unterrichtsgespräch bieten sich neben den Metaphern in V. 10–13 (vgl. auch Aufgabe 6, Seite 43) die Farbeindrücke der Fahrzeuge (Straßenbahn, Autos, Eisenbahn, Flugzeug) an.

Aufgabe 3 S. 42 Die Aufgabe dient der Erarbeitung der semantischen Charakteristika klassischer Metaphern. Als zusammengesetztes Wort enthält das sprachliche Bild „Fenstersterne" bereits die Bezugsgröße der neuen Bedeutung, die die Metapher „Sterne" hier annimmt. Alternativ zu dieser induktiven Herangehensweise wäre die klärende Besprechung der Haltestelle „Metaphern untersuchen" (Seite 42 unten) möglich, von der aus man die übrigen sprachlichen Bilder des Gedichts analysieren könnte.

Aufgabe 4 S. 43 Diese Übung bezweckt die Vertiefung des neu erworbenen Wissens über die Funktion von Metaphern. Allerdings handelt es sich bei den gebotenen Beispielen im Unterschied zu den sprachlichen Bildern in „Abends am Fenster" um sog. verblasste Metaphern, die als solche uns nicht unbedingt mehr bewusst sind. Sollte dies im Unterrichtsgespräch als Problem von den Schülern thematisiert werden, bietet sich eine vorgezogene Beschäftigung mit Aufgabe 7 (Seite 43) an.

Aufgabe 4 bietet darüber hinaus Gelegenheit zur Aneignung der Umschreibung (Paraphrase) als grundlegender Technik der Semantik, wie sie z.B. für das Verfassen von Wörterbüchern nötig ist.

Musterlösung:

Metapher	**ursprüngliche Bedeutung**	**neue, übertragene Bedeutung**
Fluss*arme*	Gliedmaßen, die am oberen Rumpf vom Körper abzweigen	Flüsse, die vom Hauptfluss abzweigen
Lampen*fuß*	unterster Teil des Beins von den Knöcheln an	Ständer für Lampen
Baum*krone*	Herrschaftszeichen, das Könige auf ihrem Kopf tragen	der belaubte bzw. benadelte Teil des Baumes

Metapher	ursprüngliche Bedeutung	neue, übertragene Bedeutung
*Bomben*schuss	Sprengstoffbehälter mit Zünder	unhaltbarer Schuss, z. B. im Fußball
Tor*jäger*	jemand, der ein Tier schnell verfolgt, um es zu fangen oder zu töten	Angriffsspieler, z. B. im Fußball

Aufgabe 5
S. 43
Folgende Metaphern lassen sich bilden: Flussbett, Brillenschlange, Bücherwurm, Eierkopf, Ohrwurm (dazu siehe auch Arbeitsblatt 1, S. 49).

Aufgabe 6
S. 43
Es bieten sich hier die Metaphern „Autoblitze" (V. 11) und „Funkelschlange Eisenbahn" (V. 13) an. Die ursprünglichen Bereiche von Auto und Eisenbahn werden metaphorisch mit einem meteorologischen Lichtphänomen (Blitz) bzw. einem Tier (Schlange) in Verbindung gesetzt: So wie die Scheinwerfer der Autos aufblitzen, bewegt sich die Eisenbahn wie eine Schlange über die Ebene und erinnert mit ihren gleichermaßen bewegten Lichtern an ein Funkeln.

Aufgabe 7
S. 43
Die Erörterung der Beispiele kann dazu beitragen, die Ergebnisse der Gedichtbesprechung (Bedeutung der Farben und Lichtquellen) auf eine allgemeine Ebene zu heben. Wiederum sollte deutlich werden, dass im Unterschied zu genuin literarischen Sprachbildern Metaphern im Alltag kaum mehr als solche erkannt werden. Deshalb mag es sich anbieten, die Schüler zunächst die Bedeutung der Sätze mit eigenen Worten umschreiben zu lassen, um dann die Funktionsweise der Metaphern selbst genauer in den Blick zu nehmen.

Aufgabe 8
S. 43
Diese Aufgabe erfordert ein hohes Maß an kreativer Fantasie und verlangt unter Umständen Hilfestellung durch die Lehrperson.
Mögliche Beispiele aus dem Bereich „Feuer" wären u. a.: Glutofen, entflammen, Feuer der Leidenschaft, mit jemandem durchs Feuer gehen, mit dem Feuer spielen.
Zum Thema Wasser wäre zu nennen: mit allen Wassern gewaschen sein, nass hinter den Ohren sein, Wasser des Lebens, verwässern.
Weitere Themen, aus denen Metaphern gebildet werden können, sind: Stein, Luft, Himmel oder Tiere.

Edward Hopper: Night Shadows (S. 44)

Die Radierung des sonst wegen seiner realistischen Ölgemälde berühmten amerikanischen Malers Edward Hopper (1882–1967) realisiert ihr melancholisches Thema, indem sie die Lichtquelle (vielleicht eine geöffnete Haustür) außerhalb der linken Bildhälfte verortet, sodass sich die Schatten in Richtung der rechten Hälfte erstrecken. Der Schwarz-Weiß-Kontrast hebt diese besonders nachdrücklich hervor. Der hereinragende große Schatten bleibt von unbestimmter Form, sodass nicht klar ist, ob er von einem Menschen stammt. Der Lichtquelle entgegen bewegt sich ein einzelner Mann, der mit vergleichsweise kleinem Schatten aus dem Dunkel kommt. Die Größenverhältnisse und der Lichteinfall spielen mit dem Gefühl der Beklemmung, das Fußgänger in der Stadt bei Nacht erfassen kann: In der unheimlichen Dunkelheit können selbst erleuchtete Straßenecken nicht restlos beruhigen, weil das so verursachte Schattenspiel wiederum verunsichert und die Einsamkeit des Menschen nur noch deutlicher macht.

Aufgabe 1 (oben)
S. 44
Die Stimmung des Bildes kann als zwiespältig beschrieben werden: Zwar geht der Mann dem Licht entgegen, gleichzeitig jedoch unterstreicht der Kontrast seine Isolation. Das Ziel seines Weges ist schemenhaft und wirkt daher unheimlich.

Aufgabe 2 (oben)
S. 44
Zur Lösung dieser Aufgabe bietet sich eine Gruppenarbeit an. Die Schüler können dabei arbeitsteilig ihre Ergebnisse auf kleinen Plakaten zusammenfassen. Als Ergebnissicherung

könnten die Produkte schließlich um eine Kopie des Bildes herum an einer Wand des Klassenraums angebracht werden. Die einzelnen Plakate können darüber hinaus thematisch passend angeordnet werden: Licht-Schatten-Verteilung oberhalb, Lichtquelle links, Schattenrichtung rechts, Wirkung von Licht und Schatten unterhalb. Die Gestaltung kann auch in einem Unterrichtsgespräch gemeinsam erarbeitet werden.

Karl Krolow: Der Augenblick des Fensters (S. 44)
Krolows freirhythmische Verse fassen die Wirkung eines Lichtstrahls in Worte, der durch das plötzliche Öffnen eines Fensters die Abenddunkelheit kurz (vgl. Titel) unterbricht. Dieses blitzartige Aufleuchten wird in den ersten beiden Versen metaphorisch mit dem Herausschütten einer Flüssigkeit verglichen, was auf die überraschende und unausweichliche Auswirkung des Fensteröffnens hindeutet. Wer das Fenster öffnet, bleibt bewusst unbestimmt und allgemein: Es ist ein „jemand" (V. 1), der am Ende Gedicht und Fenster schließt (vgl. V. 15).
Zwischen Öffnen und Schließen werden die Vorgänge beschrieben, die das Licht verursacht: Die Blüte von Rosen wird sichtbar und die Aufmerksamkeit der spielenden Kinder erregt (vgl. V. 3–7).
Dass nur Licht Blüte, Leben und Schönheit („Süße", V. 9) ermöglicht bzw. zur Schau stellt, zeigt auch die zweite Strophe. Männer und „Mädchen" erscheinen aus diesem Grund verwandelt, „sanft" und „schön" (V. 10f.). Doch wegen der Flüchtigkeit der Erscheinung wird der ‚Lichtblick' mit Ausnahme der Kinder und Tauben nicht bewusst wahrgenommen (vgl. V. 13–16).

Aufgabe 1 (unten) S. 44 Anders als bei Hopper ist die Stimmung von Krolows Gedichts zunächst eindeutig positiv, was durch die Verben („blühen", V. 4; „naschen", V. 8) und Adjektive („schön", V. 10; „sanft", V. 11) hervorgerufen wird. Allein der jähe Bruch des Gedichtschlusses enthüllt die Vergänglichkeit der kurzlebigen visuellen Erscheinung, die die „Stimmungshelligkeit" der ersten zwölf Verse merklich dämpft.

Aufgabe 2 (unten) S. 44 Infrage kommen die Metapher der ersten beide Verse, die „Rosen der Luft" (V. 3; Balkonblumen?) sowie die „Süße" des Lichts, von der die Tauben „naschen" (V. 8f.). Vor allem die letzten beiden Beispiele mögen den Schülern aufgrund ihrer nicht auf den ersten Blick erkennbaren Funktionsweise ungewöhnlich erscheinen. In einem anschließenden Gespräch könnte dieses von alltäglicher Sprech- und Schreibweise Abweichende als zentrales Qualitätsmerkmal lyrischer Texte herausgestellt werden.

Aufgabe 3 (unten) S. 44 Der Titel unterstreicht sowohl die Flüchtigkeit des Lichteinfalls als auch die Unbewusstheit der Sinneswahrnehmung.

Vera Ferra-Mikura: Regenschirme (S. 45)
Lautstruktur und metaphorische Farbkonnotationen bestimmen Ferra-Mikuras Herbstgedicht. Das dynamische Prasseln des anhebenden Regens wird abgebildet in liedhaften Schweifreimen (Schema: aabccbddeffe), die eine Zweiteilung des trochäisch alternierenden Textes in V. 1–6 und V. 7–12 nahelegen. Die anaphorisch strukturierte Aufzählung „Bunt gestreifte, bunt gefleckte/bunt getupfte, bunt gescheckte" (V. 4f.) wird in den vorletzten beiden Versen identisch wiederholt und gewinnt somit Refraincharakter, der das Gedicht auch formal als fröhliches Lied ausweist (vgl. V. 6).
Im sprachbildlichen Bereich legen die ersten drei Verse die Grundlage für die folgenden Assoziationen, indem das Aufspannen von Regenschirmen mit aufblühenden Blumen verglichen wird, um in die abschließende und zusammenfassende Metapher „Schirme blühen in der Stadt" (V. 12) zu münden. Das wiederholte „bunt" in den Versen 4f. und

10f. betont die Bandbreite der Farbvariationen und -muster („gestreifte [...] gefleckte/[...] getupfte [...] gescheckte") der Schirme, deren Stöcke wie Blumenstiele in mannigfaltiger Form (vgl. V. 9) wirken.

Aufgabe 1
S. 45

Die lustige und fröhliche Wirkung des Gedichts rührt im Wesentlichen von seiner Wortwahl (vgl. u.a. V. 4f. und 10f.) und der verspielten Bildlichkeit her, deren zentrales Anliegen es ist, die Buntheit der Regenschirme in anschauliche Worte zu fassen (vgl. dazu auch den Merkkasten auf S. 45).

Aufgabe 2
S. 45

Die Ergebnisse der Textuntersuchung können in Anlehnung an die Zusammenfassung in einem Tafelbild zusammengefasst werden:

Tafelbild

Sprachliche Bilder in dem Gedicht „Regenschirme" von Vera Ferra-Mikura

Vergleiche	*Schirme „blühen wie Blumen auf" (V. 3)*
Metaphern	*Sie „schweben [...] auf dünnen Stielen" (V. 8)* *„Schirme blühen in der Stadt" (V. 12)*
Personifikationen	*Sie „nehmen fröhlich ihren Lauf" (V. 6)* *Sie „schweben [...] auf dünnen Stielen" (V. 8)*

Aufgabe 3
S. 45

freie Aufgabe

Aufgabe 4
S. 45

Das trochäisch alternierende Metrum bleibt auch in den folgenden Versen gleich, sodass sich folgendes Metrum ergibt:

Vera Ferra-Mikura: Regenschirme

Wenn die ersten Tropfen fallen,	x́ x x́ x x́ x x́ x
lustig auf das Pflaster knallen,	x́ x x́ x x́ x x́ x
blühen sie wie Blumen auf.	x́ x x́ x x́ x x́
Bunt gestreifte, bunt gefleckte,	x́ x x́ x x́ x x́ x
bunt getupfte, bunt gescheckte	x́ x x́ x x́ x x́ x
nehmen fröhlich ihren Lauf.	x́ x x́ x x́ x x́
Seit die ersten Tropfen fielen,	x́ x x́ x x́ x x́ x
schweben sie auf dünnen Stielen,	x́ x x́ x x́ x x́ x
leuchtend, schimmernd, rund und glatt.	x́ x x́ x x́ x x́
Bunt gestreifte, bunt gefleckte,	x́ x x́ x x́ x x́ x
bunt getupfte, bunt gescheckte.	x́ x x́ x x́ x x́ x
Schirme blühen in der Stadt.	x́ x x́ x x́ x x́

(Aus: Hans Joachim Gelberg: Die Stadt der Kinder. Gedichte für Kinder in 13 Bezirken, Georg Bitter Verlag, Recklinghausen 1982)

Aufgabe 1
S. 46

Das Metrum des Gedichts ist fast durchgängig jambisch alternierend. Eine Ausnahme bildet der fünfte Vers, der am Anfang schwebend betont wird.

Aufgabe 2
S. 46

Wichtig ist es, den Form-Inhalts-Bezug als notwendige Bedingung eingehender metrischer Analyse zu vermitteln: In Vers 5 stimmen Rhythmus und Metrum nicht überein, sodass die erste Silbe auch betont gelesen werden kann (sog. schwebende Betonung). So wird die Initialstellung des stimmungsbestimmenden Schlüsselworts „Eintönig" auch metrisch unterstützt. Im Übrigen ist das Metrum eindeutig jambisch, wobei in Vers 2 und 5, den einzigen Versen mit dem Wort „Stadt" und durch Reim miteinander verbunden, nur drei Hebungen vorliegen.

Theodor Storm: Die Stadt

Am grauen Strand, am grauen Meer	x x́ x x́ x x́ x x́
Und seitab liegt die Stadt;	x x́ x x́ x x́
Der Nebel drückt die Dächer schwer,	x x́ x x́ x x́ x x́
Und durch die Stille braust das Meer	x x́ x x́ x x́ x x́
Eintönig um die Stadt.	x͠x x x́ x x́
[...]	

(Aus: Theodor Storm: Gesammelte Werke, Bd. 1, Nymphenburger Verlagshandlung, München 1981, S. 22)

Max Bruns: Kleinstadt-Idyll (S. 46)

Bruns' Gedicht entwirft das beschauliche Bild einer Nacht in der Kleinstadt. Der rauschende Brunnen, das Signal des Nachtwächters, die alten Giebeldächer und der „Sichelmond" (V. 8) sind einige der augenfälligen Requisiten dieses bewusst am Rande des Kitsches wandelnden lyrischen Porträts, dessen Nähe zur Trivialität durch seinen durchaus ironisch zu deutenden Titel und die unterschwellig konterkarierende Wortwahl („melancholisch", V. 4; „längst verwohnt", V. 6; „wunderlichen Giebeldächern", V. 7) gebrochen wird, die das Aussehen des Städtchens als einen Anachronismus verstehen lassen. Bedeutsam für den didaktischen Zusammenhang ist die durchkomponierte Struktur des Gedichts (zwei identisch gebaute Strophen mit Kreuzreim und metrische Tendenz zur jambischen Alternation) sowie die verwendeten klassischen Sprachbilder: Vergleich („wie reifes Korn", V. 2), Personifikation (das melancholisch rufende „Wächterhorn", V. 4; der in den Schlaf wiegende „Nachtwind", V. 5 f.) und Metapher („Kastanienfächer", V. 5; „Sichelmond", V. 8).

Wolfgang Bittner: Großstadtmitte (S. 46)

Bittners lakonisches Prosagedicht beschreibt das Zentrum einer verlassenen Großstadt in der Nacht. Die kurzen Verszeilen (maximal vier Wörter, in V. 8 und 12 jeweils nur ein Wort) unterstreichen die Dürftigkeit des Ausblicks: In den Fußgängerzonen geht niemand mehr und das Kneipenleben spottet seinem Namen, sodass Ausgelassenheit „[b]esoffen" (V. 8), also unangemessen und ordinär wirken muss: Einsamkeit heißt hier stattdessen die Losung (vgl. V. 12 f.).

Aufgaben 1 bis 5 (oben) S. 47

Diese Aufgaben können modifiziert auch als Hausaufgabe (Einzelarbeit) über einen längeren Zeitraum erteilt werden, um die grundlegenden Techniken der Gedichtanalyse (vgl. Werkzeugkasten auf Seite 47) einzuüben, etwa mit Blick auf eine Klassenarbeit.

Zu den Aufgaben im Einzelnen:

Aufgabe 1 (oben) S. 47

Die aussagekräftige Wortwahl der Gedichte („Marktplatz", „Wächterhorn", „Giebeldächer" bei Bruns, „Fußgängerstraßen", „Neonreklamen", „Bürohäuser" bei Bittner) lassen nach sorgfältiger Lektüre Titel mit Formen, Ableitungen oder Synonymen von „Kleinstadt" bzw. „Großstadt" sowie Zusammensetzungen mit diesen Wörtern erwarten. Zur Überprüfung der gefundenen Titel nach erfolgter Untersuchung des Gedichts leitet Aufgabe 5 auf der gleichen Seite an.

Aufgabe 2 (oben) S. 47

In Bruns' Gedicht wirkt die Stadt in der Nacht nahezu menschenleer und still, sodass verhaltene akustische Signale wie das Brunnenrauschen, einzelne Schritte und das Wächterhorn die beschauliche Stimmung des Gedichts evozieren. Diese Stimmung wird im wörtlichen Sinne sichtbar am menschenleeren Marktplatz, den ‚schlafenden' Häusern mit ihren „wunderlichen Giebeldächern" (V. 7) und dem darüber wachenden „Sichelmond" (V. 8).

Bittner setzt in seinem Großstadtgedicht deutlicher auf den Kontrast zwischen Nachtruhe und Lebendigkeit am Tage („verlassene Bürohäuser", V. 11), sodass die Szenerie weniger beschaulich als vielmehr trostlos wirkt, weil all das, was die „Großstadtmitte" (Titel) für gewöhnlich ausmacht – Trubel und Menschenansammlungen –, fehlt. Die „paar Kneipen" und Fußgängerzonen sind nur noch ein blasser Widerschein vom Großstadtleben am Tage, sodass „Geselligkeit" bloß „besoffen" (V. 7 f.) wirken kann.

Aufgabe 3 (oben) S. 47 Aus zeitökonomischen Gründen ist ein arbeitsteiliges Vorgehen ratsam; dieses sollte jedoch so eingerichtet werden, dass sämtliche Untersuchungsaspekte bei der Präsentation in gleicher Intensität diskutiert und auf diese Weise vertieft werden können.

Aufgabe 4 (oben) S. 47 Neben der unterschiedlichen Wirkung auf die Leser ist die unterschiedliche sprachliche Gestaltung auffällig: Während Bruns' Gedicht trotz z. T. unregelmäßigen Metrums vergleichsweise streng komponiert ist (zwei Strophen, Kreuzreim), ist Bittners Text mit seinen kurzen lakonischen Versen ein reimloses Prosagedicht, in dem isolierte Einzelwortzeilen (z. B. „Besoffen" in V. 8) besonderes Gewicht erhalten. Die Wortwahl und Metaphorik von „Kleinstadt-Idyll" wirkt bewusst traditionell, während in „Großstadtmitte" die Trostlosigkeit der verwaisten Stadt weitaus weniger bildreich in Worte gefasst wird, sodass auch die Erscheinungsweise der lyrischen Form als traditionelles reimgebundenes Gedicht oder modernes Prosagedicht aussagekräftig vor Augen geführt werden kann.

Aufgabe 5 (oben) S. 47 Die originalen Gedichttitel geben Auskunft über das jeweilige Objekt der lyrischen Beschreibung, im Falle von Bruns' Text wird durch den Zusatz „Idyll" zugleich die Textwirkung angedeutet. Ein Vergleich mit den von den Schülern gefundenen Überschriften könnte Übereinstimmungen deutlich machen, aber auch zu aufschlussreichen Präzisierungen, angeregt durch die Zusätze „Idylle" bzw. „Mitte" der ursprünglichen Überschriften, führen, die als Kontrast bzw. Bestätigung des Gedichtinhalts vorgenommen werden können.

Buchillustration „Die Stadt der Kinder" (S. 47)

Aufgabe 1 (unten) S. 47 freie Aufgabe

Aufgabe 2 (unten) S. 47 Die erneute produktorientierte Aneignung des thematischen Schwerpunkts schließt den Kreis zum Kapitelauftakt. Die Aufgabe kann frei oder aber in Verbindung mit dem abschließenden Werkzeugkasten auf den Seiten 54 f. (Schülerbuch) bearbeitet werden. Je nach Leistungsstärke der Lerngruppe kann auch versucht werden, die behandelten formalen Merkmale von Gedichten selbst ansatzweise umzusetzen.

„Es ist so still …" – Sehnsucht nach dem Lande (S. 48–52)

Im Zentrum des Unterkapitels stehen Gedichte, deren Sicht der Sehnsucht nach dem Lande von vorsichtiger Kritik (Britting), karikierender Ironie (Kästner) oder geschärfter Wahrnehmung (Fontane, Storm) bestimmt ist. Die Einübung des sinnerschließenden Gedichtvortrags ist auf diese Elemente der Stimmung ausgerichtet.

Claude Monet: Sommer (S. 48)

Das Gemälde von Claude Monet (1840–1926) aus dem Jahre 1874 ist ein typisches Beispiel für die Bedeutung des Lichtspiels in der impressionistischen Landschaftsmalerei. Das Bild ist bestimmt von dem Konturen auflösenden Sonnenlicht, das Einzelheiten verschwimmen lässt. Die dargestellten Menschen verteilen sich im Licht und Schatten der durch Felder und Bäume charakterisierten Landschaft im Hochsommer, sodass die Farben die gelöste Stimmung des malerisch gebannten Augenblicks vermitteln.

Aufgabe 1
S. 48

Hauptsächlich helle Farbgebung und eine auf den unendlich erscheinenden Horizont ausgerichtete Bildaufteilung erzeugen eine ausgesprochen anziehende Stimmung, die Wärme, Gelassenheit und Schrankenlosigkeit ausdrückt. Die im Schatten sitzende Frau und ihre durch die Felder streifenden Gefährten symbolisieren die befreiende Wirkung, die auch heute noch eine Rast auf einem sommerlichen Ausflug in die offene Landschaft haben kann.

Aufgabe 2
S. 48

freie Aufgabe

Aufgabe 3
S. 48

Diese Aufgabe will die Schüler dazu führen, den Kontrast zwischen Stadt und Land selbsttätig in Worte zu fassen. Besonders Kinder aus der Großstadt werden den Landausflug als Ausbruch aus den Grenzen und Widrigkeiten des Stadtlebens empfinden, während solche aus ländlichen Gegenden eventuell Vorteile der Stadt (z. B. Einkaufsmöglichkeiten) als Einwände geltend machen dürften.

Georg Britting: Sommersonntag in der Stadt (S. 48)

„Von der Welt ein glänzendes Stück!" (V. 10): Brittings „Sommersonntag in der Stadt" spürt den Beweggründen der sonntäglichen Stadtflucht mit leichtem ironischen Unterton nach. Die umfangreichere Mittelstrophe beschreibt das Ziel der in Scharen aus der Stadt ziehenden Stadtbürger. Der Ausbruch aus dem Einerlei des Alltags wird symbolisiert durch das veränderte Reimschema: Während die erste und letzte Strophe je vier Verse im (halben) Kreuzreim aufweisen, fällt die mittlere Versgruppe durch Versanzahl (sechs) und ungewöhnliche Reimanordnung (abcccb) aus dem Rahmen. Das unregelmäßige Metrum in den Rahmenstrophen ist drei- bis vierhebig, wohingegen der Mittelteil durch z. T. verhältnismäßig lange Zeilen mit bis zu sechs Hebungen hervorsticht, die zudem den Hebungsprall (z. B. V. 7: „den Wald, einen Fußpfad [...]") nicht scheuen. Formal wird somit das vordergründige Bild der ländlichen Idylle bereits ironisch konterkariert: Die Sehnsucht nach dem Lande wird durch ein klischeehaftes Programm befriedigt, das es kaum zulässt, die wirkliche Schönheit von Flora und Fauna wahrzunehmen. Geblendet vom Glanz der Landschaft (vgl. V. 10) sind die Städter am Abend „vom Sehen satt" und können die Schönheit ihres eigenen Lebensraums nicht mehr würdigen, obwohl gerade die Bilder, die für die sympathischen Seiten der Stadt im Sommer stehen („weiße Wolken" (V. 3) über den Häusern und „zwischen den Dächern der goldene Mond" (V. 13; hier wird der Kreuzreim durchbrochen)), von weitaus dezenterem Charakter sind als die eher penetrant aufgezählten „Attraktionen" des Landlebens (vgl. z. B. Reimhäufung in den Versen 7 bis 9). Dies ist auch die Blickrichtung des sonst sich zurückhaltenden lyrischen Ichs: Anders als das unpersönliche „Alles" ist es zurückgeblieben in der Stadt (vgl. Titel).

Aufgabe 4
S. 48

Brittings Gedicht charakterisiert die Sonntagsausflügler als „Schatzsucher" (V. 11), die in der Natur „das Glück" (V. 6) suchen: Indem sie der Enge der Stadt entfliehen, ergötzen sie sich an der ländlichen Flora und geben sich der Illusion eines naturverbundenen Lebens hin, das ihnen wie die Quelle wie „[v]on der Welt ein glänzendes Stück" (V. 10) erscheint. Grund für ihren Landausflug ist also die Sehnsucht nach dem Nicht-Alltäglichen und Besonderen, das sie auf dem Land zu finden meinen.

Aufgabe 5
S. 48

Das Verhalten der Stadtbewohner scheint gleichsam fremdbestimmt und gezwungen: „Die Menschen hat es ins Freie getrieben". Als Ausflügler erscheinen sie als anonyme Masse („Alles sucht draußen das Glück" (V. 6)), deren Ziel auf einen allgemeinen Nenner gebracht wird: Waldspaziergang, Rast in einem Dorf und Quellensuche (vgl. V. 7 ff.). Auch die Wirkung der Natureindrücke wird verallgemeinert: Die Stadtbewohner sind „[b]estaubt und vom Sehen satt" (V. 12), sodass sie den Reiz der Sommernacht in der Stadt („der goldene Mond/Unbeachtet“, V. 13 f.) nicht mehr wahrnehmen können.

Aufgabe 6 S. 48 Die beiden Rahmenstrophen deuten Vorbehalte gegen das Verhalten der Stadtbewohner an: Kritisiert wird ihre ‚Untreue‘ gegenüber der Stadt (vgl. V. 3 f.: „Nur die weißen Wolken sind/Treu über der Stadt geblieben.“). Die Menschen folgen dem Strom der Stadtflüchtigen und übersehen so die Sommernatur vor ihrer Haustür: die „weißen Wolken“ (V. 3) und den Mondaufgang über den Dächern (vgl. V. 13 f.). Gesteuert von dem fast schon animalischen Trieb nach dem „Freie[n]“ (V. 2) ist ihr Ziel nicht die Natur im engeren Sinn, sondern die entindividualisierte Sehnsucht nach dem standardisierten „Glück“. Die Ironie des Gedichts liegt schließlich darin, dass die Menschen am Sonntag an ihrem angestammten Platz die Erholung und Ruhe finden könnten, die ihnen die mit Städtern überschwemmten Ausflugsziele nicht bieten können, weil alle das Gleiche suchen.

Erich Kästner: Im Auto über Land (S. 49)
Deutlicher als Britting karikiert Kästner den oberflächlichen Landausflug einer kleinbürgerlichen Familie, die mittels ihres Autos sorgsam abgeschirmt durch die Landschaft fährt und die am Fenster vorbeiziehende Natur als bloßes Schauspiel begreift. Gemein ist beiden Gedichten die Kritik an entindividualisierten Freizeitverhalten („sich rhythmisch fortbewegend/strömt die Menschheit durchs Revier“, V. 26 f.). Dieses uneigentliche Verhältnis zur Natur verhindert in Kästners Text ein wirkliches Erleben, sodass die Attraktion des Ausflugs auch nur so lange anhält, wie sich profane menschliche Bedürfnisse wie Bierdurst und Hunger nicht melden.
Sprachlich wird dieses Missverhältnis auf vielfältige Weise dem Lachen preisgegeben. Bereits die erste Strophe, wie alle übrigen mit Schweifreim und hauptsächlich trochäischem Metrum versehen, bezeugt die Beschränktheit des städtischen Blicks auf den Sommerhimmel, dessen Farbtupfer mit dem heimischen Porzellan verglichen werden (vgl. V. 3 und 6). Die Familienangehörigen wirken wie komische Figuren, die in ihrer Überzeichnung Bestandteil einer Typenkomödie sein könnten.
Die Bewunderung der Natur (vgl. V. 9) ist vor allem durch die komisch, da deplatziert wirkenden Ausrufe des Vaters auf das Maß des teilnahmslosen Begaffens geschrumpft (vgl. V. 11: „‘n Wetter, glatt zum Eierlegen!“, der folgende Vers setzt durch das gehobene „renommiert“ bewusst den Kontrast), die schließlich das wahre Herzensanliegen nicht mehr überspielen kann: „Dauernd Wald, und nirgends Bier“ (V. 30). Es ist daher alles andere als überraschend, dass die Ausflugsfahrt dann in der letzten Strophe recht schnell ihr Ende findet, als alle ihre Bedürfnisse gestillt haben, so auch die Tante, die ihre Redseligkeit ausgelebt hat (vgl. V. 34).

Aufgabe 1 S. 49 Die Menschen suchen die Unterhaltung *durch*, nicht die Begegnung *mit* der Natur. Das Begutachten der landschaftlichen Attraktionen dient vornehmlich der Abwechslung und des Glücksgewinns („Alle Welt fühlt sich gehoben“, V. 7). Der instrumentalisierte Blick aus dem Fenster bleibt oberflächlich und kann schließlich problemlos durch den Anblick der gedeckten Tafel (vgl. V. 31–36) eingetauscht werden.

Aufgabe 2 S. 49 Die sprachliche Gestaltung ordnet sich ganz der satirischen Intention des Autors unter. Besonders komische Textstellen entlarven die Stadtfamilie als einen Fremdkörper inmitten der sommerlichen Natur, so z. B. die polterhaften Ausrufe des Vaters (V. 11 und 30), die durch Endstellung noch hervorgehobenen Kontraste zwischen Autotechnik und Naturreinheit („Brise/von besonnter Luft und Wiese, dividiert durch viel Benzin“; V. 19–21), komische Vergleiche (1. Strophe) sowie die eher unpoetischen und beliebig erscheinenden Reime („Gehälter" : „kälter"; V. 34 f.).

Aufgabe 3
S. 49

Der Vortrag des Gedichts sollte Aspekte der vorangegangenen Besprechung aufnehmen und besonders die komischen Elemente sprachgestalterisch zum Ausdruck bringen. Der Hinweis auf die bündige Rezitation der Zeilensprünge dient dem Ziel der Sinnerschließung durch den Vortrag, das der besonderen Berücksichtigung bedarf (vgl. auch „P.A.U.L. D. 5", Schülerband, S. 97–99).
Die Hilfen des Werkzeugkastens (S. 49) greifen die Vorgaben aus dem Vorgängerband auf („P.A.U.L. D. 5", Schülerband, S. 99) und ergänzen diese behutsam um neue Aspekte. Bei den Betonungs- und Pausenzeichen wurde jedoch weiterhin auf weitere Merkmale wie Lautstärke und Sprechtempo o. Ä. verzichtet. Neu ist die Einbeziehung des Metrums und des natürlichen Rhythmus' in die Überlegungen zum gelungenen Vortrag sowie Tipps zur Selbstpräsentation bei der Rezitation. Zentrale Voraussetzung ist die gründliche Erschließung von Inhalt und Sinn eines Gedichts, damit den Zuhörern die durch Sprachbilder o. Ä. ausgedrückte Stimmung vermittelt wird.

Theodor Fontane: Mittag (S. 50)
In der griechischen Mythologie gilt die Mittagshitze eines Sommertags als Pans Stunde, in der der Gott friedlich ruht und Flöte spielt. Diesen Kontrast von absoluter Stille und leisem Tönen übernimmt Fontane für sein Gedicht „Mittag", ohne die für den Gott Pan redensartlich gewordene Panik, die den ereilt, der den Gott in seiner Ruhe stört, zu berücksichtigen. Die stattdessen beschriebene intensive Wahrnehmung der Natur lässt sich als positives Gegenstück zu den kritischen Gedichten von Britting und Kästner lesen.
Das jambisch alternierende Gedicht besteht aus zwei Strophen mit Kreuzreim. Die Verse schließen abwechselnd mit männlichen und weiblichen Kadenzen ab. Der Text beschreibt die „tiefe Stille der Natur" (V. 4) zur Mittagszeit, die für das lyrische Ich paradoxerweise als Klang vernehmbar wird (vgl. als Betonung dieser überraschenden Wendung die typografische Hervorhebung des „höre" in V. 3 und das adversative „Und doch" in V. 7). Alliteration (z. B. „weiße Wölkchen", V. 2) und viele Assonanzen setzen diesen Klang sprachlich um. Die Aufmerksamkeit des lyrischen Ich wird geschärft durch die alles umgebende Stille und ermöglicht die Erkenntnis, das selbst die stumme Natur als Quelle des Wohlklangs wahrgenommen werden kann und dass es absolute Stille nicht gibt.

Aufgabe 1 (oben)
S. 50

Das lyrische Ich macht die paradoxe Erfahrung, die Stille der Natur hören zu können. Dieser subjektive Zugang zur Natur wird vorbereitet durch anschauliche Sprachbilder, die die tiefdringende Eindrücklichkeit der beschriebenen Situation verdeutlicht.

Aufgabe 2 (oben)
S. 50

Es handelt sich um einen in einer „Als ob"-Konstruktion eingekleideten Vergleich, der die auditiven Impressionen eines leichten Sommerregens auch änigmatisch nahebringt (vgl. z. B. den Vokal „ö").

Aufgabe 3 (oben)
S. 50

Die Lautgestalt des Gedichts ist bestimmt durch die Wiederholung von hellen Vokalen wie „ö" (vgl. V. 1–3, 7 f.) und „ä" bzw. „äu" (V. 1 und 8), die das vom lyrischen Ich registrierte Tönen nachvollziehen lässt, sowie den Diphthongen „ie" und „ei" (V. 2, 4 und 5), die die Stille der Natur lautlich repräsentieren. Es ist auffällig, dass Fontane direkt aufeinander folgende Lautwiederholungen vermeidet. Die bewusst changierende Reihe der Vokale (z. B. a – äu – ö – i – ei – ö – u – i – ö – ie – a – u für die erste Strophe) erinnert so an die melodische Folge von Musiknoten.

Theodor Storm: Abseits (S. 50 und 311)

Storms Naturgedicht, auf Seite 311 des Schülerbuchs vollständig abgedruckt, verfolgt inhaltlich und sprachlich ähnliche Darstellungsintentionen wie der Text Fontanes (wie dort steht auch hier die Stille zur Mittagszeit im Mittelpunkt). Thematisch steckt es dabei Schritt für Schritt die Bereiche „Flora“ (Strophe 1), „Fauna“ (Strophe 2) sowie „Mensch“ (Strophe 3–4) ab. Die regelmäßig komponierten Verse (vier Strophen mit dem Reimschema ababcc, jambisch alternierendes Metrum mit vier Hebungen) setzen ebenso auf die Lautwirkung der Wörter (z. B. Assonanz und Alliteration), die das eben nicht lautlose geschäftige Treiben der Natur während der Mittagszeit einzufangen versuchen: Während in der ersten Strophe die Stille der blühenden Heide mit ihren Reizen für Auge („rosenroter Schimmer“, V. 3) und Nase („Heideduft“ : „Sommerluft“, V. 5 f.) als Idylle in Worte gefasst wird, richtet sich der Blick des lyrischen Ich in der zweiten Hälfte des Gedichts auf das kleine Leben der Tiere in der Heide, wobei sich die Aufmerksamkeit des Betrachters vom Bodentier über die Biene zum Vogel emporhebt. Der „Lerchenlaut“ in der letzten Zeile der zweiten Strophe stellt ein aussagekräftiges Gegengewicht zu der gleich am Anfang genannten Stille (vgl. V. 1) dar, bevor das Gedicht gleichsam folgerichtig fortschreitet zum Bereich der Menschen, der in den letzten beiden Versgruppen am Beispiel des Kätners und seines Sohns entfaltet wird. Wiederum stellt sich vor allem durch die Beschreibung des halb verfallenen Hauses (vgl. V. 13) der Eindruck des idyllisch Einfachen ein, dessen Harmonie von dem wortlosen Beieinandersein des dösenden Vaters mit seinem schnitzenden Kind unterstützt wird. Der Schlag der Kirchturmuhr läutet die Mittagsstunde (vgl. V. 19 f.) als den Höhepunkt der im Gedicht beschriebenen Stille ein, die inhaltlich im Traum des schlafenden Imkers von der Honigernte kulminiert: „Kein Klang der aufgeregten Zeit/Drang noch in diese Einsamkeit.“ (V. 23 f.)

Aufgabe 1 (unten) S. 50
Ein Vortrag müsste die thematische Zweiteilung der beiden Strophen (harmonische Idylle der ersten Strophe; Blick auf das quirlige Leben der Tiere in der zweiten) z. B. durch veränderte Stimmdynamik, Lautstärke und Leseschnelligkeit akustisch nachvollziehen. Die Stimmung wäre in beiden Fällen als harmonisch-beschaulich zu bezeichnen, weil sich die Beschreibung im zweiten Teil des Gedichts organisch einfügt in die Naturschilderung.

Aufgabe 2 (unten) S. 50
Das Vorgehen ist induktiv: Durch den Vortrag sind die Schüler für die Textgestalt ausreichend sensibilisiert und können der im Gedicht entfalteten Stimmung analytisch begegnen. Wichtige Textstellen/sprachliche Bilder in diesem Zusammenhang sind Personifikationen (V. 1 f. und 5 f.) und Metaphern („rosenroter Schimmer“, V. 3; „goldnen Panzerröckchen“, V. 8) sowie der Gebrauch von Adjektiven und Verben, die das Betörende und Lebendige der Sommernatur zu beschreiben versuchen, z. B. „fliegt“ (V. 3), „hasten“ (V. 7) und „schwirren“ (V. 11).

Aufgabe 3 S. 51
Die Aufgabe setzt die eingehende Analyse der Reimstruktur (Kombination aus Kreuz- und Paarreim) der ersten beiden Strophen des Gedichts voraus und dient der Vertiefung des Lernstoffes der Fünf (vgl. „P.A.U.L. D. 5“, Schülerband, S. 84 f.). Die kreative Leistung besteht schließlich darin, nach Feststellung der einzelnen Verszeilen thematisch wie formal korrekte Reimwörter zu finden. In der Originalversion steht „Haus“ für „Stall“, „Bienen“ für „Wespen“, „davor“ für „dahinter“, „Mittagsruh“ statt „Stille“, „Honigernten“ statt „Bienen“ sowie „Zeit“ anstelle von „Jahre“.

Aufgabe 4 S. 51
Die Schüler sollten nach den ersten Beispielen vergleichsweise rasch auf die korrekten Lösungen stoßen können. Problematisch könnten vielleicht die Lösungen „Mittagsruh“ und „Zeit“ sein, weil sie zum einen weniger gebräuchlich und zum anderen semantisch unbestimmter sind.

Aufgabe 5
S. 51

Die Gedichte Storms und Fontanes vertreten in dem Kapitel die positive Sichtweise der Natur und ihre sprechende Stille, die Anfangszeile von Storms „Abseits“ hat ihm sogar den Titel gegeben. Die beiden Texte stehen im Kontrast zu solchen Gedichten, die die Sehnsucht nach dem Lande ironisch (Kästner) oder kritisch (Britting) beschreiben. Diese Textzusammenhänge zu diskutieren, wäre Aufgabe eines Unterrichtsgesprächs, das auch die didaktische Konzeption des Kapitels für die Schüler einsichtig macht.

Aufgabe 1
S. 51

Das Bild bereitet die Besprechung des Gedichts von Merk (Seite 52) vor. Es kann auf zweierlei Weise gedeutet werden: Die positive Deutung wird Wiesen und Bäume als Refugium und „grüne Lunge“ der den Hintergrund bestimmenden Industriestadt interpretieren, während die kritische Lesart die Bedrohung der Natur durch die sie einkesselnde Industrie und die von dieser ausgehenden Umweltverschmutzung (symbolisiert durch die Industrieabgase) herausstellen wird. Vermittelnde Positionen zu diesen Sichtweisen sind ebenfalls denkbar.

Aufgabe 2
S. 51

Ob nun die Natur als bedroht oder als Erholungsgebiet gedeutet wird – in beiden Fällen beherrscht das industrielle Stadtpanorama den Blick auf den Horizont, sodass die im Vordergrund abgebildete Natur nur im Bezug zu dieser Stadt gesehen werden kann. Sie fungiert als bloße Ergänzung, zu der sich die Menschen entweder missbräuchlich (Umweltverschmutzung) oder (oberflächlich) genießend verhalten können.

Thomas A. Merk: Abschied vom Lande (S. 52)

Merks Gedicht fasst die in diesem Unterkapitel vorausgegangenen Interpretationslinien der lyrischen Landschaftserfahrung in einem kritischen Resümee zusammen. Es beschreibt das heutige ländliche Leben als eine massiv bedrohte Existenzform, die speziell durch den zivilisatorischen Fortschritt (Wachstum der Städte und ihrer Industrie) ihrer Grundlagen beraubt wird.

Dementsprechend unverblümt fasst das reimlose und unregelmäßig rhythmische Gedicht in seinen vier je vierzeiligen Strophen diese Realität in Worte. Sprachliche Bilder dienen nicht mehr der idyllischen Verklärung, sondern betonen den Niedergang (z. B. die Alliteration in V. 2, „wie Wolken“, die die unaufhaltsame und schnelle Verflüchtigung des traditionellen Landlebens unterstreicht). Fast schon nüchtern werden die Folgen dieser Entwicklung aufgezählt: zerfallene Bauernhöfe (V. 1 f.), Verlust von Landfläche durch Stadterweiterung (V. 3 f.) und die Verwahrlosung von nutzlos gewordenem landwirtschaftlichem Gerät (vgl. Strophe 2). Stück für Stück wird so die traditionelle Idylle des Landlebens mit ihren typischen Bestandteilen in ihr Gegenteil verkehrt. An ihnen hängt nur noch der „Rost der Erinnerung“ (V. 8).

Das Verhältnis von Stadt und Land erscheint wie das Verhältnis von Täter und Opfer. Wie ein Moloch „schlägt Beton die Wurzeln ins Land“ (V. 3), was angesichts der verwendeten Naturmetaphorik besonders zynisch anmutet. Wo kürzlich noch Landwirte mit Traktoren in „fetten Feldern“ (V. 9) Mais geerntet haben, erhebt sich nun die hässliche Einheitsarchitektur der kleinbürgerlichen Vorstadt („freche Vorhut der Siedlungshäuser“, V. 12, vgl. auch V. 7). Das Gedicht schließt ausgesprochen trist. Die wie Wolken zerstobenen Höfe sind ersetzt worden durch die „weißen Wolken der Industrie [...] am Horizont“ (V. 13 f.), deren „Räderrollen“ (V. 14) zugleich die Mechanik des Zermalmens und der Zerstörung evoziert. Was aus den Wolken als Regen wieder auf die Erde fällt, stellt sich als „Hagelwände (V. 15) dar, die nichts mehr sprießen lassen, sondern die gepflügten Felder verheeren (vgl. V. 15 f.).

Aufgabe 1 (oben)
S. 52

Der Auftrag soll die Schüler auf den Zustand der Natur und der Landwirtschaft, wie er durch die Beschreibung der Felder deutlich wird, aufmerksam machen. Hilfreich für den Beschwerdebrief sind die Verse 3 f. (der Wurzeln schlagende Beton), 5 – 7 (Felder, die

Siedlungsland geworden sind), 9 (die ehemals fruchtbringenden Äcker) und 16 (die vom Hagel bedrohte Saat in den frisch gepflügten Feldern).
Als Alternative oder Ergänzung bietet sich das Arbeitsblatt 2, S. 50 (Bruno Horst Bull, „Industriegelände") an.

Aufgabe 2 (oben) S. 52

Das Wort „Abschied" ist doppeldeutig. Zum einen betont es die Unumkehrbarkeit des schleichenden Verlusts, der dem traditionellen ‚Leben auf dem Lande' ein Ende bereiten wird. Zum anderen ist es auch der Abschied von den Worthülsen und Sprachbildern einer romantisierenden Lyrik, die die Natur und das Landleben verklärt, ohne ihre Gefährdung wahrnehmen zu wollen.

Aufgabe 3 (oben) S. 52

Ein mögliches ausführliches Tafelbild zur Ergebnissicherung einer intensiven Untersuchung, die die Polarität von Land (Höfe, Felder) und Stadt (Siedlungen, Industrie) zum Ausgang genommen hat, könnte so aussehen:

Tafelbild

Thomas A. Merks Gedicht „Abschied vom Lande" – Wie wird der „Abschied" sprachlich veranschaulicht?

Höfe	*Felder*
• ***Vergleich*** *und* ***Metapher****: sie zerfallen* ***„wie Wolken im trägen Wind der Zeit"*** *(V. 1 f.)* • ***Widerspruch****: „vergessene Maschinen,/die immer noch alte Felder bestellen" (V. 6)* • ***Metapher****: Pflüge sind „vom* ***Rost der Erinnerung*** *überzogen" (V. 7 f.)*	• ***Laut****: „****f****ette* ***F****elder" (V. 9)* • ***Metapher****:* ***„Hagelwände*** *[…] über die schwarz gebrochenen Felder" (V. 15 f.)*

↓ *„Abschied vom Lande"* ↓

Siedlungen	*Industrie*
• ***Metapher****: Beton* ***„schlägt Wurzeln*** *ins Land" (V. 3)* • ***Personifikation/Metapher: „in glatten Uniformen/freche Vorhut*** *der Siedlungshäuser" (V. 11 f.)*	• ***Laut****: „****w****eiße* ***W****olken" (V. 13)* • ***Vergleich: „wie Räderrollen*** *am Horizont" (V. 14)*

→ Der „Abschied vom Lande" bezieht sich auf das Ende des Landlebens, wie es unserer Vorstellung entspricht, weil es von Stadt und Industrie verdrängt wird.

Aufgabe 4 S. 52

Das Foto wirkt größtenteils wie die direkte Umsetzung des Gedichtinhalts: Es finden sich wieder der naturerstickende Beton (vgl. V. 3 f.), die von Siedlungen überzogenen Felder (vgl. V. 7) und deren Häuser (vgl. V. 12) sowie die Schornsteine industrieller Anlagen (vgl. V. 13 f.). Metaphern, Personifikationen und Vergleiche können von einem Foto nicht realistisch dargestellt werden.

Ludwig Fels: Natur (S. 52)

Fels' Gedicht, dessen vollständige Fassung im Schülerbuch auf Seite 309 zu finden ist, führt Merks Kritik an den naturfeindlichen Auswüchsen des Städtebaus weiter. Das Prosagedicht entwirft die Szene einer Grundstücksbesichtigung, bei der „Bekannte" (V. 1) dem

Sprecher ihre Baupläne erörtern. Der Blick fällt auf grasende Kühe und die blühende Wiese (vgl. V. 3 f.), die die Unversehrtheit der umgebenden Natur symbolisieren, die von den zukünftigen Bauherren als entscheidender Vorzug ihres geplanten Bauprojekts angeführt wird (vgl. V. 5–7). Das Gedicht mündet zielgerichtet in die Reaktion des auf diese Weise Angesprochenen, die das Gedicht mit einem kurzen lakonischen Satz über drei Zeilen unerwartet in eine scharfe Kritik solcher Bauvorhaben kippen lässt: „Ohne euch/sag ich/würde es so bleiben." (V. 8–10) Der Wunsch, in der Natur zu leben und zu wohnen, läuft zwangsläufig auf die Verdrängung dieser Natur hinaus.

Aufgabe 1 (unten) S. 52

Durch Merks Gedicht könnten die Schüler bereits auf kritische Anmerkungen des lyrischen Ich schließen, weil Fels genau die Verdrängung der Natur durch den Siedlungsbau, um die es auch Merk geht, an einem konkreten Beispiel vor Augen führt. Es ist jedoch ebenfalls denkbar, dass die Schüler die Lücken mit positiven Äußerungen besetzen und somit aus dem Text einen Gegenentwurf machen, der im Gegensatz zu Merk das friedliche Beieinander von Stadt und Natur (z. B. ökologischer Hausbau) vorstellt. Besonders in diesem Fall kann die Konfrontation mit dem originalen Wortlaut (vgl. Schülerbuch, S. 309) Gelegenheit zur vertiefenden Diskussion geben.

Aufgabe 2 (unten) S. 52

Der Vortrag rückt die thematische Verwandtschaft beider Gedichte in den Vordergrund. Merk und Fels vermitteln mit ihren Gedichten die Warnung vor der fortschreitenden städtischen Erschließung natürlicher Lebensräume, die im Falle von Fels paradoxerweise sogar von der Sehnsucht herrührt, der Natur nahe zu sein. Stattdessen sollen die Menschen dafür sorgen, dass der ländliche Bereich weiterhin sein ländliches Gepräge behält und die Idylle der Natur nicht dem Moloch Stadt geopfert wird.

Aufgabe 3 (unten) S. 52

Diese Aufgabe schlägt den Bogen zu den Gesprächsvorgaben anlässlich der Doppelauftaktseite (vgl. dort). Es ist zu erwarten, dass die anfangs geäußerten Vorstellungen auf ihre Stichhaltigkeit geprüft werden und dass allzu pauschale oder klischeehafte Äußerungen nach der Besprechung der Gedichte korrigiert werden.

Neue Wege gehen – Gedichte schreiben (S. 53–55)

Unter weitgehender Absehung von analytischer Erschließung soll am Beispiel des Gedichts „Über die Erde" von Martin Auer ein Gegenentwurf zu den kritischen Texten des Vorkapitels kreativ nachvollzogen werden. Die erfahrungsorientierten Aufgaben bereiten in Übereinstimmung mit den Ratschlägen des Gedichts mithilfe einer Wahrnehmungsschulung auf das Verfassen von eigenen Gedichten vor, zu dem der Werkzeugkasten auf der abschließenden Doppelseite Anleitung geben kann.

Martin Auer: Über die Erde (S. 53)

„Du bist ein Teil von allem/und gehörst dazu" (V. 36 f.): Auers Gedicht wartet mit Empfehlungen an ein unbestimmtes „Du" auf, um es mit durchaus biblisch anmutendem Pathos („Über die Erde/sollst du barfuß gehen", V. 1 f., vgl. passim) zurück auf den Weg unverfälschter und ganzheitlicher Naturwahrnehmung zu führen. Das Barfußgehen ist dabei Symbol des sinnenhaften Umgangs mit der Natur. Mit den Gedichten von Merk und Fels teilt der Text eine moderate antizivilisatorische Note („Schuhe machen dich blind", V. 4), doch zeigt er zugleich einen Ausweg auf: „Du kannst doch den Weg/mit deinen Zehen sehen" (V. 5 f.). Diese Synästhesie verstärkt den intimen sensorischen Eindruck (vgl. nur V. 18 f.), den Naturgegenstände wie Steine, Moos und Wasser auf den Menschen haben können, wenn er sich der Erde völlig anvertraut (vgl. V. 13, 33 f.)

Aufgabe 1
S. 53

Das „Du“ soll die Natur ‚erdverbunden‘ und ungeschützt von zivilisatorischen Errungenschaften wie den Schuhen spüren, um sie so mit allen Sinnen wahrnehmen und mit ihr eins werden zu können.

Aufgabe 2
S. 53

Mit Herz, Kopf und Hand soll der Impuls des Gedichts umgesetzt werden, damit die Schüler nachvollziehen können, dass Naturgedichte wesentlich von der eigenen Erfahrung leben, die möglichst unverfälscht sein sollte. Der Schreibauftrag stellt sicher, dass die Schüler sich ihrer Sinneseindrücke bewusst werden.

Aufgabe 3
S. 53

Eine Kombination mit Arbeitsblatt 3, S. 51 (Gedichte schreiben nach Bildern), das anknüpft an die Unterrichtsgespräche über typische Darstellungen von Stadt und Land (Doppelauftaktseite), ist möglich.

Aufgabe 4
S. 53

Nach Möglichkeit sollte die Gelegenheit ergriffen werden, die durch die Beschäftigung mit den Gedichten und eigenen Schreibversuchen gewonnenen Erfahrungen in das Schulleben hineinzutragen. Dies kann z. B. während einer Projektwoche mit dem beschriebenen ‚Gefühlsparcours‘ (die möglichen Bestandteile nennt das Gedicht) geschehen, ist aber nicht auf diesen Vorschlag beschränkt. Denkbar wären hier auch die Verknüpfung mit einem Workshop Kreatives Schreiben, einer Dichterlesung der Schüler für die Parallelklassen, der Gestaltung einer Plakatwand oder multimedialen Präsentationsformen (u. a. Internetseite). Entscheidend ist, dass die handlungsorientiere Komponente gewahrt bleibt.

Paul Maar: Land auf dem Sonntag (S. 54)
Maars Nonsensgedicht spielt mit dem Sprachwitz, der sich einstellt, wenn man Satzglieder („Land auf dem Sonntag“, Titel) und Komposita („Scheinsonn“, V. 1) in die umgekehrte Reihenfolge bringt oder die Wortstämme von Subjekt und Prädikat miteinander vertauscht („taubt eine Gurr“, V. 2). Jeweils zwei Verse der vierzeiligen, mit halbem Kreuzreim versehenen Strophen wenden sich einem Fantasietier oder -menschen und seinem Sonntagsverhalten zu, bis es sein willkürliches Ende findet (vgl. V. 19 f., die drei übrigen Strophen des Gedichts sind im Schülerband auf Seite 310 abgedruckt).

Werkzeugkasten (Seite 54 – 55)
Die in den Werkzeugkasten integrierten Aufgaben erfordern von den Schülern sowohl Gespür für lyrische Sprache als auch für grammatische Zusammenhänge.

Metaphern in der Alltagssprache erkennen

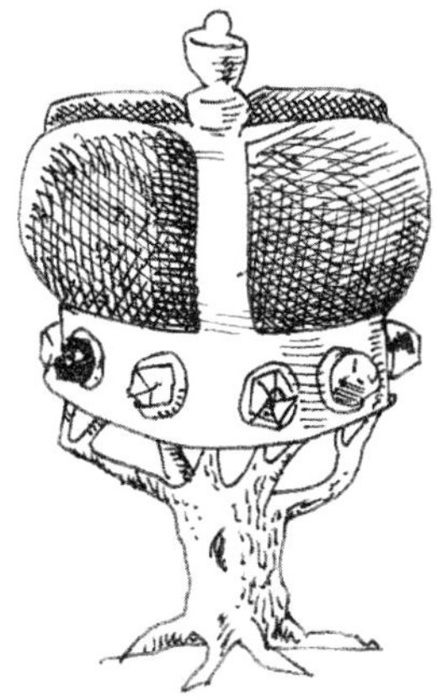

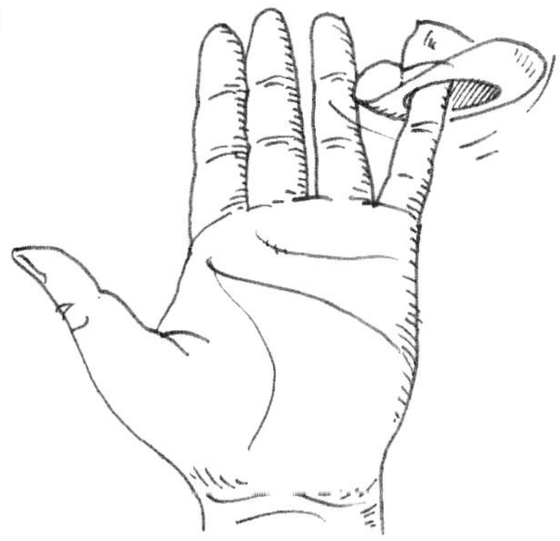

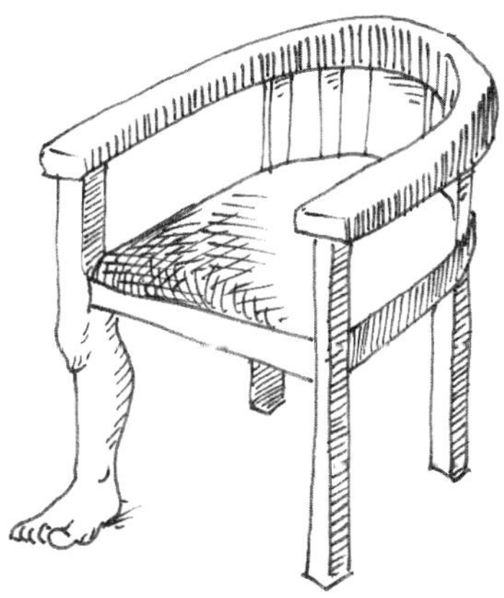

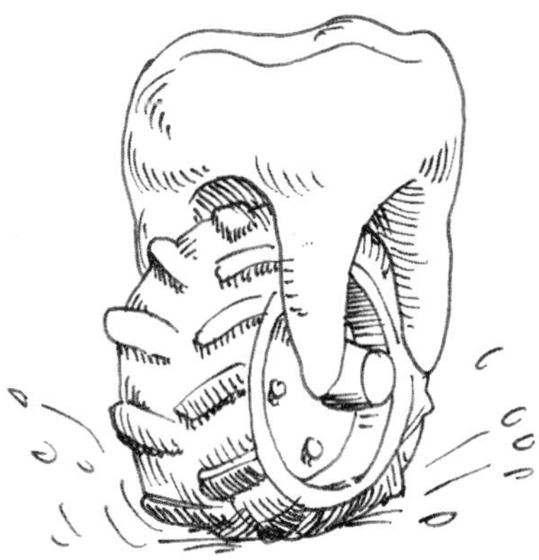

1. Welche Begriffe werden hier sprachlich dargestellt?

2. Erkläre, warum es sich um Metaphern handelt.

Ein Gedicht untersuchen

Bruno Horst Bull (geb. 1933)
Industriegelände

Über den Wiesen am Bahndamm
hängt brauner Essenrauch[1].
Männer gehn heim von der Nachtschicht.
Zag blüht ein Rosenstrauch.

Werden die Bienen ihn finden?
Seltsam rührt es dich an,
dass zwischen Stein, Rauch und Essen
noch etwas blühen kann.

(Aus: Die Stadt der Kinder. Gedichte für Kinder in 13 Bezirken, hg. von Hans-Joachim Gelberg, Georg Bitter Verlag, Recklinghausen 1982; © by the author)

[1] Esse, die: Schornstein

1. Stellt euch vor, die Bienen könnten berichten, was sie auf dem Industriegelände erleben. Lest das Gedicht noch einmal genau durch und verfasst den Bericht der Bienen.

2. Vergleicht Bruno Horst Bulls Text mit dem Gedicht „Abschied vom Lande“ von Thomas A. Merk (Seite 52 im Schülerbuch). Was haben beide Texte gemeinsam, worin unterscheiden sie sich? Sammelt inhaltliche und formale Beobachtungen.

Stadt und Natur –
Gedichte schreiben nach Bildern

1. Beschreibt die Bilder. Welche Seiten des Stadt- und Landlebens werden dargestellt?

2. Wähle eines der Bilder aus und verfasse dazu ein Gedicht. Es muss sich nicht unbedingt reimen. Du kannst dabei frei vorgehen oder die Ideen im Buch auf Seite 54–55 zu Hilfe nehmen.

3. Besprecht eure Gedichte in der Gruppe.

4. Überlegt euch, wie ihr eure Gedichte präsentieren wollt (Plakat, Buch, Internet u.a.).

Leistungsüberprüfung – Selbstevaluation – Klassenarbeit

Gerda Marie Scheidl (1913 – 2005)
Der Bagger kommt

Mitten zwischen den Häusern der Stadt
liegen Gärten verträumt;
aber nicht lange, nicht lange mehr,
wird alles fortgeräumt:

Die hellgrün gestrichenen Lauben
mit Sonnenblumen davor,
die Beete mit würzigem Suppenkraut
und das hölzerne Gartentor.

Der Bagger kommt, wird alles verschlingen –
nichts bleibt zurück von der Pracht –,
und unter Krachen, Kreischen und Rattern
sperrt er sein Maul auf und lacht.

Der Platz ist geebnet; es wird gebaut,
und bald steht ein stattliches Haus.
Fröhliche Kindergesichter
schauen zum Fenster heraus.

(Aus: Die Stadt der Kinder. Gedichte für Kinder in 13 Bezirken, hg. von Hans-Joachim Gelberg, Georg Bitter Verlag, Recklinghausen 1982)

1. Lies das Gedicht mehrfach genau durch und gib den Inhalt mit deinen eigenen Worten wieder.

2. Welche sprachlichen Besonderheiten fallen dir auf? Achte auf die Adjektive und die Verben.

3. Welche Warnung an die Menschen enthält das Gedicht?

Verkleidete Wahrheiten – Fabeln
(S. 56–67)

Vorüberlegungen zur Einheit

Im Zentrum dieser Einheit steht die Textsorte Fabeln, die zunächst analytisch im Hinblick auf die konstituierenden Merkmale erarbeitet werden soll. In einem zweiten Zugriff geht es vor allem um handlungs- und produktionsorientierte Verfahren, mit denen die Lernergebnisse des ersten Unterkapitels überwiegend selbstständig von den Schülerinnen und Schülern vertieft werden können.
Im Sinne eines integrativen Deutschunterrichts werden zudem Elemente aus den Aufgabenbereichen „Sprechen“, „Zuhören“ und vor allem „Schreiben“ aufgegriffen, indem die Schülerinnen und Schüler zum einen zu eigenen Schreibprodukten aufgefordert und zum anderen mit Überarbeitungstechniken vertraut gemacht werden, die auch auf andere Schreibprodukte übertragbar sind.
Vorgeschlagen wird, den ersten Teil der Einheit – „Von Starken und Schlauen – Die Fabeln des Äsop“ – weitgehend im Klassenverband zu erschließend und die Aufgaben des zweiten Teils „Aus der Werkstatt des Fabeldichters“ arbeitsteilig in Gruppen ausführen zu lassen.

Im Einzelnen geht es in dieser Einheit um folgende Kompetenzen:
- die textkonstituierenden Merkmale einer Fabel erkennen
- auf der Grundlage dieser Merkmale selbst eine Fabel schreiben
- Techniken der Textüberarbeitung kennenlernen und anwenden

Die diesen Ausführungen angehängten Arbeitsblätter 1–8 beziehen sich z.T. auf die im Schülerbuch enthaltenen Texte, z.T. stellen sie Ergänzungs- und Differenzierungsmaterial dar. Als Einstieg in die Erarbeitung dient die Doppelseite 56–57. Die Schülerinnen und Schüler können damit auf ihr Vorwissen zurückgreifen; einige der abgebildeten Fabeltiere dürften ihnen als Protagonisten dieser Textart bekannt sein und sie können davon berichten. Denkbar ist es auch, bereits von Beginn an mit der Klasse zu vereinbaren, begleitend zum Unterricht oder in Zusammenarbeit mit dem Fach Kunst in Gruppenarbeit derartige Fabellandschaften im Großformat zu erstellen, in die die bearbeiteten und weitere Texte integriert werden können. Andere Projektideen sind am Ende der Einheit (S. 67) aufgelistet.

Didaktische Aufbereitung der Unterkapitel

Von Starken und Schlauen – Die Fabeln des Äsop (S. 58–61)

Äsop: Der Wolf und der Kranich (S. 58)

Aufgabe 1
S. 58

Im alltäglichen sozialen Gefüge gerät der Stärkere in eine Notsituation und bedarf der Hilfe des Schwächeren, die dieser bereitwillig gewährt. Die dafür versprochene und (auch vom Leser) erwartete Anerkennung bleibt jedoch aus. Im Gegenteil: Die nunmehr wiederhergestellte Überlegenheit des Stärkeren wird zur Bedrohung des Hilfegebenden. Damit rekurriert die Fabel auf eine gesellschaftliche Situation, die von der Unterdrückung des Schwächeren und der Dominanz und Arroganz des vordergründig Stärkeren geprägt ist.

Die zwangsläufige Auseinandersetzung des Lesers mit der aus dem Geschehen resultierenden Lehre macht die didaktische Dimension des Textes aus. Dabei kann es nicht darum gehen, eine rein affirmative Lesart zu erzeugen, sondern vielmehr eine kritische Grundhaltung gegenüber der auf der Bildebene beschriebenen und auf eine mögliche Sachebene zu übertragenden Situation.

Der Text sollte von der Lehrperson im Sinne des verzögernden Lesens bis zur Z. 8 vorgetragen werden, um die unterschiedlichen Handlungsoptionen des Wolfs erörtern zu lassen. Nach dem Vortrag des gesamten Textes und dem Abgleich mit den Schülervermutungen werden diese aufgefordert, in einer Phase der Primärrezeption ihre Meinung zum Geschehen kundzutun.

Aufgabe 2
S. 58

Die in einer ersten Phase des Unterrichtsgesprächs und in den Lesevorträgen deutlich werdenden Eigenschaften der Tiere und damit auch die der gemeinten Menschen sollen hier konkret noch einmal am Text nachgewiesen werden. Dabei kann die Ausgangssituation des Wolfs einbezogen werden, die seiner natürlichen und zugeschriebenen Stärke und der Schwäche des Antagonisten entgegensteht. Folgendes Tafelbild ist möglich:

Äsop: Der Wolf und der Kranich

Der Wolf	***Der Kranich***
– *verzweifelt (Z. 3)* – *hilfsbedürftig (Z. 3)* ↓ *unterlegen*	– *hilfsbereit (Z. 5)* – *geschickt (Z. 6 f.)* ↓ *überlegen*
– *überheblich (Z. 9 f.)* – *vertragsbrüchig (Z. 10 f.)* – *ungerecht* ↓ *überlegen*	– *glaubt an Gerechtigkeit (Z. 8)* – *verstummt angesichts der Macht* ↓ *unterlegen*

Aufgaben 3 und 4
S. 58

Diese Aufgaben fordern die Schülerinnen und Schüler unmittelbar zu einer kritischen Auseinandersetzung mit dem Fabelgeschehen heraus. Die Schüler werden dabei zwangsläufig mit Begriffen wie ungerecht, gerecht, unüberlegt ... argumentieren. Ihre Bewertung können sie in Partnerarbeit auch dadurch zum Ausdruck bringen, dass sie aus der Perspektive eines beobachtenden Tieres nach dem Geschehen den Wolf und den Kranich ansprechen (bzw. „anschreiben") und deren Verhalten bewerten. Anschließend werden die Texte ausgetauscht und die Schüler verfassen jeweils eine Antwort.

Den Abschluss kann die Frage danach bilden, ob den Schülerinnen und Schülern schon einmal im wirklichen Leben etwas begegnet ist, was mit dem Fabelgeschehen vergleichbar ist, und wie sie sich verhalten haben.

Äsop: Der Fuchs und der Storch (S. 58 – 59)

Das Besondere an dieser Fabel ist, dass der vermeintlich Stärkere und Listigere im Verlauf der Fabelhandlung mit seinen eigenen Mitteln geschlagen wird und damit letztlich dem Spott des Lesers ausgesetzt wird.

Die Typisierung des Fuchses in Fabeln im Sinne eines listigen, oft verschlagenen Wesens dürfte den Schülerinnen und Schülern bekannt sein. Deshalb wird empfohlen, vor der Textpräsentation nach diesen typischen Eigenschaften des Fuchses zu fragen und diese Leseerfahrungen anschließend an den Lesevortrag durch die Lehrperson mit dem konkreten Text abzugleichen.

Aufgaben 1 und 2 S. 59 Die Frage nach der am Schluss ausformulierten Lehre ermöglicht zunächst eine Anbindung an die Schülerwirklichkeit. Nachdem der Inhalt der Lehre geklärt ist, können konkrete Alltagssituationen genannt werden, auf die sich diese Lehre bezieht. Mit der Klärung des Zusammenhangs von Fabel und Lehre kann gleichzeitig eine Sicherung des Inhalts einhergehen. Die Funktion der Lehre (vgl. Aufgabe 2) ist darin zu sehen, dass mit ihr ein Resümee aus dem Geschehen gezogen und dem Leser eine Erkenntnis vermittelt wird, die über die Bildebene hinausgeht.

Aufgabe 3 S. 59 Der Holzschnitt stellt exakt den jeweiligen Kern der Handlung und der Gegenhandlung dar. Die Begriffe können an dieser Stelle eingeführt werden.

Aufgabe 4 S. 59 In Gruppen zu dritt können die Schüler die Gedanken der Tiere während der Handlung und der Gegenhandlung als innere Monologe aufschreiben. Eine Präsentation der Ergebnisse erfolgt dann, indem ein Schüler den Text vorliest, der Vortrag an geeigneten Stellen gestoppt wird und die inneren Monologe von den beiden übrigen Schülern oder Schülerinnen gesprochen werden.

Äsop: Der Löwe und die Maus (S. 60)

In einer etwas anderen Variante wird hier das Spiel von Macht und Ohnmacht dargestellt. Ähnlich wie in der ersten Fabel gerät der vermeintlich Unterlegene in eine Situation, in der er der Stärkere ist. Im Gegensatz zur Reaktion des Wolfs im ersten Text bleibt hier jedoch zumindest offen, ob der Löwe sich die Lehre der Maus nicht vielleicht zu eigen macht.

Aufgabe 1 (oben) S. 60 Auch hier zeigt die Abbildung die beiden Phasen der Handlung (Aktion und Reaktion).

Aufgabe 2 (oben) S. 60 Vorgeschlagen wird, dass sich die Schüler in Gruppen jeweils mindestens zwei Bearbeitungsvorschläge aus dem Methodenkasten individuell aussuchen und sich den Text auf diesem Weg selbstständig erschließen. Möglich ist es auch, die ersten beiden Vorschläge von allen Gruppen realisieren zu lassen und dann erst einen oder zwei weitere auswählen zu lassen.

Aufgabe 3 (oben) S. 60 Die Schülerinnen und Schüler lernen mittels des Vergleichs die klassische Struktur einer Fabel kennen. Die Strukturelemente können in einem Tafelbild vorgegeben werden, zwei Schüler oder Schülerinnen sollten ihre Ergebnisse auf Folie präsentieren und im Plenum besprechen. Die Schüler lernen auf diesem Weg zudem, einen Textvergleich kriteriengeleitet vorzunehmen.

Tafelbild

Textabschnitt	**Der Wolf und der Kranich**	**Der Fuchs und der Storch**	**Der Löwe und die Maus**
Ausgangssituation	Notlage des Wolfs (Knochen im Rachen)	Einladung des Fuchses an den Storch	Störung des Löwen durch die Maus
Handlung	Hilfe des Kranichs	Gemeinsames Essen, bei dem der Storch zu kurz kommt	Großzügige Freilassung der Maus
Gegenhandlung	Verweigerung der Belohnung	Gemeinsames Essen, bei dem der Fuchs zu kurz kommt	Notlage des Löwen und Hilfe durch die Maus
Lehre	nicht ausformuliert: Undank ist der Welten Lohn. Der Starke hat immer Recht ...	ausformuliert: Was du nicht willst, das man dir tu', das füg auch keinem andern zu.	nicht ausformuliert: Nicht immer ist es die sichtbare Stärke, die aus einer Notlage hilft. Freundliches Verhalten zahlt sich irgendwann aus. ...

Äsop: Löwe, Esel und Fuchs (S. 60)

„Die Fabel zeigt, dass man aus fremdem Unglück lernen kann." (Z. 9) Es bleibt dem Leser oder der Leserin überlassen, wie er diese Lehre für sich interpretiert. Vordergründig dürfte damit die Resignation vor der Stärke des Widerparts gemeint sein. Vielleicht ist es aber auch die Erkenntnis, dass eine gemeinsame Jagd solcher ungleichen Wesen von Beginn an zum Scheitern verurteilt ist. Oder hätte es vielleicht Sinn gemacht, den Löwen in eine falsche Richtung zu locken und ihm dann an geeigneter Stelle seinen gerechten Anteil zu hinterlegen? Hätte der Fuchs – klug wie er ist – nicht aus angemessener Entfernung auf den Euphemismus verzichten können und dem Löwen die Wahrheit „unverkleidet" sagen können? Vielleicht gibt es noch eine weitere Erkenntnis des modernen Rezipienten oder der modernen Rezipientin?! Vielleicht gibt es Handlungsalternativen, die im Sinne einer rezeptionsästhetischen Literaturdidaktik erst noch zu entwickeln sind.

Aufgaben 1 bis 3 (unten) S. 60

Im Mittelpunkt der Besprechung dieser Fabel sollte vor allem die kritische Auseinandersetzung mit der Lehre stehen, die vordergründig zu einer Resignation vor der körperlichen Stärke des Gegners auffordert und gerade deshalb und wegen der Relativierung des Gerechtigkeitsbegriffs den Widerspruch des modernen Rezipienten herausfordert.
Zunächst einmal sollten die Schülerinnen und Schüler nur die ersten beiden Zeilen (Ausgangssituation) als Tafelanschrieb präsentiert bekommen. In Gruppen- oder Partnerarbeit entwickeln sie Ideen, wie das Geschehen weitergehen könnte und welche Lehre aus den von den Schülerinnen und Schülern entwickelten Handlungen und Gegenhandlungen gezogen werden kann. Wenn genügend Zeit zur Verfügung steht, können die Texte auch verschriftlicht werden. Ansonsten genügt ein anschaulicher mündlicher Vortrag.
Anschließend vergleichen die Schüler ihre Texte mit der Originalfabel im Arbeitsbuch. Die Aufforderung, die Lehre und das Verhalten der beiden unterlegenen Tiere zu bewerten, dürfte zu einer kritischen Auseinandersetzung mit den Aktionen und Reaktionen der Tiere führen. Ist dieses nicht bereits in den Schülertexten geschehen, sollten sich die Lernenden zu alternativen Handlungsweisen und damit zu möglichen anderen Lehren Gedanken machen.

Äsop (biografischer Text) (S. 61)

Aufgabe 1 S. 61

Die zuvor immer wieder gestellte Frage nach der Übertragbarkeit des Fabelgeschehens auf die Realität macht es den Schülerinnen und Schülern möglich, den Begriff der verkleideten Wahrheit zu erklären. In diesem Zusammenhang kann es auch sinnvoll sein, die Begriffe Bildebene (Textebene) und Sachebene (Realität) einzuführen.

Tafelbild

Die Fabel

Verkleidete …	*Wahrheit*
↓	↓
Handlung aus der Tierwelt	*Ereignis aus der Welt der Menschen*

Aufgabe 2 S. 61

Auch wenn es keine biografischen „Beweise" dafür gibt, ist ein Zusammenhang zwischen der Rolle als Sklave und dem Verfassen derartiger „verkleideter Wahrheiten" zumindest zu vermuten.

Aufgabe 3 S. 61

„Esopus" wird inmitten seiner Fabelgestalten dargestellt. In der linken unteren Bildecke ist sein angeblicher Sturz von einem Felsen dargestellt. Auffällig ist die Handhaltung der dargestellten Figur. Einerseits scheinen die Hände etwas empfangen zu wollen, andererseits weist der Zeigefinger der rechten Hand auf etwas, vielleicht auf eine „Wahrheit", die mithilfe der Fabelwesen verkleidet werden kann oder muss.

Aus der Werkstatt des Fabeldichters (S. 62–67)

Die in diesem Unterkapitel präsentierten Fabeln sollten von den Schülerinnen und Schülern in Gruppen bearbeitet werden. Zum einen geht es darum, die unter den Texten aufgelisteten Aufgaben zu bearbeiten und darüber hinaus weitere Bearbeitungsmethoden aus dem Werkzeugkasten auf S. 59 des Schülerbuchs auszuwählen. Die Präsentation sollte dann so erfolgen, dass die Gruppen zunächst jeweils den Text vortragen, dann über die eingeforderten Aufgaben informieren und ihre Lösungen vorstellen.

Äsop: Drei Stiere und der Löwe (S. 62)

Aufgaben 1 und 2 (oben) S. 62

Der Text kann so aufbereitet werden, dass die Sätze aus den Zeilen 1, 5–6 und 9–10 als episches Gerüst stehen bleiben und die entstandenen Dialoge eingefügt werden. Wenn über den dialogischen Lesevortrag hinaus ein szenisches Spiel erfolgen soll, bietet es sich an, ein Regiebuch erstellen zu lassen.

Drei Stiere und der Löwe – Ein Regiebuch

Rolle	Text	Sprech- und Spielanweisung
Erzähler:	Drei Stiere schlossen miteinander ein Bündnis.	
Stier 1:	Der Löwe ist eine große Gefahr für uns. Noch gestern hätte er mich beinahe auf der Weide erwischt.	– spricht aufgeregt
Stier 2:	...	

Eine etwas aufwendigere, aber gerade für jüngere Schülerinnen und Schüler attraktive Variante des szenischen Spiels ist die Darstellung mit selbst gebastelten Sockentieren. Arbeitsblatt 5, S. 63, enthält eine Bastelanleitung.

Aufgabe 3 (oben) S. 62

freie Aufgabe

Martin Luther: Vom Hunde im Wasser (S. 62)

Aufgabe 1 (unten) S. 62

Über den eingeforderten inneren Monolog am Schluss hinaus können die Schülerinnen und Schüler zu geeigneten Stellen weitere innere Monologe verfassen und diese in einen Lesevortrag integrieren (vgl. auch Schülerbuch, Aufgabe 4, S. 59).

Aufgabe 2 (unten) S. 62

Möglich ist es auch, die Lehre in einer sprachlichen Form formulieren zu lassen, die den Schülern vertrauter ist, z. B.: „Besser den Spatz in der Hand als die Taube auf dem Dach."

Aufgabe 3 (unten) S. 62

freie Aufgabe (zur Originalüberschrift s. o.)

Wilhelm Busch: Fink und Frosch (S. 63)

Originaltext, weitere Erarbeitungsvorschläge und die vollständige Abbildung finden sich auf dem Arbeitsblatt 1, S. 59.

Heinz Erhardt: Die Made (S. 63)

Aufgaben 1 bis 3 (rechts) S. 63

Bei den Vorträgen und bei der Kennzeichnung der möglichen Wirkung sollten vor allem die komischen Elemente berücksichtigt werden, z. B.: die zahlreichen Binnenreime, modernistische Formulierungen wie „Made junior" oder das Wortspiel „bunter Specht". Die Schülerinnen und Schüler sollten zudem versuchen, eine Lehre mit den gleichen sprachspielerischen Mitteln zu formulieren, und den Text damit ergänzen.

Helmut Arntzen: Drei Fabeln (S. 64)

Aufgaben 1 bis 5 S. 64

Die Originaltexte, die keine Autorenüberschriften besitzen, lauten folgendermaßen:

Ein Kaninchen traf einen Hasen.
Kümmerlich, bemerkte der Hase, sich von Menschen in einem Stall gefangen halten zu lassen.
Da wir beide Braten werden, sagte das Kaninchen, ist der ganze Unterschied: Ich warte und du rennst.

(© Josef M. Werle, Deutsche Fabeln aus tausend Jahren. Eine Anthologie, erschienen 1998 im Wilhelm Goldmann Verlag, München, einem Unternehmen der Verlagsgruppe Random House GmbH)

Der Esel schlich an der Höhle des Löwen vorbei. Der sah ihn, trat heraus und brüllte. Eine kluge Bemerkung, stotterte der Esel. Unsinn, sagte der Löwe, ich will dich nur fressen.

(Aus: Deutsche Fabeln aus tausend Jahren. Eine Anthologie, hg. von Josef M. Werle, Goldmann, München 1998, S. 341)

Bleib doch zum Essen, sagte der Fuchs zur Gans, die an seiner Höhle vorbeikam.
Danke gern, was gibt es denn?
Natürlich Gänsebraten, hauchte der Fuchs und drehte ihr den Hals um.

(Aus: Helmut Arntzen: Kurzer Prozess. Aphorismen und Fabeln, Nymphenburger Verlagshandlung, München 1966)

Auf Arbeitsblatt 2, S. 60, sind die Einzelsätze abgedruckt, die von den Schülerinnen und Schülern ausgeschnitten und in die richtige Reihenfolge gebracht werden können. Möglich ist es auch, die Einzelsätze auf Folie zu kopieren, diese zu zerschneiden und gemeinsam die Textteile zusammenzusetzen. Arbeitsblatt 3, S. 61 enthält eine ähnliche Vorgehensweise und dient als Differenzierungsmaterial.

Aufgabe 6 S. 64

Das Besondere an den Fabeln von Helmut Arntzen ist die aphoristische, epigrammatische Kürze. Es wird kaum eine Handlung entwickelt. Die Situation der Tiere als Unterlegene oder Überlegene wird pointiert und unverhohlen zum Ausdruck gebracht. List und Klugheit sind erst gar nicht erforderlich.

Nach Äsop: Der Fuchs und die Trauben (S. 65)

In epischer Breite und in dieser Weise nicht zu einer Fabel passend wird die Handlung in dieser Erzählung entfaltet. Indem die Schülerinnen und Schüler sich mit ihren Texten dem bekannten Darstellungsstil der Fabeln annähern, erfahren sie die sprachliche Prägnanz und Reduktion auf das Wesentliche, die für diese Textart typisch sind.

Der Originaltext lautet:

Äsop: Der Fuchs und die Weintrauben

Ein Fuchs sah an einem hohen Weinstock reife Trauben hängen und sann auf Mittel und Wege, sie abzubrechen und zu genießen. Da er sie aber trotz großer Anstrengungen nicht erreichen konnte, tröstete er sich über sein Missgeschick mit den Worten: „Sie sind noch unreif und viel zu sauer; man könnte sich an ihnen fast die Zähne ausbeißen."
Die Fabel lehrt, dass auch viele Leute das herabsetzen, was sie nicht erreichen können.

(Aus: Fabeln des Äsop und Äsopische Fabeln des Phädrus. Ins Deutsche übertragen von Wilhelm Binder und Johannes Siebelius, Wilhelm Goldmann Verlag, München 1959)

Arbeitsblatt 6, S. 64, zeigt eine Möglichkeit, einen Fabeltext, der von Phädrus in Gedichtform verfasst ist, in einen epischen Text umzuwandeln. Dabei haben die Schülerinnen und Schüler je nach Intention der Lehrperson die Möglichkeit, einen Text zu verfassen, der zum Sprachstil einer episch gestalteten Fabel passt, oder aber – wie im Text auf S. 65 vorgeführt – eine lebendige Erzählung mit den in der Klasse 5 oder in der Einheit „Spannende, unglaubliche und unheimliche Geschichten – Erzählen" (Schülerbuch S. 208 – 224) gelernten Elementen zu schreiben.

Zu einer Bilderfolge eine Fabel schreiben

Die folgenden drei Zeichnungen von Wilhelm Busch illustrieren die Handlung einer Fabel mit dem Titel „Fink und Frosch".

1. Schreibe zu der Bilderfolge eine Fabel. Denk daran, deinen Text erst zu planen, indem du z. B. die vorkommenden Figuren mit ihren Eigenschaften benennst und die Handlung in Stichworten aufschreibst.

2. Vergleiche deine Fabel mit dem Originaltext von Wilhelm Busch.

Wilhelm Busch (1832–1908)
Fink und Frosch

Im Apfelbaume pfeift der Fink
Sein: pinkepink!
Ein Laubfrosch klettert mühsam nach
Bis auf des Baumes Blätterdach
Und bläht sich auf und quakt: „Ja, ja!
Herr Nachbar, ick bin och noch da!"

Und wie der Vogel frisch und süß
Sein Frühlingslied erklingen ließ,
Gleich muss der Frosch in rauen Tönen
Den Schusterbass dazwischendröhnen.

„Juchheija, heija!", spricht der Fink,
„Fort flieg ich flink!"
Und schwingt sich in die Lüfte hoch.

„Wat!", ruft der Frosch, „dat kann ick och!"
Macht einen ungeschickten Satz,
Fällt auf den harten Gartenplatz,
Ist platt, wie man die Kuchen backt
Und hat für ewig ausgequakt.

Wenn einer, der mit Mühe kaum
Geklettert ist auf einen Baum,
Schon meint, dass er ein Vogel wär,
So irrt sich der.

(Aus: Wilhelm Busch: Sämtliche Werke, hg. von Otto Nöldeke, Bd. 6, Verlag Braun und Schneider, München 1943)

Was gehört zusammen? –
Drei Fabeln von Helmut Arntzen

Auf diesem Arbeitsblatt sind drei Fabeln von Helmut Arntzen, einem modernen Fabeldichter, abgedruckt. Die Sätze stehen allerdings nicht in der richtigen Reihenfolge.

Danke gern, was gibt es denn?
Kümmerlich, bemerkte der Hase, sich von Menschen in einem Stall gefangen halten zu lassen.
Der sah ihn, trat heraus und brüllte.
Bleib doch zum Essen, sagte der Fuchs zur Gans, die an seiner Höhle vorbeikam.
Ein Kaninchen traf einen Hasen.
Der Esel schlich an der Höhle des Löwen vorbei.
Unsinn, sagte der Löwe, ich will dich nur fressen.
Natürlich Gänsebraten, hauchte der Fuchs und drehte ihr den Hals um.
Da wir beide Braten werden, sagte das Kaninchen, ist der ganze Unterschied: Ich warte und du rennst.
Eine kluge Bemerkung, stotterte der Esel.

(Aus: Deutsche Fabeln aus tausend Jahren. Eine Anthologie, hg. von Joseph Werle, Goldmann, München 1998, S. 339, 341; Helmut Arntzen; Kurzer Prozess. Aphorismen und Fabeln, Nymphenburger Verlagshandlung, München 1966)

1. Schneide die einzelnen Sätze aus und bringe sie in die richtige Reihenfolge, sodass drei kurze Fabeln entstehen.

2. Klebe die Fabeln in dein Heft und finde für jeden Text eine passende Überschrift.

3. Wähle die Fabel aus, die dich besonders interessiert, und begründe in einem kurzen Text deine Wahl.

Was gehört zusammen? – Drei Fabeln von Rudolf Kirsten

In der richtigen Reihenfolge gelesen ergeben die folgenden Abschnitte drei Fabeln von Rudolf Kirsten, einem modernen Fabeldichter. Die Überschriften der drei Fabeln lauten: „Ungleiche Boten“, „Die andern haben‘s besser“ und „Berechnung“.

Als sie wiederkamen, sprach der Pfau: „Der Anblick ihres erbärmlichen Kittels hat mich so verdrossen, dass ich ihren Gesang gar nicht gehört habe.“ Die Lerche sprach: „Ihr Gesang hat mich so entzückt, dass ich vergaß, auf ihr Federkleid zu achten.“

Ein Eichelhäher fand auf seinen Streifzügen ein kunstvolles Nestchen. Als er aber erfuhr, der kleine Zaunkönig habe es erbaut, lachte er höhnisch und rief: „Welch erbärmliches Machwerk!“

„Und wie bequem wollte ich mir‘s darin machen!“, sagte eine Grille. „Ich habe eins“, stöhnte die Schnecke, „und muss die Last Tag und Nacht mit mir herumschleppen. Was gäbe ich drum, wenn ich‘s los wäre!“

Der Adler hörte einst viel Rühmens von der Nachtigall und hätte gern Gewissheit gehabt, ob alles auf Wahrheit beruhe. Darum schickte er den Pfau und die Lerche aus; sie sollten ihr Federkleid betrachten und ihren Gesang belauschen.

Ein andermal gewahrte er auf einer Felsplatte einen Haufen zusammengeworfenen Gestrüpps mit Heu und Federn in der Mitte. Als ihm gesagt wurde, dies sei das Nest des Adlers, rief er voll Bewunderung: „Welch kunstvoller Bau!“

„Wenn ich solch ein schönes Häuschen hätte wie die Schnecke, brauchte ich mich nicht in der Erde zu verkriechen“, klagte ein Regenwurm.

(Aus: Rudolf Kirsten: Hundertfünf Fabeln, Logos-Verlag, Zürich 1960)

1. Schneide die Abschnitte aus und klebe sie so zusammen, dass drei Fabeln entstehen.

2. Schreibe die passenden Überschriften über die Fabeln.

3. Illustriere jede Fabel mit einer Zeichnung.

4. Was ist das Gemeinsame an den drei Fabeln? Beantworte die Frage in einem kurzen Text.

Eine Fabel zu einem Theaterstück umschreiben

Fabeln eignen sich besonders gut, um daraus ein Theaterstück zu schreiben, weil darin sehr häufig Figuren gegeneinander handeln. Man spricht dabei auch von Handlung und Gegenhandlung und Spieler und Gegenspieler.
Die folgende Fabel stammt von dem französischen Fabeldichter Jean de La Fontaine, der von 1621 bis 1695 lebte. Jean de La Fontaine hat seine Fabeln ausnahmslos in Versen, also in Gedichtform verfasst.
Den Text solltet ihr zu zweit oder in einer kleinen Gruppe bearbeiten.

Jean de La Fontaine (1621–1695)
Die Grille und die Ameise

Die Grille trällerte und sang
den ganzen lieben Sommer lang
und fand sich plötzlich sehr beklommen,
als der Nordwind war gekommen:
Im Haus war nicht ein Bröselein,
Regenwurm und Fliegenbein.
Hungerschreiend lief sie hin
zur Ameis', ihrer Nachbarin,
mit der Bitte, ihr zu geben
etwas Korn zum Weiterleben
nur bis nächstes Jahr:
„Ich werd' Euch zahlen", sprach sie gar,
„noch vor Verfall, mein Grillenwort,
Hauptstock, Zinsen und so fort."
Die Ameis' aber leiht nicht gern;
sie krankt ein wenig an Knausrigkeit:
„Was treibt Ihr denn zur Sommerzeit?",
fragt sie die Borgerin von fern.
„Da war ich Tag und Nacht besetzt,
ich sang und hatte viel Applaus."
„Gesungen habt Ihr? Ei, der Daus,
wohlan, so tanzet jetzt!"

(Aus: Jean de La Fontaine: Die Fabeln, Gesamtausgabe, übertragen von Rolf Mayr, Diederichs Verlag, Düsseldorf/Köln 1964)

1. Warum schickt die Ameise die Grille fort? Beantwortet die Frage in einem kurzen Text.

2. Schreibt der Grille oder der Ameise einen Brief und teilt ihr mit, wie ihr das jeweilige Verhalten beurteilt.

3. Formuliert den Text in eine Theaterszene um. Wählt dafür die Form eines Regiebuchs. Übernehmt zu diesem Zweck die folgende Tabelle in euer Heft.

Rolle	Text	Sprech- und Spielanweisung
Grille:	La, Lu, Li, La, La, La, Li, Lu, La, La, Lu ... Eigentlich habe ich ja gute Laune, wenn es nicht seit letzter Woche so kalt geworden wäre. Auf der Straße will mich keiner mehr hören, alle laufen so schnell vorbei. Und Hunger habe ich auch ...	– trällert vor sich hin, tanzt dabei durchs Zimmer – hält plötzlich inne und spricht das Publikum an – spricht zunehmend nachdenklicher – ...

4. Sprecht und spielt eure Szene der Klasse vor. Überlegt, ob ihr die Texte, die ihr in Aufgabe 2 geschrieben habt, in das Spiel einbeziehen könnt.

Sockentiere für ein Fabeltheater basteln

Fabeln lassen sich besonders gut spielen, weil häufig zwei oder mehr Tiere aufeinandertreffen, die gegeneinander handeln. Man spricht deshalb auch von Handlung und Gegenhandlung und bei den Tieren von Spieler und Gegenspieler. In dem folgenden Text erfahrt ihr, wie ihr mit ganz einfachen Mitteln Tiere basteln könnt, mit denen ihr ein Fabel-Theaterstück aufführen könnt.

Sockentiere – Mit Handpuppen spielen

Alte Socken, bei denen das Gegenstück abhandengekommen ist, hat bestimmt jeder von euch. Mithilfe von Stoff- und Wollresten, Perlen, Knöpfen, Filz und anderen Dingen lassen sich aus ihnen fantasievolle Sockentiere herstellen, mit denen man ein Theaterstück aufführen kann. Besonders gut geeignet sind übrigens dicke Wollsocken. Benötigt werden:

– Schere, Bleistift, Bastelkleber
– 1 alte Socke, 1 Stück Karton (etwa DIN A 4-Format), verschiedene Kleinteile (s. o.)

Zuerst zieht man die Socke an und stellt den Fuß auf den Karton. Mit dem Bleistift zeichnet man den Umriss des Fußes nach. Anschließend nimmt man den Fuß vom Karton und begradigt die Fußform ein wenig, sodass ein längliches Oval entsteht. Die Kartonsohle wird nun ausgeschnitten und einmal zur Hälfte zusammengefaltet, sodass in der Mitte ein Knick entsteht. Nun wird die Socke auf links gedreht und die Kartonsohle auf die Sohle der Socke geklebt. Ist der Klebstoff getrocknet, kannst du die Socke wieder auf rechts drehen. Mit der Hand kannst du nun in das Sockentier hineinfassen und das Maul mit den Fingern bewegen. Jetzt kommt der wichtigste Arbeitsschritt: das Aufkleben und Annähen von Augen, Zähnen, Barthaaren usw., sodass das Fabeltier – zum Beispiel ein Fuchs – erkennbar ist.

(Nach: Ursula Barff/Ingeborg Burkhardt/Jutta Maier: Das große farbige Bastelbuch für Kinder, erschienen im Falken Verlag, München, einem Unternehmen der Verlagsgruppe Random House GmbH)

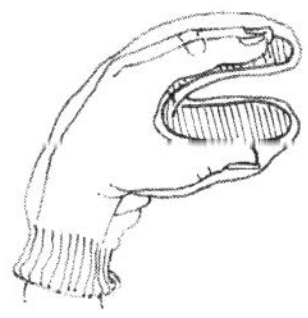
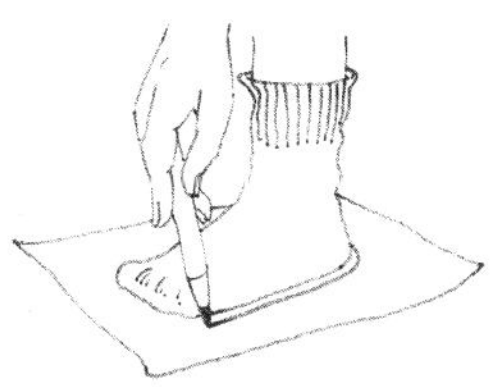
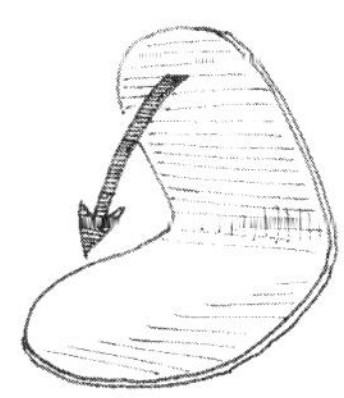

1. Unter dem Text findet ihr noch einmal einige Schritte der Bastelanleitung als Zeichnungen. Schneidet die Abbildungen aus und klebt sie an der richtigen Stelle an den Rand des Textes. Malt sie farbig aus.

2. Wählt eine Fabel aus dem Schülerbuch aus und bearbeitet sie so, dass ein Regiebuch entsteht. Dazu übernehmt ihr am besten die folgende Tabelle in euer Heft.

Rolle	Text	Sprech- und Spielanweisung
…	…	…

3. Bastelt nun mithilfe der Anleitung die benötigten Fabeltiere und führt euer Stück im Klassenraum auf.

4. Wie hört sich eine gespielte Fabel auf Türkisch, Russisch, Albanisch oder Englisch an? Bestimmt beherrschen einige von euch noch eine andere Sprache. Spielt euer Stück in dieser Sprache.

Ein Fabel-Gedicht in einen Erzähltext umformulieren

Phädrus
Hund und Wolf

Die folgende Fabel wurde von Phädrus verfasst. Er hat als Erster Fabeln in lateinischer Sprache geschrieben. Phädrus lebte in der ersten Hälfte des 1. Jahrhunderts nach Christus. Er war wie Äsop zunächst Sklave, wurde später jedoch von Kaiser Augustus in die Freiheit entlassen. Phädrus verfasste seine Fabeln fast ausnahmslos in Versen, also in Gedichtform.

Wie süß die Freiheit, will ich kurz berichten. –
Der Wolf, bös abgemagert, traf dereinst
Den wohlgenährten Hund. Sie grüßten sich
Und blieben stehn. „Du siehst ja glänzend aus!
Wie kommt das? Welche Kost macht dich so fett,
mein Freund? Ich, der ich so viel stärker bin,
Verhungre bald.“ Drauf jener: „Ganz wie ich
Kannst du‘s auch haben, wenn den gleichen Dienst
Du einem Herrn zu leisten dich erbietest.“
„Nun welchen?“ „Wachen musst du an der Tür
Und nachts das Haus beschützen gegen Diebe!“
„Ich bin bereit denn! Jetzt ertrag ich Schnee
Und Regen und das Hausen tief in Wäldern.
Viel leichter ist‘s, in einem Haus zu leben
Und mühelos von reichem Mahl sich sätt‘gen!“
„Dann komm nur mit!“ Doch unterwegs sah plötzlich
Der Wolf den Hals des Hundes wundgescheuert:
„Was ist das?“ „Nichts.“ „Ich bitte, sag mir‘s dennoch!“
„Weil ich zu scharf bin, binden sie mich an,
Tagsüber, dass ich ruhe, und wache, wenn die Nacht kommt.
Im Zwielicht machen sie mich los, dann schweif ich,
Soweit es ihnen passt, im Hof umher.
Brot gibt es reichlich, und vom Mahl die Knochen
Wirft mir der Herr zu, ganze Brocken auch
Das Hausgesinde – Zukost, die sie selbst
Verschmähn. So füllt der Bauch sich ohne Arbeit!“
„Und kannst du hingehn, wo es dir beliebt?“
„Das nicht.“ „Dann, Hund, behalte, was du lobst!
Ich will nicht Herr sein, wenn ich selbst nicht frei bin!“

(Aus: Antike Fabeln, eingeleitet und neu übertragen von Ludwig Mader, © Artemis-Verlag, Zürich 1951)

1. Vergleiche stichwortartig die Situationen von Wolf und Hund. Am besten legst du dafür eine Tabelle an.

2. Warum möchte der Wolf nicht mit dem Hund tauschen? Erkläre sein Verhalten in einem kurzen Text.

3. Schreibe die Gedicht-Fabel in Form einer Erzählung auf. Verwende dabei eine Sprache, die eher zu der heutigen Zeit passt. Dabei kannst du die Handlung entweder wie bei einer spannenden Erzählung ausschmücken oder aber in knapper Form wiedergeben, wie es oft bei einer Fabel der Fall ist.

Zu einer Fabel eine Geschichte aus der Menschenwelt schreiben

Du weißt bereits, dass in einer Fabel die Tiere stellvertretend für die Menschen handeln. Die Eigenschaften der Tiere sind also eigentlich Eigenschaften von Menschen. Und zu dem, was in der Tierwelt passiert, gibt es bestimmt auch Entsprechungen in der Welt der Menschen. Das, was der Grille in der folgenden Fabel mit dem Hirschkäfer und dem Maulwurf passiert, könnte so ähnlich auch einem Menschen mit ... passieren. Bestimmt hast du eine interessante Erzählidee.

Janosch (geb. 1931)

Die Grille und der Maulwurf

Eine Grille hatte den ganzen Sommer über nichts anderes getan, als gegeigt und gegeigt und gegeigt. Und als dann der Winter kam, hatte sie nichts zu essen, denn sie hatte das Feld nicht bestellt, also auch keine Ernte. Hatte keine Wolle gezupft, also auch keine Handschuh. Hatte kein Winterhaus gebaut, also auch keinen Ofen. Und sie fror bitterlich und sehr.

Da ging sie zum Hirschkäfer und sprach: „Sie sind doch der Oberförster im Wald, denn Sie haben ein Geweih. Könnte ich bitte ein bisschen bei Ihnen wohnen?“ „Oh nein“, sagte der Hirschkäfer, „oh nein, gewiss nicht ...“

Und die Grille ging weiter, fragte die Maus, ob sie ein bisschen von ihren Nüsschen ... „Oh nein“, sagte die Maus, „oh nein, gewiss nicht und gar nicht.“

Da stapfte die Grille weiter in dieser jämmerlichen Kälte und ging zum Maulwurf, der dort hinten in einer Kellerwohnung haust, mit Ofen. „Oh, Besuch“, rief der Maulwurf. „Kommen Sie, damit ich Sie etwas befühlen kann, sehe nämlich nicht gut, weil ich blind bin. Kommt von der schwarzen Erde, wo ich arbeite. Macht nix.“ Als er die Grille erkannt hatte, freute er sich, denn er hatte im Sommer oft ihrem Gefiedel gelauscht. Wer schlecht sieht, der hört gern zu, wenn einer Musik spielt.

„Ach, bleib doch bei mir“, sagte der Maulwurf, „und spiel mir was auf deiner Fiedel, ja!“ Und die Grille blieb, und sie machten sich ein schönes, warmes Leben zusammen. Sie kochten sich gute Krautsuppe mit Mausespeck. Oder 2 süße Erbsen. Pro Person. Abends lasen sie zusammen in der Waldzeitung, hinten bollerte der Ofen. Das Sofa war schön weich, und sie haben sich nie, nie, nie gezankt. Ach, war das eine gemütliche Zeit! Wohl die schönste Zeit in ihrem ganzen Leben.

(Aus: Die Maus hat rote Strümpfe an, Verlag Beltz und Gelberg, Weinheim/Basel 1978)

Schreibe zu der Fabel von Janosch eine Erzählung, die in der Welt der Menschen spielt. Man spricht dabei auch von einer Parallelgeschichte. Denk daran, deine Erzählung zunächst zu planen, indem du z. B. die vorkommenden Personen mit bestimmten Eigenschaften auflistest und die Handlung in Stichworten aufschreibst.

Eine moderne Fabel untersuchen

Gianni Rodari (1920–1980)
Die Geschichte vom jungen Krebs

Ein junger Krebs dachte bei sich: „Warum gehen alle Krebse in meiner Familie immer rückwärts? *Ich* will vorwärts gehen lernen, so wie die Frösche, und mein Krebsschwanz soll mir abfallen, wenn ich es nicht fertigbringe." Und heimlich begann er zwischen den großen Steinen seines heimatlichen Bächleins zu üben. In den ersten Tagen kostete ihn dieses Unternehmen ungeheure Kräfte. Überall stieß er sich und quetschte sich seinen Krebspanzer, unaufhörlich verfing sich ein Bein im anderen. Aber von Mal zu Mal ging es ein bisschen besser, denn: Alles kann man lernen, wenn man will. Als er seiner Sache sicher war, stellte er sich vor seine Familie und sagte: „Jetzt schaut mir einmal zu!"

Und machte einen ganz prächtigen kleinen Lauf vorwärts.

„Sohn", brach da seine Mutter in Tränen aus, „bist du denn ganz verdreht? Komm doch zu dir – gehe so, wie es dich dein Vater und deine Mutter gelehrt haben. Gehe wie deine Brüder, die dich alle lieben." Seine Brüder jedoch lachten ihn nur aus. Der Vater schaute ihn eine gute Weile streng an und sagte dann: „Schluss damit! Wenn du bei uns bleiben willst, gehe wie alle Krebse. Rückwärts! Wenn du aber nach deinem eigenen Kopf leben willst – der Bach ist groß –, geh fort, und komm nie mehr zu uns zurück!"

Der brave junge Krebs hatte die Seinen zwar zärtlich lieb, war aber so sicher, er handle richtig, dass ihm nicht die mindesten Zweifel kamen. Er umarmte seine Mutter, sagte Lebewohl zu seinem Vater und zu seinen Brüdern und machte sich auf in die Welt.

Als er an einem Grüppchen Kröten vorüberkam, erregte er großes Aufsehen. Sie hockten unter den Blättern einer Wasserlilie, um als gute Gevatterinnen ihren Schwatz zu halten. „Jetzt geht die Welt verkehrt herum", sagte eine dicke Kröte, „schaut euch nur diesen jungen Krebs an! Da müsst ihr mir Recht geben!"

„Ja, Respekt gibt es überhaupt nicht mehr", sagte eine andere.

„Pfui, pfui", sagte eine dritte.

Doch der junge Krebs ließ sich nicht anfechten und ging aufrecht seine Straße weiter, man muss es wirklich sagen. Plötzlich hörte er, wie ihn ein alter Krebs, an dem er vorüberging, rief. Der sah ganz melancholisch aus und hockte allein auf einem Stein.

„Guten Tag", sagte der junge Krebs.

Der Alte betrachtete ihn lange, schließlich sagte er: „Was glaubst du, was du da Großartiges anstellst?! Als ich noch jung war, wollte ich auch den Krebsen das Vorwärtsgehen beibringen. Sieh mal, was mir das eingebracht hat! – Ich muss ganz allein leben, und die Leute würden sich lieber die Zunge abbeißen als ein Wort an mich richten. – Hör auf mich, solange es noch Zeit ist! Bescheide dich, lebe wie die anderen! Eines Tages wirst du mir für meinen Rat dankbar sein!"

Der junge Krebs wusste nicht, was er antworten sollte, und blieb stumm. Aber im Innern dachte er: „Ich habe doch Recht! Ich habe Recht!"

Und nachdem er den Alten höflich gegrüßt hatte, setzte er stolz seinen Weg fort.

Ob er weit kommt? Ob er sein Glück macht? Ob er alle schiefen Dinge dieser Welt geraderichtet?

Wir wissen es nicht, weil er noch mit dem gleichen Mut und der gleichen Entschiedenheit dahinmarschiert wie am ersten Tag. Wir können ihm nur von ganzem Herzen „Gute Reise" wünschen.

1. Verschaff dir einen Überblick über die Fabelhandlung, indem du den Text gliederst und zu jedem Abschnitt eine Überschrift formulierst.

2. Über welche Eigenschaften verfügt der junge Krebs? Wähle aus den folgenden Adjektiven fünf aus, die den jungen Krebs deiner Meinung nach besonders treffend beschreiben, und unterstreiche sie.

klug, übermütig, überheblich, mutig, dumm, unfreundlich, launisch, angepasst, fröhlich, traurig, liebenswürdig, selbstbewusst, höflich, langsam, willensstark, lustig, unerfahren

3. Begründe deine Auswahl, indem du folgende Satzanfänge vervollständigst:

Der kleine Krebs ist ____________________, weil er ______________________________.

Der kleine Krebs ist ____________________, weil er ______________________________.

Der kleine Krebs ist ____________________, weil er ______________________________.

Der kleine Krebs ist ____________________, weil er ______________________________.

Der kleine Krebs ist ____________________, weil er ______________________________.

4. Beschreibe in Stichworten, wie die anderen Figuren auf den kleinen Krebs reagieren.

die Mutter	der Vater	die Brüder
____________	____________	____________
____________	____________	____________
____________	____________	____________
	Der junge Krebs	
die Kröten	der Erzähler	der alte Krebs
____________	____________	____________
____________	____________	____________
____________	____________	____________

5. Schreibe dem jungen Krebs einen Brief, in dem du ihm mitteilst, was du von seinen Versuchen, vorwärts zu gehen, hältst.

Leistungsüberprüfung – Selbstevaluation – Klassenarbeit

1. **Zu einer Bilderfolge eine Fabel schreiben**
   (s. Arbeitsblatt 1, S. 59)

2. **Ein Fabel-Gedicht in einen Erzähltext umformulieren**
   (s. Arbeitsblatt 6, S. 64)

3. **Zu einer Fabel eine Geschichte aus der Menschenwelt schreiben**
   (s. Arbeitsblatt 7, S. 65)

4. **Das Verhalten einer Figur in einer Fabel bewerten**
   Gianni Rodari: Die Geschichte vom jungen Krebs (s. Arbeitsblatt 8, S. 66–67)
   - Schreibe dem jungen Krebs einen Brief, in dem du ihm mitteilst, was du von seinen Versuchen, vorwärts zu gehen, hältst.

Menschen begegnen Geistern, Zauberern, Riesen und Göttern – Sagen (S. 68–89)

Vorüberlegungen zur Einheit

Die Schüler haben sich schon in der Grundschule und dann wieder in der 5. Klasse mit dem Märchen beschäftigt. Hinzu kommen auch Kenntnisse, die sie außerhalb der Schule mit dieser Erzählform gemacht haben. Auch Sagen werden oft schon in der 3. und 4. Klasse der Grundschule besprochen. Daher bietet es sich an, in diesem Kapitel auch den Vergleich von Sage und Märchen durchzuführen.
Das Kapitel ist unterteilt einmal in Volkssagen mit ihren hauptsächlichen Typen der Geistersage (Dämonensage) und der Ortssage (Lokalsage) und zum anderen in Heldensagen. Für die Arbeit im Unterricht bietet es sich an, wie im Buch vorgeschlagen, mit den Volkssagen zu beginnen, weil man da von regionalen Sagen ausgehen kann, die oft den Schülern schon bekannt sind. Auch ist der typische Aufbau der Sage für die Schüler leichter an den Volkssagen erfassbar.

Zentrale Kompetenzen, die in dieser Einheit geschult werden, sind:

- der analytische Zugriff auf die Textart der Sage im Vergleich zum Märchen
- an bestimmten Merkmalen die Textart der Sage erkennen
- einen Text gliedern und seinen Inhalt in eigenen Worten wiedergeben
- typische sprachliche Elemente und Merkmale des Aufbaus von Sagen entdecken
- hervorstechende Charaktereigenschaften von Personen, die in den Sagen vorkommen, feststellen und beurteilen
- selbst eine Sage verfassen
- eine Sage in ein Theaterstück umschreiben
- zu einer bildlichen Darstellung eine Sage erfinden
- aus Anfängen von Sagen einen vollständigen Text gestalten
- aus Sachtexten über Sagen die wichtigsten Informationen entnehmen
- Karten lesen und deuten
- den Vortrag einer Heldensage üben

Auftaktseite (S. 68–69)

Aufgabe 1
S. 68

Als Akteure sind bei der Aufführung der Sage „Die Kinder zu Hameln" der Rattenfänger zu sehen, die als Mäuse verkleideten Kinder und ganz rechts Bürger in mittelalterlicher Kleidung, die den Vorgang beobachten und miteinander sprechen.
Die auffallendste Figur ist der Rattenfänger in seiner bunten Tracht – „Bundting". Mit der Musik seiner Pfeife – hier wohl eher einer Klarinette – lockt er die Mäuse und Ratten hinter sich her. Es lohnt sich, die Schüler im Internet recherchieren zu lassen, was in der Stadt Hameln sonst noch heute an den Rattenfänger erinnert. (www.hameln.de; Stand: 12/2005)

Aufgabe 2
S. 69

Es handelt sich um eine Kampfszene zwischen zwei Männern. Links stürmt Ajax mit der Lanze auf seinen Gegner ein. Hector, fast schon rückwärtsstrauchelnd, wehrt sich mit dem Schwert. Ihren Schild halten die beiden Helden mit der linken Hand, aber nicht mehr schützend vor den Leib, sondern eher so, dass sie den Blick des Betrachtenden auf die Kämpfenden freigeben. Es fällt ferner auf, dass Ajax einen Kampfrock trägt, während Hector, bis auf den Helm, nackt dargestellt ist. Hier genügt der Hinweis, dass in Griechenland Götter und Heroen sehr oft nackt abgebildet werden.

Aufgabe 3
S. 69

Die Göttin Athene und der Gott Apollon beteiligen sich nicht direkt am Kampf, aber sie stehen hinter ihrem jeweiligen Schützling. Die Göttin hebt schützend ihre linke Hand über Ajax, Apollon seine rechte über Hector. Schon hier könnte man mit den Schülern zu folgenden Fragen gelangen:
- Götter beteiligen sich auf unterschiedlichen Seiten an den tödlichen Kämpfen der Menschen. Wie kann man das erklären?
- Wie mag der Kampf zwischen Ajax und Hector ausgehen?

Didaktische Aufbereitung der Unterkapitel

Von Wassergeistern und anderen wundersamen Wesen in den Volkssagen (S. 70–76)

Der Wasserneck (S. 70)

Bei dieser Volkssage handelt es sich um eine typische „Geistersage". Der Wasserneck treibt in einem Bach, der genau benannt und lokalisiert wird, sein Unwesen. Er gilt in der Umgebung als „tückisch", und er mag es nicht, wenn man ihn voller „Übermut" verspottet. Weil das der jüngste Besenbinder nicht bedenkt, reißt ihn der Wasserneck „in die kalte Flut".

Aufgabe 1
S. 70

Die Geschichte könnte mit einem spannenden Lehrervortrag den Schülern vorgestellt werden: Erfahrungsgemäß lassen sie sich davon stark fesseln. Spontane Schüleräußerungen werden sich an den Vortrag sofort anschließen. Für den Arbeitsauftrag können den Schülern die folgenden Tipps angeboten werden:

Eine Geschichte mündlich nacherzählen:
- Lege dir als Hilfe für den Vortrag einen Zettel an, auf dem du die Personen und den Verlauf der Handlung in Stichworten festhältst.
- Verwende das Präteritum als Erzähltempus.
- Erzähle möglichst anschaulich und mit eigenen Worten.

Aufgabe 2
S. 70

Bevor die Schüler diese Aufgabe in Angriff nehmen, sollte man in einem Tafelbild die Textstellen sammeln, die über die Atmosphäre etwas aussagen:

Tafelbild

Atmosphäre an der Kahl

Z. 9–10: drei Männer, die sich vor Müdigkeit am Ufer der Kahl auf ihre Birkenreiser setzen
Z. 11: es ist „bitterkalt", „der Bach führt Eis"
Z. 12: die „gefrorene Kahl"
Z. 12/13: das „Poltern im Bach"
Z. 15: die Männer „erschraken"
Z. 15/17: „Donnerkrachen" im Bach in der „nächtlichen Stille"

Aufgabe 3
S. 70

Zur Erschließung der Frage kann ein Tafelbild dienen:

Tafelbild

Das Wesen des Wasserneck

- *Er macht sich in der Kahl durch „heftiges Poltern" bemerkbar: Z. 12–14.*
- *Man hat in der Umgebung schon einige Male „in finsterer Nacht" seine Rufe vernommen: „Hoho, hoho!": Z. 19–21.*
- *Er gilt als „tückisch": Z. 22.*
- *Man wagt es nicht, sich über ihn lustig zu machen: Z. 23–24.*

↓

Der jüngste Besenbinder trifft den Wasserneck gerade dort, wo er empfindlich ist: Der Wasserneck duldet keine übermütige Verspottung: Z. 23–24.

Aufgabe 4 S. 70

Von den in der Klasse 5 erarbeiteten Merkmalen des Märchens findet man die folgenden auch in dieser Sage wieder:

- Ein übernatürliches Wesen – der Wasserneck – greift in das Leben der Menschen ein.
- Das Böse – der übermütige Spott – wird bestraft. Man sollte mit der Klasse allerdings diskutieren, ob die Strafe für den jungen Besenbinder nicht unverhältnismäßig hoch ist, und damit noch einmal auf das „tückische" Wesen des Wassernecks zu sprechen kommen.
- Wie das Märchen kennt auch die Sage keinen mit Namen bekannten Verfasser.
- Auch die Sage wurde ursprünglich nur mündlich weitergegeben.

Brüder Grimm: Die Kinder zu Hameln (S. 71–72)

In dieser Sage geht es um das rätselhafte Verschwinden von 130 Kindern der Stadt Hameln, die ein um seinen Lohn betrogener Rattenfänger mithilfe eines Zaubers auf Nimmerwiedersehen in einen Berg entführt. Bis heute ist diese Sage eng mit der Geschichte Hamelns verbunden, sodass sie oft als Lokalsage angesehen wird. Hinweise im Text weisen aber eher auf eine Dämonensage hin; denn auch in anderen Sagen tritt der Teufel als Pfeifer auf, der Tiere an sich zieht. Ebenso ist die Gestalt des Jägers in der Sagenwelt eine häufige Erscheinungsform des Teufels. Erfahrungsgemäß weckt diese Geschichte bei den Schülern großes Interesse, da Kinder ihres Alters betroffen sind.

Aufgabe 1 S. 72

Die Frage kann gestellt werden, bevor die Schüler die Sage gelesen haben. Sie könnten Heuschrecken- und Fliegenplagen in Afrika erwähnen. Vielleicht weiß auch jemand von den Algen- und Quallenplagen am Mittelmeer zu berichten, vielleicht kennt auch schon jemand die Sage und damit die Mäuse- und Rattenplagen in den Städten des Mittelalters.

Aufgabe 2 S. 72

Hier wird nur eine Möglichkeit vorgestellt:
Z. 1–7: Ein merkwürdig gekleideter Mann kommt nach Hameln und bietet an, die Stadt von Ratten und Mäusen zu befreien.
Z. 7–17: Nachdem der Lohn mit den Bürgern vereinbart ist, lockt der Rattenfänger mit seiner Pfeife alle Ratten und Mäuse in die Weser, wo sie ertrinken.
Z. 18–34: Da die Bürger ihm seinen Lohn verweigern, kommt der Rattenfänger noch einmal in die Stadt und lockt dieses Mal mit seinem Pfeifen Jungen und Mädchen auf Nimmerwiedersehen in einen Berg.
Z. 35–49: Die Eltern weinen um ihre Kinder und suchen sie vergeblich überall.
Z. 50–60: Was man von den drei überlebenden Kindern über den Vorgang erfährt.
Z. 61–73: Was in Hameln noch heute an den Zug der Kinder erinnert.
Z. 74–90: Wie die Bürger von Hameln in den späteren Jahren das schreckliche Ereignis für die Erinnerung gestalten.

Aufgabe 3 S. 72

Die Schüler sollten zuerst die relevante Textstelle suchen:
Z. 24–26: „jetzt in Gestalt eines Jägers erschrecklichen Angesichts mit einem roten, wunderlichen Hut, ..."

Als Jäger jagt der Rattenfänger sein Wild – die Kinder von Hameln. Sein „erschreckliches“ Gesicht weist auf seine teuflische Absicht. In vielen Sagen wird auch der Teufel als Jäger dargestellt. Dieser Hinweis kann den Schülern bei der Deutung dieser Textstelle helfen.

Aufgabe 4, S. 72
Man kann das „Tagesgespräch“ von mehreren Gruppen vorbereiten lassen. Die Schüler planen ihre Rollen und schreiben sich Stichworte auf. Die Präsentation kann auch in kleinen Theaterszenen erfolgen.

Aufgabe 5, S. 72
Im Mittelalter ist den Bürgern der Stadt Hameln die Begebenheit so wichtig, dass man sie im Stadtbuch (Z. 75–79), in zwei Inschriften am Rathaus (Z. 79–86) und noch nach dreihundert Jahren in den Kirchenfenstern (Z. 87–90) festhält. Sogar auf eine Münze hat man das schreckliche Ereignis geprägt (Z. 90).
Heute ist die Aufführung der Sage als Theaterstück eine Attraktion der Stadt, die auch viele Touristen anzieht (vgl. Auftaktseite).

Was wirklich geschah (S. 73)
Es handelt sich um einen Sachtext mit einem die hygienischen Zustände in den Städten des Mittelalters erläuternden Bild. Der Text enthält eine von mehreren historischen Erklärungen für die Sage.

Aufgabe 1, S. 73
Z. 1–2: Rattenplagen im Mittelalter fast überall
Z. 3–5: Abfälle auf den Straßen – man wechselt das Stroh auf den Schlafstätten selten aus – baden nur an hohen Feiertagen
Z. 5–6: paradiesische Zeiten für Ungeziefer
Z. 7–8: Für Rattenfänger gab es überall Arbeit.
Z. 9–10: Der Rattenfänger von Hameln befreit die Stadt von Mäusen und Ratten, entführt aber auch Kinder.
Z. 12–13: Hinweis auf ältere Sagensammlung
Z. 14–17: Landesherrn suchen Menschen für neue Siedlungen im Osten
Z. 18–22: Übertragungsfehler bei der Übersetzung des Wortes „kint“: Es bedeutet nicht „Kinder“, sondern „Jungmann“ und „Jungfrau“.

Aufgabe 2, S. 73
Die „Entführung“ der Kinder von Hameln könnte auf die Werbung von Leuten weisen, die in den neu erworbenen Gebieten im Osten eine neue Heimat finden sollten, um das Land aber zugleich auch für den Landesfürsten zu kolonisieren. In der Sage wird aus einem solchen im Mittelalter durchaus üblichen Vorgang eine dämonische Entführung von Kindern, die bei allen Bürgern der Stadt große Trauer hervorruft.

Aufgabe 3, S. 73
Die Bildelemente sollten zuerst in einem Tafelbild gesammelt werden:

Tafelbild

Bildelemente

- *Straße in einer mittelalterlichen Stadt mit Häusern an den **Seiten** und einer Kirche im **Hintergrund***
- *Ebenfalls im Hintergrund erkennt man, dass die Sonne scheint.*
- *Im **Vordergrund** halten zwei mit Schwertern bewaffnete Männer je einen Schirm über einen vornehm gekleideten Mann.*
- *Aus einem Fenster aus dem Haus auf der linken Seite entleert eine Frau einen Topf über den Männern.*

↓

Im Mittelalter verunreinigen die Menschen achtlos die Straßen mit ihren Abfällen: „paradiesische Zeiten für Ungeziefer“.

Brüder Grimm: Der Binger Mäuseturm (S. 74)

Die Sage steht als ein Beispiel für eine Orts- oder Lokalsage. Über einen Turm, dessen ursprüngliche Bedeutung oder Funktion in Vergessenheit geraten ist, wird eine Geschichte erzählt. Auch über die Zeit und die Lebensumstände der Bürger wird berichtet. Im Zentrum der Sage steht der grausame und habgierige Bischof Hatto, der seine hungernden Bürger lieber in den Tod treibt, statt sie mit Mitleid zu retten. Eine höhere Macht stellt am Ende die Gerechtigkeit wieder her, indem sie den Bischof ein qualvolles Ende erleiden lässt.

Aufgabe 1
S. 74

- Z. 3: große Teuerung in Deutschland
- Z. 4–5: Aus Not essen die Menschen Katzen und Mäuse.
- Z. 5–6: Die Bürger sterben vor Hunger.
- Z. 8–9: Die Leute fallen auf den Gassen nieder.
- Z. 9–11: Sie rotten sich zu Haufen zusammen und nehmen sich mit Gewalt Brot.

↓

Not und Aufruhr herrschen in Bingen unter der Herrschaft des Bischofs Hatto

Aufgabe 2
S. 74

Z. 7: Der Bischof ist ein Geizhals.
Z. 7–8: Er denkt nur daran, seinen Schatz zu mehren.
Z. 8–9: Er sieht zu, wie seine Bürger vor Hunger sterben.
Z. 11–12: Er kennt kein Erbarmen.
Z. 19: Er spottet über das Leid der Menschen im Feuer: „Hört, hört, wie die Mäuse pfeifen!“

↓

Der Bischof ist ohne Mitleid gegenüber den Hungernden, denkt nur an die Vermehrung seiner Schätze und spottet über das Leid der Menschen, die er selbst hinterhältig in das Feuer gelockt hat.

Aufgabe 3
S. 74

Man kann ausgehen von dem menschenverachtenden Satz des Bischofs: „Hört, hört, wie die Mäuse pfeifen!“ (Z. 19) Er bezeichnet die brennenden Menschen als Mäuse und als Mäuse kommen die Seelen seiner verbrannten Bürger, um ihn selbst zu Tode zu plagen (Z. 29). Auch der von ihm errichtete Turm im Rhein kann den Bischof davor nicht retten.

Aufgabe 4
S. 74

Der Geiz und die Raffgier der Herrschenden, hier sogar eines Kirchenfürsten, werden in den Sagen oft dargestellt, fast immer im Zusammenhang mit Hungersnöten beim Volk. Geiz (Z. 7), Raffgier (Z. 8), Grausamkeit (Z. 14–17) und gemeine Spottlust über die leidenden Menschen (Z. 19) sind in dieser Sage die hervorstechenden menschlichen Eigenschaften. Sie bilden in dem Text das Thema oder Motiv.

Brüder Grimm: Brot zu Steinen geworden (S. 75)

Thematisch steht diese Sage in engem Zusammenhang mit der vorangegangenen. Im Zentrum wird als Motiv wieder der Geiz und die Mitleidlosigkeit eines Mannes aus der Kirche gegenüber Notleidenden sichtbar. Mit dem Eingreifen einer höheren Macht, die das Brot des Mönchs zu Stein verwandelt, beginnt eine innere Wandlung bei dem Klosterbruder und er bereut seine Hartherzigkeit. Daher wird er auch am Ende nicht bestraft wie der Bischof Hatto von Mainz.

Auch diese Sage kann als Lokalsage gedeutet werden: Über einen Stein in der Klosterkirche von Oliva wird eine „erklärende Sage“ erzählt.

Aufgabe 1
S. 75

- Der **Ort der Handlung** – Danzig (Z. 4) – und die **Zeit** – „Zeit einer großen Teuerung“ (Z. 1) – werden angegeben. Ferner wird das Kloster Oliva (Z. 5), dem der Mönch angehört, genannt.

- Als **Thema** ist wieder das hartherzige Verhalten eines Mannes aus der Kirche erkennbar (Z. 7).
- Als negative **hervorstechende menschliche Eigenschaft** erscheint auch in dieser Sage der Geiz (Z. 7), der sich auch noch hinter einer unwahren Aussage (Z. 9) verbergen will.
- **Eine höhere Macht** greift in das Geschehen ein und verwandelt das Brot zu Stein (Z. 12–13). Der Mönch erkennt das und bereut darauf seine Sünde gegen die Menschlichkeit (Z. 13–14).
- Der Stein bleibt als warnendes Mahnmal in der Kirche von Oliva.

Aufgabe 2 S. 75

Geiz und Grausamkeit von Männern, die von ihren Ämtern und Aufgaben her zum Mitleid gegenüber notleidenden Menschen verpflichtet wären, werden in beiden Sagen als Thema sichtbar.

Aufgabe 3 S. 75

Die Bürger von Hameln verweigern einem Rattenfänger den wohlverdienten Lohn (Z. 18–21) und brechen damit eine mit ihm getroffene Vereinbarung; denn es tut ihnen um das Geld leid. Als Motiv lässt sich hier wieder Geiz erkennen. Der Rattenfänger rächt sich und entführt 130 Kinder aus der Stadt auf Nimmerwiedersehen (Z. 31–34).

Aufgabe 4 S. 75

- Genaue **Angabe des Orts** des Geschehens: der Turm im Rhein zu Bingen (Z. 1–2).
- Genaue **Angabe der Zeit** des Geschehens und der historischen Umstände (Z. 3–4).
- Als **Thema** wird die Grausamkeit eines raffgierigen Bischofs gegen seine Not leidenden Bürger deutlich.
- Eine **höhere Macht** greift ein und bewirkt, dass die Mäuse den Bischof auffressen (Z. 27–29) und somit eine Form von **gerechter Strafe** in der Sage erkennbar wird.

Das Sagenbuch der Brüder Grimm (S. 76)

Aufgabe 1 S. 76

Was im Volk nicht nur an Sagen, sondern auch an Liedern noch vorhanden ist, soll gesammelt werden, um auf diese Weise die Ursprünge der Dichtung, Geschichte und Sprache in Deutschland richtig zu verstehen.

Aufgabe 2 S. 76

- Der Wasserneck (S. 70): Geister- oder Dämonensage
- Die Kinder zu Hameln (S. 71): Dämonensage
- Der Binger Mäuseturm (S. 74): Ortssage
- Brot zu Stein geworden (S. 75): Ortssage

Aufgabe 3 S. 76

Diese Aufgabe kann gut mit einer Tabelle gelöst werden:

Sage und Märchen

Gemeinsamkeiten:	**Unterschiede:**
– Sage und Märchen sind zuerst mündlich überliefert worden. Erst später wurden sie, z.B. von den Brüdern Grimm, gesammelt und aufgezeichnet. – Die Inhalte der Märchen sind frei erfunden. – In beiden spielen höhere Mächte, Geister und Zaubermächte eine entscheidende Rolle. – In beiden siegt fast immer das Gute und das Böse wird bestraft.	– Anders als das Märchen geht die Sage von wirklichen Orten, oft von Personen, die gelebt haben, und oft auch von wahren historischen Begebenheiten aus.

Eine eigene Sage schreiben (S. 77–78)

Aufgabe 1
S. 77

Man könnte den Schülern noch einige Tipps geben:
- Der Anfang enthält die für eine Sage typischen Elemente: Ort, Zeit und die beiden Hauptpersonen sind vorgegeben.
- Möglich wäre eine Lokalsage, in welcher der lange unterirdische Gang eine wichtige Rolle spielt.
- Vielleicht lässt sich der Herzog auf eine Bedingung ein, unter der er den zum Tode Verurteilten leben lässt.
- Welche höheren Mächte könnten eingreifen, um die gerechte Ordnung wiederherzustellen?

Aufgabe 2
S. 78

Diese Aufgabe ist anspruchsvoll, weil sich die Schüler bei der Abfassung einer Lokalsage Ort, Zeit und die übrigen Elemente einer Sage selbst vorgeben müssen.

Aufgabe 3
S. 78

freie Aufgabe
Ludwig der Fromme, Sohn Karls des Großen, war Kaiser von 814–840.

Aufgabe 4
S. 78

freie Aufgabe
Sagen, die sich für diese Aufgaben eignen, finden sich unter den Arbeitsblättern.

Helden und Götter im Kampf um Troja (S. 79–89)

Die antiken Griechen und Homer (S. 79)

Aufgabe 1
S. 79

Es bieten sich zwei Möglichkeiten an, an diesem Text zu arbeiten:
- Die Schüler erarbeiten den Sachtext selbstständig mithilfe des Werkzeugkastens auf S. 94.
- Die Schüler halten mithilfe von Markierungen die Hauptinformationen des Texts fest und man ordnet sie dann gemeinsam in einem Tafelbild.

Tafelbild

Die hauptsächlichen Informationen des Sachtextes

- *Vor Homer wurden Sagen von Sängerdichtern mündlich weitergegeben (Z. 1–3).*
- *Homer ist der erste Sängerdichter, der die Sagen zu großen Epen zusammenfasst und aufschreibt (Z. 4–7).*
- *Die Schrift haben die Griechen von den Phöniziern übernommen (Z. 8–10).*
- *Die Versdichtung „Ilias" schildert den Kampf um Troja (Z. 16–17).*
- *Die „Odyssee" handelt vom Schicksal des Odysseus und seiner Gefährten nach der Eroberung Trojas (Z. 17–21).*
- *Smyrna als möglicher Geburtsort Homers (Z. 24).*
- *„Ilias" und „Odyssee" sind die Hauptlektüren der griechischen Mädchen und Jungen, aus denen sie fast alles über ihre Götter erfahren (Z. 26–31).*
- *die Helden Homers als Vorbilder der Erziehung der griechischen Jugend (Z. 31–35)*

Aufgabe 2
S. 79

Mit dieser Frage kann eine Diskussion ausgelöst werden. Woher erfahren wir etwas über Gott? Gibt es in der Bibel Gestalten, die als Vorbild für unsere Erziehung wirken? Verwiesen werden könnte auch auf die vielen Heiligenlegenden, die vorbildhaftes Verhalten zum Thema haben (Nikolaus, St. Martin u.a.).

Der Raub der Helena – Die Vorgeschichte (S. 80)

Die Schwierigkeit bei diesem Text, der auf engem Raum die ganze Vorgeschichte der „Ilias" wiedergibt, liegt in den zahlreichen Orts- und Personennamen. Damit Verwirrungen bei den

Schülern möglichst vermieden werden, sollten das Bild von Rubens und die Gegenüberstellung von Griechen und Troern (S. 81) im engen Zusammenhang mit dem Text behandelt werden. Die Schüler können dabei auch immer die Karte auf S. 79 zu Hilfe nehmen.

Aufgabe 1 S. 80

Die Schüler suchen auf der Karte die genannten Städte: Troja (Z. 1), Sparta (Z. 19) und Aulis (Z. 25). Mit der Gegenüberstellung auf S. 81 können die Schüler die im Text genannten Personen mit ihren verwandtschaftlichen Verhältnissen identifizieren: König Priamos von Troja (Z. 1), sein Sohn Paris (Z. 2), Menelaos (Z. 19), seine Frau Helena (Z. 21), ihr Schwager Agamemnon (Z. 23).

Aufgabe 2 S. 80

Ausgangspunkt ist der Schönheitswettbewerb der Göttinnen Hera, Athene und Aphrodite (Z. 5–6) und die Entscheidung des Paris für Aphrodite, die ihm dafür die schönste Frau der Welt verspricht (Z. 10–14). Allerdings ist diese Frau bereits verheiratet und Paris muss sie aus Sparta entführen. Damit wird aber die Sache politisch; denn nun rüsten sich die Griechen zum Krieg gegen Troja.
Agamemnon drückt in harten Worten aus, wie der Krieg geführt werden soll (Z. 39–48). Kein Trojaner darf dem Tod entgehen und die ganze Stadt soll vernichtet werden (Z. 46–47), die Toten erhalten kein Grab und keinen Nachruhm (Z. 47–48).

Aufgabe 3, S. 80

Die Analyse der Sprache kann gut mit einem Tafelbild entwickelt werden:

Tafelbild

Die Sprache Agamemnons

- *verächtlicher Vorwurf der Schwäche (Z. 39–40)*
- *Ironisch: „Schöne Geschichten haben die Trojaner mit dir angestellt. Und das in deinem Hause!" (Z. 40–42)*
- *Der Wille zur totalen Vernichtung der Trojaner wird deutlich in der Wiederholung von „keiner" (Z. 42, 43), in den sich steigernden verneinenden Ausdrücken „nicht einmal" (Z. 44–45), „niemand" (Z. 46), „ohne Grab und ohne Namen" (Z. 47–48).*

↓

In der Sprache Agamemnons werden Hass und Vernichtungswille, der sogar über den Tod hinausgeht, deutlich.

Aufgabe 4 S. 80

- Im Epos werden die Orte der Handlung genau angegeben: Sparta und Aulis sind historische Städte. Seit Schliemanns Entdeckungen weiß man, dass es Troja wirklich gab.
- Übernatürliche Mächte – die Götter – greifen in das Geschehen der Menschen ein.

P. P. Rubens: Das Urteil des Paris (S. 81)

Aufgabe 5 S. 81

Den Schülern sollten bei dieser Aufgabe folgende Hilfen gegeben werden: Der Gott Hermes, der im Auftrag der Götter als ihr Bote die ganze Szene arrangiert hat und auf diesem Bild auch für Paris den Apfel überreicht, wird dargestellt mit gefiedertem Hut, gefiederten Füßen und Heroldsstab. Die Göttin Athene stellten sich die Griechen in Kriegsrüstung vor, und zur Göttin Hera gehört immer als ihr Vogel der Pfau.
Paris ist links im Bild als einfacher Hirte dargestellt. Mit der Hand am Kinn ist er ganz in den Anblick der Schönheit der Göttinnen versunken.

Aufgabe 6 S. 81

Aphrodite in der Mitte trägt als Einzige einen purpurroten Umhang; ein geflügelter Engel setzt ihr eine Blumenkrone auf den Kopf, während der kleine Gott Eros, erkennbar an dem Köcher mit den Pfeilen, sich an ihr linkes Bein schmiegt und ihr dabei spielerisch auf den Fuß tritt. Hera und Athene neigen sich dem Hirten Paris auffordernd entgegen; Aphrodite, in Standbein-Spielbein-Haltung, zieht sich eher mit ihrem Oberkörper vor dem betrachtenden Paris zurück.

Richard Carstensen: Das zehnte Kriegsjahr – Ein Zweikampf (S. 82–83)

Die Szene aus dem 10. Kriegsjahr weckt für kurze Zeit bei Griechen und Trojanern die Hoffnung, den langen Krieg endlich durch einen Zweikampf beenden zu können. Aber der höchste Gott, Zeus, und seine Tochter, die Göttin Athene, verhindern das Ende des Kriegs, indem sie einen Trojaner dazu bringen, einen hinterlistigen Anschlag auf Menelaos zu verüben. Der Zweikampf wird wie ein Schaukampf inszeniert: Freund und Feind schauen dabei gebannt zu.

Aufgabe 1
S. 83

Auf der Skizze sollten die wichtigsten Momente der Erzählung zu erkennen sein:
- der von Hektor und Odysseus abgesteckte Kampfplatz
- die Zelte der Griechen und die Mauern Trojas mit Helena und anderen Menschen
- die beiden Heere, die sich gegenüberstehen, gestützt auf ihre Schilde
- der Zweikampf zwischen Paris und Menelaos
- vielleicht der schützende Nebel
- Menelaos mit dem Helm des Paris in der Hand

Aufgabe 2
S. 83

Die Schüler können zuerst eine Spannungskurve zeichnen, damit werden sie leichter die Momente erkennen, welche die Spannung erzeugen.
- Die Kurve zeigt, dass der eigentliche Kampf immer weiter hinausgeschoben und dadurch die Spannung immer größer wird.
- Durch die Anschaulichkeit des Erzählens werden nicht nur die beiden Heere und die Menschen auf den Mauern Trojas, sondern auch die Leser in den Kreis der Zuschauer mit hineingenommen.

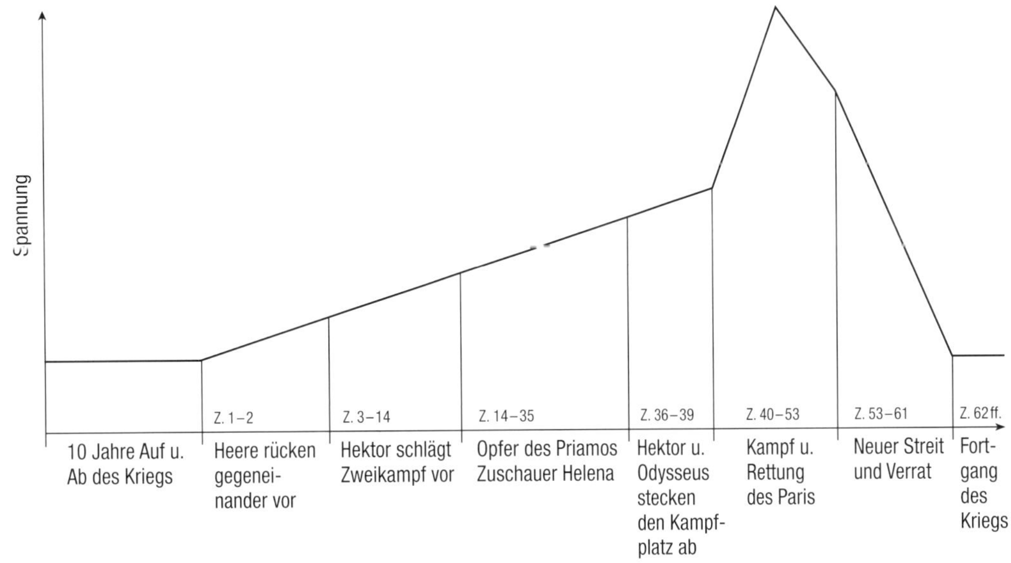

Aufgabe 3
S. 83

- Der im Zweikampf Unterlegene überlässt dem Sieger die schöne Helena (Z. 10).
- Alle Schätze werden dem Sieger überlassen (Z. 10).
- Nach dem Zweikampf wird der Krieg für beendet erklärt (Z. 11–12).

Aufgabe 4
S. 83

Der Text gibt die Gefühle Helenas in dieser Situation recht genau wieder und sie sollten in dem inneren Monolog verarbeitet sein, denn diese Methode hat auch textanalytische Funktion:
- Heimweh nach Sparta, als sie „ihre Landsleute so nahe vor Augen sah" (Z. 26)
- Sie lebt seit zehn Jahren mit Paris zusammen, aber Menelaos ist „ihr rechtmäßiger Gemahl" (Z. 27).

- Nach der langen Zeit der Trennung findet sie ihn „so herrlich, dass sie Tränen der Rührung vergoss“ (Z. 28–29).
- Sie beklagt bitter ihr „Schicksal“ (Z. 29).

Aufgabe 5
S. 83

Tafelbild

Das Verhalten der Götter

- *Die Götter greifen in den Kampf zwischen zwei Helden ein: Aphrodite rettet Paris, der sie einst zur schönsten Göttin gekürt hat.*
- *Zeus verleitet einen Trojaner zu einem hinterhältigen Anschlag auf Menelaos, damit der Krieg zwischen den Griechen und Trojanern noch kein Ende findet.*

↓

Götter handeln wie Menschen: Sie sind parteiisch und nicht wählerisch in ihren Mitteln.

Richard Carstensen: Achill und Hektor – Ein tödlicher Kampf (S. 83–85)

Auch diese Geschichte erzählt von einem Zweikampf, dem Zweikampf der beiden Hauptgestalten der „Ilias“, nämlich Achill und Hektor. Die Szenerie ähnelt der vorigen: Trojaner und Griechen bilden wieder eine weite Zuschauerkulisse. Aber dieses Mal ist die Stimmung eine ganz andere: Beim Zweikampf zwischen Menelaos und Paris hoffte ein jeder auf das Ende des Krieges; jetzt schauen Griechen und Trojaner voller Angst der tödlichen Auseinandersetzung ihrer Helden zu. Auch die Götter spielen wieder eine wichtige Rolle; aber sie können Hektor nicht retten. In einem Punkt unterscheidet sich aber diese Szene vor allen vorangehenden in der „Ilias“: Ein großer Held zeigt Angst und flieht.

Aufgabe 1
S. 85

Für die Aufgabe relevante Textstellen:

Z. 1 Achill „voll Kampfbegier und Rachelust“
Z. 4–5 Achill „wütet“ unter seinen Feinden
Z. 21–22 „Wie ein Löwe ... schrecklich anzusehen“
Z. 23–24 „mit wild verzerrtem Gesicht und heftigen Hohnworten“
Z. 57 „mit grimmig erhobener Waffe“
Z. 65–70 keinem Vertrag mit dem Gegner zugänglich
Z. 90–91 will den Gegner erniedrigen als Beute für Hunde und Vögel
Z. 105 f. Der Gegner soll ein „Sühneopfer“ für Patrokles, den Freund Achills, sein.

Zusammenfassende Beurteilung:

- entfesselte Rachgier und Mordlust Achills
- Unmenschliche Erniedrigung des Gegners; denn auch ihm steht gemäß der Sitte der Zeit ein ehrenhaftes Begräbnis zu.

Aufgabe 2
S. 85

Hektor will von seinem Feind im Falle seines Todes die Zusage eines ehrenhaften Begräbnisses, wie es der Sitte und dem religiösen Gebrauch der Antike entspricht.

Aufgabe 3
S. 85

Bei Homer wird die Art und Weise, wie Achill mit dem Leichnam Hektors umgeht, als unmenschlicher Verstoß gegen die Sitte dargestellt und nur damit gerechtfertigt, dass Achill in dieser Situation „von Sinnen“ ist wegen der Trauer um Patrokles. Der Leser wird aber versöhnt, als sich Achill besinnt und dem Vater Hektors, dem König Priamos, den Leichnam zur ehrenvollen Bestattung übergibt.

Achill und Patrokles

Achilleus verbindet den verwundeten Patrokles, Innenbild einer Schale des Töpfers Sosias, um 500 v. Chr.; Berlin

Aufgabe 4
S. 85

Z. 44–47: Zeus entscheidet mit der Schicksalswaage über Tod und Leben der Menschen.
Z. 76–81: Athene, die einst von Paris verschmäht wurde und darum erbitterte Gegnerin der Trojaner ist, führt Hektor in die Irre, indem sie ihm die Hilfe seines Bruders vortäuscht.

Zusammenfassende Beurteilung:
Zeus handelt wie der oberste Gott als Lenker des Schicksals. Athene lässt sich von gekränkter Eitelkeit lenken. Sie handelt aber auch als Vollstreckerin des Willens von Zeus.

Aufgabe 5
S. 85

S. 82, Z. 12–13	Einen angebotenen Zweikampf nimmt man freudig an, zumal wenn viele der Auseinandersetzung zuschauen.
S. 82, Z. 47–48	Es ist ein Angriff auf die Ehre, wenn einem Helden die Frau geraubt wird.
S. 82, Z. 57–61	Es ist unehrenhaft, den Gegner aus dem Hinterhalt anzugreifen.
S. 83, Z. 67–69	Es ist ein „Wunder an Tapferkeit", die Feinde „in den Staub zu strecken".
S. 83/84, Z. 16–21	Es ist eine Sache der Ehre, sich dem Feind im Kampf zu stellen, auch wenn es den sicheren Tod bedeutet.
S. 84, Z. 63 u. Z. 94–98	Helden gebührt nach ihrem Tode eine „rühmliche Bestattung".
S. 84, Z. 82	Helden kämpfen und sterben für ihren Ruhm.

Zusammenfassende Beurteilung
Den Helden Homers geht es um Ehre, erworben durch Tapferkeit. Die Ehre erwirbt man im Kampf auf Leben und Tod, vor allem im Zweikampf vor vielen Zuschauern.

Die Ausgrabung Trojas (S. 85–86)
Der erste Satz im Text stellt die entscheidende Frage. Sind die Epen Homers Märchen oder haben sie einen geschichtlichen Hintergrund und kann man sie somit als Sagen auffassen? Seit Schliemann und seinen Nachfolgern ist die Frage zugunsten der Sage entschieden.

Aufgabe 1
S. 86

Z. 3–4	Heinrich Schliemann beginnt mit der Ausgrabung Trojas.
Z. 5–8	früher Plan Schliemanns
Z. 8–15	Gelderwerb zum Zwecke seiner archäologischen Pläne.
Z. 19–21	Für seine Forschungen benutzt er Hinweise aus der „Ilias".
Z. 21–25	Im Jahre 1890 entdeckt Schliemann den historischen Schauplatz der „Ilias".
Z. 29–30	Der Kampf um Troja fand in der Zeit vom 13. bis zum 12. Jahrhundert v. Chr. statt.

Aufgabe 2
S. 86

Indem Schliemann und seine Nachfolger den Ort und die Zeit der Handlung des Krieges um Troja entdeckt haben, kann man auch die „Ilias" als eine Sage und nicht als Märchen auffassen.

Aufgabe 3
S. 86

Unter den Arbeitsblättern befindet sich ein Text von Paul Hühnerfeld, der sich für die Bearbeitung dieser Frage eignet (vgl. S. 88).

Walter Jens: Die Sirenen – Skylla und Charybdis (S. 87–88)

Der Text enthält zwei Abenteuer des Odysseus und seiner Gefährten, die sprachlich sehr unterschiedlich gestaltet sind. Auch die zu bestehenden Gefahren erscheinen auf den ersten Blick sehr verschieden, und doch geht es in beiden um Leben und Tod. Die Sirenen verlocken mit Gesängen und versprechen den Helden „die Wohltat seligen Vergessens" (Z. 19–20). Nach allem, was die Männer um Odysseus auf ihren Irrfahrten erlebt haben, bedeutet das für sie eine starke Versuchung: alles Leid vergessen, das ihnen bisher widerfahren ist, vergessen aber auch alle Ziele – auch die Heimkehr nach Ithaka. Auch das ist ein Untergang. Skylla und Charybdis erscheinen sogleich ohne allen verklärenden Zauber als Ungeheuer, die mit ihrer brutalen Gewalt die Seeleute in den Untergang reißen wollen.

Aufgabe 1
S. 88

Vorausschauend lässt sich Odysseus an den Mast fesseln; denn ihm liegt daran, alles zu erfahren. Den Gesang der Sirenen will er vernehmen, ihm aber nicht erliegen. Als „König", wie er an anderen Stellen der „Odyssee" bezeichnet wird, unterscheidet er sich von seinen Gefährten, die sich vor der Gefahr der Sirenen die Ohren verstopfen.
Die Durchfahrt zwischen Skylla und Charybdis ist nur mit dem Opfer von sechs Seeleuten möglich.

Aufgabe 2
S. 88

Das Abenteuer mit den Sirenen spielt sich in einem stillen Meer (Z. 16) ab mit geglätteten Wogen (Z. 16) in „windstillen, seligen Feldern" (Z. 32–33) bei einem „trügerisch-sanften Lufthauch" (Z. 33–34) und der „Heiterkeit der geglätteten Wogen" (Z. 34–35).
Das zweite Abenteuer zeigt sich in einer ganz anderen Umgebung: „Tosen der donnernden Flut" (Z. 35), „aufbrausende Gischt" (Z. 37), „schreckliches Schauspiel" (Z. 39), „verdüsterte[r]" Himmel (Z. 39–40), „Nebel und Wolken" (Z. 40), „sprühende Gischt" (Z. 41) usw.
Es fallen ferner bei dem Abenteuer mit den Sirenen die längeren Satzgefüge auf gegenüber den kurzen Hauptsätzen in der Szene mit Skylla und Charybdis. Besonders gut kann man das an den Zeilen 39–40 erarbeiten.

Aufgabe 3
S. 88

Man könnte sich vielleicht den Steuermann aussuchen; denn die Seeleute sind in einer schwierigen Situation: Sie müssen ihrem König einen Befehl verweigern. Als einfacher Seemann weiß man nicht, ob der Anführer zu seiner vorausgegangenen Anordnung, ihn auf keinen Fall von den Fesseln zu lösen, nach dem Abenteuer noch stehen wird.

Aufgabe 4
S. 89

Es lohnt sich, mit den Schülern die Route der Abenteurer zu verfolgen. Offensichtlich kommen Odysseus und seine Gefährten von Capri und haben dann Skylla zur Linken und Charybdis zur Rechten.

Aufgabe 5
S. 89

Besonders bei dem Abenteuer mit den Sirenen wird das Schlaue, das Vielgewandte des Helden deutlich. Odysseus will jede nur erdenkliche Erfahrung machen, darum will er auch als einziger Mensch seiner Zeit den Gesang der Sirenen hören. Er ist aber auch „erfahren“ genug, um zu wissen, dass er den Verlockungen der Sirenen erliegen kann. Deswegen lässt er sich an den Mast seines Schiffes fesseln. „Schlau“ ist auch die Maßnahme, den Gefährten die Ohren mit Wachs zu verstopfen.

Aufgabe 6
S. 89

Odysseus weiß durch Kirke (Z. 50–56), dass die Durchfahrt zwischen Skylla und Charybdis und damit seine Heimkehr nach Ithaka nur mit dem Tod von sechs seiner Männer erkauft werden kann. Dennoch befolgt er ohne Zögern den Rat der Göttin (Z. 57–58) und verschweigt sogar seinen Männern die bevorstehende Katastrophe (Z. 58–59). Er erweist sich so wieder einmal als „Verächter“ der Gefahren, aber auch als „Verächter“ des eigenen wie auch des Lebens seiner Gefährten.

Aufgabe 7
S. 89

Die Übersetzung von Walter Jens bemüht sich um eine rhythmisierte Sprache. Daher gelten auch die Hinweise zum Vortrag für Gedichte, die in diesem Buch in dem Werkzeugkasten auf Seite 49 dargestellt sind.

Märchenhafte und sagenhafte Motive in einem Text entdecken

Brüder Grimm
Die drei Bergleute im Kuttenberg

In Böhmen liegt der Kuttenberg, darin arbeiteten drei Bergleute lange Jahre und verdienten damit für Frau und Kind das Brot ehrlich. Wenn sie morgens in den Berg gingen, so nahmen sie dreierlei mit: erstens ihr Gebetbuch, zweitens ihr Licht, aber nur auf einen Tag mit Öl versehen, drittens ihr bisschen Brot, das reichte auch nur für einen Tag. Ehe sie die Arbeit anhuben, taten sie ihr Gebet zu Gott, dass er sie in dem Berge bewahren möge, und danach fingen sie getrost und fleißig an zu arbeiten. Es trug sich zu, als sie einen Tag gearbeitet hatten und es bald Abend war, dass der Berg vornen einfiel und der Eingang verschüttet wurde. Da meinten sie begraben zu sein und sprachen: „Ach Gott! Wir armen Bergleute, wir müssen nun Hungers sterben! Wir haben nur einen Tag Brot zu essen und einen Tag Öl auf dem Licht!“ Nun befahlen sie sich Gott und dachten bald zu sterben, doch wollten sie nicht müßig sein, solange sie noch Kräfte hätten, arbeiteten sie fort und fort und beteten. Also geschah es, dass ihr Licht sieben Jahre brennte und ihr kleines bisschen Brot, von dem sie tagtäglich aßen, ward auch nicht all, sondern blieb ebenso groß, und sie meinten, die sieben Jahre wären nur ein Tag. Doch da sie nicht ihr Haar schneiden und den Bart abnehmen konnten, waren diese ellenlang gewachsen. Die Weiber hielten unterdessen ihre Männer für tot, meinten, sie würden sie nimmermehr wiedersehen, und dachten daran, andere zu heiraten. Nun geschah es, dass einer von den dreien unter der Erde, so recht aus Herzensgrund, wünschte: „Ach! Könnt ich noch einmal das Tageslicht sehen, so wollt‘ ich gern sterben!“ Der Zweite sprach: „Ach! Könnt ich noch einmal daheim mit meiner Frau zu Tisch sitzen und essen, so wollt‘ ich gern sterben!“ Da sprach auch der Dritte: „Ach! Könnt ich nur noch ein Jahr friedlich und vergnügt mit meiner Frau leben, so wollt‘ ich gern sterben!“ Wie sie das gesprochen hatten, so krachte der Berg gewaltig und übermächtig und sprang voneinander; da ging der Erste hin zu dem Ritz und schaute hinauf und schaute den blauen Himmel, und wie er sich am Tageslicht gefreut, sank er augenblicklich tot nieder. Der Berg aber tat sich immer mehr voneinander, also dass der Riss größer ward, da arbeiteten die beiden andern fort, hackten sich Treppen, krochen hinauf und kamen endlich heraus. Sie gingen nun fort in ihr Dorf und in ihre Häuser und suchten ihre Weiber, aber die wollten sie nicht mehr kennen. Sie sprachen: „Habt ihr denn keine Männer gehabt?“ „Ja“, antworteten jene, „aber die sind schon sieben Jahre tot und liegen im Kuttenberg begraben!“ Der Zweite sprach zu seiner Frau: „Ich bin dein Mann“, aber sie wollte es nicht glauben, weil er den ellenlangen Bart hatte und ganz unkenntlich war. Da sagte er: „Hol mir das Bartmesser, das oben in dem Wandschrank liegen wird, und ein Stückchen Seife dazu.“ Nun nahm er sich den Bart ab, kämmte und wusch sich, und als er fertig war, sah sie, dass es ihr Mann war. Sie freute sich herzlich, holte Essen und Trinken, so gut sie es hatte, deckte den Tisch und sie setzten sich zusammen hin und aßen vergnügt miteinander. Wie aber der Mann satt war und eben den letzten Bissen Brot gegessen hatte, da fiel er um und war tot. Der dritte Bergmann wohnte ein ganzes Jahr in Stille und Frieden mit seiner Frau zusammen, als es herum war, zu derselben Stunde aber, wo er aus dem Berg gekommen war, fiel er und seine Frau mit ihm tot hin. – Also hatte Gott ihre Wünsche ihrer Frömmigkeit wegen erfüllt.

(Aus: Deutsche Sagen, hg. von den Brüdern Grimm, Deutscher Klassiker Verlag, Frankfurt/M. 1994, S. 35 ff.)

1. Was alles deutet in der Geschichte auf ein Märchen? Schreibe es aus dem Text heraus und gib genau die jeweiligen Zeilen an, in denen du etwas Märchenhaftes gefunden hast.

2. Ist die Geschichte von den drei Bergleuten ein Märchen oder eine Sage? Begründe deine Auffassung.

Die Erzählweise der Sage erarbeiten

Brüder Grimm
Der Schatz im Brunnen

Im Dome zu Paderborn quillt ein tiefer, kühler Brunnen, die Pader, von welchem die Stadt ihren Namen hat. Kein Fremder, der sich den Dom zeigen lässt, versäumt es, diesen Brunnen zu sehen, denn an ihn knüpft sich eine Sage. Unten im Brunnen ruhen Schätze von Gold und Edelsteinen, die mehr wert sind als das ganze Paderborn'sche Land. Aber niemand vermag sie zu heben, denn ein schwerer Bann hält sie von alten Zeiten her gefangen. Aber auch ein steinernes Muttergottesbild ruht unten in der Tiefe. Über dieses hat der Zauber keine Macht, und jeder, der das rechte Wort und die rechte Zeit weiß, kann das Bild herausheben. Wenn aber das Bild gehoben sein wird, kommt alles nur erdenkliche Glück über Haus, Stadt und Land, wo es sich befindet. Ein alter Bischof von Paderborn hatte von diesem segenspendenden Muttergottesbilde gehört und fühlte ein heißes Verlangen, in seinen Besitz zu kommen. Da meldete sich eines Tages ein Zauberer und versprach dem Kirchenfürsten, das Bild aus dem Brunnen herauszuholen, und verlangte als Entgelt nur die Erlaubnis, in dem von der Mutter Gottes gesegneten Land wohnen zu dürfen. Der Bischof ging freudig auf diese Bedingung ein, gewährte auch dem Manne die erbetene dreitägige Vorbereitungsfrist und schritt am dritten Tage mit ihm in den Dom. Gerade als Mittag war, stellten sie sich an den Rand des Brunnens, und der Fremde fing an, nachdem er dem Bischof das größte Stillschweigen auferlegt hatte, aus einem großen Buche halblaut zu lesen. Nachdem er drei Zauberformeln, die eine noch stärker als die andere, gebraucht hatte, versiegte das Wasser im Brunnen, und eine Treppe wurde sichtbar, die auf vielen Stufen hinabführte. Auf dieser stieg der Zauberer hinunter und verschwand am Ende durch eine kleine Tür im Brunnen. Es dauerte gar nicht lange, da kam er zurück und trug das schwere Standbild, das ganz grau und verwittert aussah, auf seiner Schulter. Sowie er herausstieg, kam das Wasser langsam hinter ihm her, und als er oben war, stand es gerade wieder so hoch im Brunnen wie vor der Beschwörung. Ein unbeschreiblich angenehmer Duft ging von dem Muttergottesbilde aus, welches der Bischof mit tiefer, heiliger Ehrfurcht erfasste und auf den Hochaltar niedersetzte. Da der Bischof gern erfahren wollte, ob der Zauberer auch von den unermesslichen Schätzen gesehen, die unten im Brunnen bewacht werden, so fragte er ihn danach. Und der Fremde fing an zu erzählen von den wunderbaren Sachen, die er unten in der Tiefe gesehen, von den goldenen Palästen, von den Gärten, in welchen Diamantblumen blühen, von Bächen edlen Weines, die über Rubinfelsen rauschen. Da erfasste den Bischof das Verlangen, ebenfalls diese Schätze zu schauen. Obwohl der Zauberer ihm die großen Gefahren, denen er entgegenging, eindringlich vorstellte, ihn mit Tränen in den Augen bat, sein Leben und seiner Seele Heil nicht aufs Spiel zu setzen, wollte der Bischof nicht von seinem Vorhaben abstehen, und der Fremde musste die Beschwörung zum zweiten Male beginnen. Als der Brunnen leer und die Treppe wiederum sichtbar war, stieg der Bischof hinab. Er ist nicht wiedergekehrt. Der Brunnen quillt aber nach wie vor.

(Aus: Deutsche Sagen, hg. von den Brüdern Grimm, Deutscher Klassiker Verlag, Frankfurt/M. 1994, S. 35 ff.)

1. Schreibe in Stichworten alles aus dem Text heraus, was für die Erzählweise der Sage typisch ist.

2. Woran erinnert dich diese Geschichte im Mittelteil? Achte besonders auf den Zauberer.

3. In der Geschichte ist von zweierlei Schätzen die Rede. Für welchen entscheidet sich der Bischof? Erkläre seine Beweggründe.

4. Für welchen Schatz hättest du dich entschieden? Begründe deine Wahl.

Zu einem Bild eine Sage schreiben

Erfinde zu diesem Bild eine Sage.

Zu einem Bild eine Sage schreiben

Verfasse eine Sage, die zu diesem Bild passt.

Mit einem vorgegebenen Anfang eine Sage schreiben

Der Bürgermeister als Pudel

Mehr als hundert Jahre ist es her, da lebte in Feldberg ein Bürgermeister, der wegen seiner Hartherzigkeit weit und breit gefürchtet war. Weil er nun im Leben so wenig Gutes getan hatte, konnte er nach seinem Tode keine Ruhe finden, sondern musste in Gestalt eines Pudels mit zwei Köpfen, großen, feurigen Augen und acht Beinen, vier davon waren ihm aus dem Rücken herausgewachsen, jede Nacht auf dem Friedhof umgehen.

...

Schreibe die Sage weiter.

Mit einem vorgegebenen Anfang eine Sage schreiben

Der Schmied zu Jöterbog

Zu Jöterbog lebte einmal ein Schmied, der war ein sehr frommer Mann und trug einen schwarzen und weißen Rock; zu ihm kam einmal abends noch ganz spät ein Mann, der gar heilig aussah, und bat ihn um eine Herberge; nun war der Schmied immer freundlich und liebreich zu jedermann, nahm daher den Fremden auch gern und willig auf und bewirtete ihn nach Kräften. Andern Morgen, als der Gast von dannen ziehen wollte, dankte er seinem Wirt herzlich und sagte ihm, er solle drei Bitten tun, die wolle er ihm gewähren ...

Erzähle die Sage zu Ende.

Leistungsüberprüfung – Selbstevaluation – Klassenarbeit

1. Vorschlag:

Paul Hühnerfeld

Helena – nur eine schwache Frau?

Nur zum Anschein haben sich die Griechen mit ihren Schiffen zurückgezogen; aber sie haben ein hölzernes Pferd zurückgelassen, in dem sich ihre besten Helden versteckt halten. Als Beobachter und Informanten haben sie den Spion Simon in Troja eingeschmuggelt.

So zogen denn die Troer das riesige Ross vor ihre Stadt. Da war das Stadttor zu klein, um das Untier hineinzuziehen. So mussten sie eine Bresche in die Mauer schlagen und durch diese Bresche gelangte der hölzerne Koloss in die Stadt. Am Abend saßen die Troer beim Siegesschmaus. Hinterher begannen sie zu trinken, weit nach Mitternacht sanken sie berauscht in ihre Betten. [...]

Als alle schliefen, schlich der junge Simon an den Strand. Dort zündete er eine riesige Fackel an und schwang sie um seinen Kopf. Draußen am Horizont sahen die Ausguckposten in den Mastkörben der griechischen Flotte den hellen Schein und sie meldeten: „Simon schwingt die Fackel." Agamemnon befahl, mit aller Kraft an den trojanischen Strand zu rudern. Inzwischen rannte Simon zurück in die Stadt und klopfte mit dem Finger das verabredete Zeichen an den Bauch des Pferdes. Da öffnete sich eine Luke und die zwölf Helden, voran Odysseus und Menelaos, sprangen zur Erde. Sie teilten sich, und die Hälfte eilte zum Tor, die Griechen in Empfang zu nehmen. Die andere Hälfte aber lief in die ersten trojanischen Häuser und begann mit dem Morden und Schlachten. Männer, Frauen und Kinder wurden in ihren Betten getötet. Die meisten von ihnen merkten nicht einmal, mit wem sie es zu tun hatten, denn trunken waren sie noch immer.

So brachen Tod, Mord und Brand über Troja herein. Auch die zurückgekehrten Griechen stürzten jetzt durch das Stadttor und die Mauerbresche und warfen Brandfackeln in alle Häuser. Das Metzeln und Morden war ungeheuerlich. Die Griechen schonten niemanden – selbst der greise Priamos fiel unter den Schwerthieben der Eindringlinge. Menelaos suchte, halb wahnsinnig vor Triumph, noch immer seinen Gegner, den Paris. Aber er fand ihn nicht. Doch diesmal hatte sich Paris nicht verkrochen. Er war vielmehr unerkannt gefallen.

Als das Morden zu Ende war, fand Menelaos dagegen Helena. Er zückte sein Schwert, um ihre Brust zu durchstoßen. Doch da sah er sie an und sie erschien ihm schöner denn je. Die Hand mit dem Schwert sank ihm kraftlos zur Seite. Wütend riss er sich zusammen, fest gewillt, den tödlichen Streich dennoch zu tun. Da erschien Agamemnon und fiel ihm in den Arm.

„Tu das nicht, Bruder!", rief er. „Um deine Frau zurückzuführen, haben wir zehn Jahre vor Troja gekämpft. Morden wollen wir sie nicht. Die Frauen, Menelaos, sind schwach. Schwach von den Göttern geschaffen, und wir dürfen sie nicht wegen ihrer Schwachheit bestrafen. Und noch eins, Menelaos, bitt ich dich: Sorge, dass die Schlachterei ein Ende nimmt. Priamos ist tot und alle seine Söhne. Wir sollten auch aufhören zu töten. Ich glaube, es ist am besten für uns, wir stechen so bald wie möglich in See." So geschah es.

(Aus: Paul Hühnerfeld, Der Kampf um Troja, Deutscher Taschenbuch Verlag, 17. Aufl., München 2003, S. 75–78)

- Gib in deinen Worten wieder, wie es den Griechen gelingt, Troja zu erobern.

- Wie erklärst du dir das Verhalten des Menelaos bei seiner Begegnung mit Helena?
- Welche Auffassungen vertritt Agamemnon am Ende des Textes und was ist deine Meinung dazu?

2. Vorschlag: Mit einem Bild und einer Überschrift eine Sage schreiben

Die Riesentochter und die Bauern auf dem Felde

- Verfasse mithilfe der angegebenen Überschrift und dem Bild eine Sage.

3. Vorschlag: Aus einem vorgegebenen Anfang eine Sage erfinden

Der Graf von Gleichen

Graf Ludwig von Gleichen zog im Jahr 1227 mit gegen die Ungläubigen, wurde aber gefangen und in die Knechtschaft geführt. Da er seinen Stand verbarg, musste er gleich den übrigen Sklaven die schwersten Arbeiten tun, bis er der schönen Tochter des Sultans in die Augen fiel ...

- Erzähle die Geschichte als Sage weiter.

Astrid Lindgren – Eine Autorin stellt sich vor (S. 90–119)

Vorüberlegungen zur Einheit

Astrid Lindgren ist eine der bekanntesten Kinderbuchautorinnen der Welt. Ihre Bücher wurden in 87 Sprachen übersetzt und in ca. 130 Millionen Exemplaren verkauft (Stand 2002). Mehr als 150 deutsche Schulen tragen ihren Namen. Die meisten Menschen verbinden mit Astrid Lindgren vor allem ihren größten Erfolg: Pippi Langstrumpf. Dabei wird oft übersehen, dass ihr Werk viele Genres umfasst: fantastische Erzählungen (Pippi Langstrumpf/ Karlsson), Märchenromane (Die Brüder Löwenherz), Mädchenbücher (Britt-Marie), die sogenannten småländischen Erzählungen (Michel), Foto-/Sachbücher (Noriko-San aus Japan), Autobiografisches (Das entschwundene Land) und Essays/Reden (Friedenspreisrede 1978). Zudem präsentierte Astrid Lindgren mit als Erste ihre Arbeit in einem Medienverbund. Sie schrieb Drehbücher und Hörspielfassungen und arbeitete mit an den Verfilmungen und Serien zu ihren Büchern.
Viele Schülerinnen und Schüler kennen aus der Vorschulzeit und der Grundschule – oft vermittelt über verschiedene (Trick-)Filmserien – Astrid Lindgrens fantastischen oder småländischen Erzählungen. In diesem Kapitel beschäftigen sie sich mit darüber hinausgehenden Facetten der Autorin und ihres Werkes.
Auf der Auftaktdoppelseite sowie im Eingangskapitel (S. 90–94) erhalten die Schüler mithilfe von Fotos und durch einen Lexikonartikel einen Überblick über die Biografie Lindgrens. An dem Lexikonartikel werden die elementaren Methoden der Arbeit an informierenden Sachtexten wiederholt und geübt.
Anknüpfend an das Vorwissen der Schüler geht es in dem nächsten Kapitel (S. 95–99) um die Figur Pippi Langstrumpf. Im Gegensatz zur Grundschule zielt die Beschäftigung mit dieser Kinderbuchfigur jetzt auf ihre kritische Bewertung. Die Schüler werden angeleitet, die Figur argumentativ zu bewerten. Dazu setzen sie sich mit einem meinungsbildenden Sekundärtext auseinander. An diesem üben sie die Analyse von Sachtexten vertiefend.
Im folgenden Kapitel (S. 100–111) steht der Roman „Die Brüder Löwenherz“ im Mittelpunkt. Dieser Roman ist dem Alter der Schüler angemessen. Seine Themen wie Umgang mit Tod und Trauer, Kampf gegen das Böse, Angstüberwindung, Bruderliebe, Leben nach dem Tod und seine Mischung aus realistischer Erzählung, Fantasieroman und Märchen sorgen dafür, dass der Roman auch heutige Jugendliche beeindruckt. Zudem ist es eine Lektüre, die auch Jungen, die weniger gern literarische Texte lesen, stark anspricht. Anschließend wird die Verfilmung des Romans untersucht (S. 112–114). Die Schüler erhalten Hinweise zur Arbeit mit der Verfilmung, wenn diese im Unterricht gezeigt und mit der Romanvorlage verglichen werden soll. Der Schwerpunkt liegt auf der Analyse filmsprachlicher Mittel und ihrer Wirkung anhand von ausgewählten Filmbildern. Das entsprechende Fachvokabular wird in diesem Zusammenhang eingeführt.
Die Einheit schließt, indem die Autorin selbst erneut betrachtet wird (S. 115–118). Die Schüler lernen Astrid Lindgrens Engagement für Tierschutz, Frieden und Kinderrechte kennen. Methodisch wird hier noch einmal die Arbeit mit Sachtexten vertiefend aufgegriffen.
Nicht immer wird die Zeit oder das Interesse vorhanden sein, sich in dem vorgeschlagenen Umfang mit Astrid Lindgren zu beschäftigen. Das Einheit ist deshalb so angelegt, dass bis auf die Teilkapitel „Astrid Lindgren über Astrid Lindgren“ und „Die Brüder Löwen-

herz – Eine Verfilmung untersuchen" die einzelnen Teilkapitel unabhängig voneinander behandelt werden können.

Zentrale Kompetenzen, die in dieser Einheit geschult werden, sind:

- eigene Meinungen formulieren und begründen
- literarische Figuren beschreiben und charakterisieren
- einfache appellative Texte verfassen
- Inhalte von Texten/Textausschnitten wiedergeben
- Fragen zu Texten beantworten und eigene Aussagen belegen
- Arbeitstechniken der Textbearbeitung (Informationsentnahme; markieren; gliedern ...) anwenden
- Sachtexten Informationen entnehmen und zur Klärung von Sachverhalten nutzen
- grundlegende Formen (informierende/appellative) von Sachtexten unterscheiden
- filmsprachliche Mittel benennen und ihre Wirkung beschreiben
- einfache Verfahren der Untersuchung fiktionaler Texte und Grundbegriffe der Textanalyse anwenden
- sich mit Ausschnitten aus Jugendbüchern auseinandersetzen und diese verstehen
- eine literarische Vorlage mit ihrer Verfilmung vergleichen

Die **Doppelseite (S. 90–91)** gibt einen ersten Überblick über das Leben Astrid Lindgrens. Die Schüler beschreiben die einzelnen Fotos, erläutern die gezeigte Lebenssituation und formulieren, welche Eindrücke sie jeweils von der Autorin haben. Davor oder danach können sie sich über ihre Erfahrungen mit ihnen bekannten Büchern und Figuren der Autorin austauschen. Möglich wäre als Einstieg auch, dass die Schüler Bücher oder andere Medien von zu Hause mitbringen und diese den Mitschülerinnen und Mitschülern präsentieren. Sie berichten darüber, worum es in den Büchern, Hörspielen, Videos etc. geht und was ihnen an diesen Geschichten und Figuren Lindgrens gefällt.
Daran kann sich die Beschäftigung mit den Fotos anschließen. Die Fotos zeigen folgende Situationen:

S. 90:

- Astrid mit Bruder Gunnar und zwei Nachbarskindern
- Astrid Lindgren mit der kleinen Tochter Karin
- Lindgren 1971 während der Dreharbeiten zu Michel
- Die Schriftstellerin 1957 auf einer Buchausstellung
- Die Familie Astrid Lindgrens 1915 mit den Angestellten vor ihrem Haus in Näs

S. 91:

- Die Autorin 1969 im Kreis ihrer Enkelkinder
- Lindgren als Grundschulkind (ganz rechts die Schülerin, die den Arm hebt)
- Die Überreichung der Hans-Christian-Andersen-Medaille 1958 in Florenz
- Lindgren als Mitarbeiterin des Verlags Raben u. Sjörgen (1946)
- Astrid Lindgren beim Klettern (circa 1990)

Didaktische Aufbereitung der Unterkapitel

Astrid Lindgren über Astrid Lindgren (S. 92–94)

Die Schülerinnen und Schüler erhalten durch den Lexikonartikel einen genaueren Eindruck von der Biografie Lindgrens. Elementare Methoden der Sachtextarbeit werden in diesem Zusammenhang eingeübt. Nach der Arbeit an dem Lexikonartikel recherchieren die Schüler selbstständig weitere Informationen zum Leben der Autorin. Weiter erhalten sie Vorschläge, wie sie die Ergebnisse ihrer Textarbeit und der Recherchen im Überblick festhalten und/oder präsentieren können.

Astrid Lindgren über ihr Leben (S. 92–93)

Aufgaben 1 und 2
S. 93

Anhand des ersten Absatzes beschreiben die Schülerinnen und Schüler, wie man sinnvoll vorgehen kann, um einen solchen informativen Text zu bearbeiten. Folgende Methoden nennen sie dabei: den Text in Sinnabschnitte gliedern; Schlüsselwörter markieren; Nebeninformationen dünn unterstreichen; Überschriften zu den Sinnabschnitten formulieren; Stichworte neben den Text schreiben. Es sollte auch besprochen werden, dass es sinnvoll ist, solch einen Text erst einmal überfliegend zu lesen, um einen Eindruck vom gesamten Text zu erhalten. Die Werkzeugkiste auf S. 94 kann zur Vorbereitung der Textarbeit besprochen und stichwortartig zusammengefasst werden. Folgende Zusammenfassung könnten die Schüler in ihr Heft übernehmen:

Tafelbild

Wichtige Methoden zum Bearbeiten von Sachtexten

- *überfliegend lesen*
- *genau lesen und alles Wichtige mit Bleistift markieren*
- *Markierungen überarbeiten (das wirklich Wichtige hervorheben)*
- *Text in Sinnabschnitte gliedern und Überschriften zu den Abschnitten finden*
- *am Rand des Textes die Überschriften und Stichworte notieren*

Nach dieser Besprechung des Schülerbeispiels bearbeiten die Schüler den restlichen Text analog zu den Vorgaben der fiktiven Schülerarbeit und mithilfe der Werkzeugkiste.

Aufgabe 3
S. 93

Astrid Lindgren nimmt hier Stellung zu der Frage, warum sie schreibt. Sie weist auf folgende Punkte hin:

- Sie ist selbst noch in der Lage, so zu denken und zu fühlen, wie sie als Kind gedacht und gefühlt hat.
- Ihr Kindsein hat sie sich auch als Erwachsene bewahrt.
- Sie schreibt, um diese Seite ihrer Persönlichkeit zu befriedigen bzw. diese „zu unterhalten“ (Z. 56). Das Kind in ihr verlangt nach Spaß, Zerstreuung und Unterhaltung.
- Es geht ihr bei ihrem Schreiben nicht darum, eine besondere Aussage oder Moral zu vermitteln. Sie möchte vielmehr, dass die Kinder einfach Freude beim Lesen ihrer Bücher empfinden.

Aufgabe 4
S. 93

Das Fragenstellen an den Text dient dazu, sich die Textinhalte einzuprägen und das Textverständnis zu überprüfen. Möglich ist es hier auch, dass die Schüler die Informationen aus dem Lexikonartikel den Fotos auf den Seiten 90 und 91 zuordnen. Wenn man später das Arbeitsblatt 1 zur Selbstkontrolle oder Leistungsüberprüfung einsetzen will, können die Schüler hier einen Stichwortzettel anfertigen, den sie später zur Bearbeitung des Arbeitsblattes benutzen können.

Streit um Pippi (S. 95–99)

Die Geschichte von Pippi Langstrumpf ist ein Kinderbuchklassiker. Dies liegt vor allem an seiner ungewöhnlichen Heldin Pippi Langstrumpf. Das Kind mit den feuerroten Haaren lebt allein in der Villa Kunterbunt, hat als Vater einen Südseehäuptling fern auf See, besitzt eine Kiste mit Goldstücken, einen Affen Herrn Nilsson und ein Pferd mit dem

Namen „Der kleine Onkel“. Es hat die Stärke von mehreren Seemännern, dafür aber keinen Respekt gegenüber Erwachsenen und ihren Konventionen. Die kindliche Fantasie ist vom Drang nach Erwachsenwerden, Über-sich-selbst-Hinauswachsen oder, wie Russell es nennt, vom „Willen zur Macht“ bestimmt. Mit Pippi Langstrumpf, die lebt, wie es ihr gefällt, ist es Astrid Lindgren gelungen, eine Figur zu schaffen, die dieser Erlebnis- und Gefühlswelt der Kinder entspricht.
Der Kaffeeklatsch (S. 95 f.) ist eine der verrücktesten Passagen aus dem Kinderbuch „Pippi Langstrumpf“. Die Schüler arbeiten an diesen Auszügen exemplarisch die Grundzüge der Figur Pippi heraus.
Die Geschichten über Pippi Langstrumpf riefen nach ihrem Erscheinen große Begeisterung hervor. Nach der Veröffentlichung des zweiten Bandes gab es aber herbe Kritik von Pädagogen und besorgten Erwachsenen, die befürchteten, dass Pippi ein schlechtes Beispiel für die Kinder sei. Diese Kritik erarbeiten die Schüler anhand der Rezension von John Landquist (S. 97 f.). Dabei üben sie die elementaren Methoden der Sachtextanalyse. Sie vergleichen den Artikel auf S. 92–93 und mit der Rezension von Landquist. Durch diesen Vergleich lernen sie die Merkmale appellierender und informierender Sachtexte kennen und unterscheiden. Abschließend setzen sie sich argumentativ mit den Vorwürfen von Landquist auseinander.

Aufgabe 1 S. 95

Die Schülerinnen und Schüler aktivieren hier ihr Vorwissen. Sie erzählen sich gegenseitig, was sie über Pippi Langstrumpf wissen und was sie von ihr halten. Falls die Schüler später eine Figurenbeschreibung Pippis verfassen sollen (s. S. 96, Aufgabe 6), sollten hier die Informationen über Pippis Aussehen, Familiengeschichte und ihre äußeren Lebensumstände z. B. in Form eines Assoziationssternes an der Tafel festgehalten werden. Diese Informationen erhalten die Schüler in dem folgenden Textausschnitt nicht.

Pippi geht zum Kaffeekränzchen (S. 95–96)

Aufgabe 1 S. 96

Die Schüler werden sicher die schlechten Essmanieren Pippis in den Vordergrund stellen. Um die kommende Auseinandersetzung mit der Figur Pippi Langstrumpf vorzubereiten, sollte hier schon ein Meinungsbild eingeholt werden, wie die Schüler dies Verhalten bewerten (z. B. als lustig, sinnlos oder unhöflich). In einem weiteren Schritt arbeiten die Schüler die Eigenschaften Pippis heraus, die in der Kaffeeklatschpassage deutlich werden. Das Ergebnis dieser Charakterisierung kann in folgendem Tafelbild festgehalten werden:

Tafelbild

Die Eigenschaften Pippi Langstrumpfs

Pippi Langstrumpf …
- *besitzt einen eigenen Humor*
- *kennt keine Benimmregeln*
- *ist den Erwachsenen verbal überlegen/ist schlagfertiger als die Erwachsenen*
- *ist frech*
- *lässt sich nichts vorschreiben*
- *macht die Sachen, die sie richtig findet*
- *benimmt sich aus der Sicht der Erwachsenen unmöglich*
- *verhält sich nicht aus Bosheit so*
- *…*

Aufgaben 2 und 3 S. 96

Komisch wirkt diese Szene aufgrund des Gegensatzes des von Kindern bei einem solchen Kaffeetrinken erwarteten vorbildlichen Verhaltens und dem verrückten und anarchistischen Verhaltens Pippis. Die Schüler kennen die Situation, dass von ihnen die Einhaltung von Essens- und Höflichkeitsregeln verlangt wird. Sie wissen auch, wie schwer dies Kindern oft fällt. Komik entsteht hier dadurch, dass diese Erwartungen der Erwachsenen von Pippi einfach ignoriert werden. Pippi macht wie immer, was ihr gefällt. An folgenden Stellen wird der Gegensatz von erwartetem und Pippis tatsächlichem Verhalten besonders deutlich:

- Pippi stört mit ihrem militärischen Auftreten (Z. 8 ff.) die friedliche Atmosphäre (Z. 7).
- Die Behauptung, sie sei schüchtern (Z. 17), steht in einem komischen Kontrast zu ihrem lauten und selbstbewussten Auftreten.
- Sie küsst die ihr fremden Damen zur Begrüßung (Z. 21 f.).
- Pippi verwandelt das Kaffeetrinken in ein Wettessen und verletzt alle Tischmanieren (Z. 26 f.).
- Auf die Missbilligung der Damen reagiert sie naiv, so als ob alles in Ordnung sei (Z. 41 ff.).
- Die Lust am Matschen mit den Lebensmitteln und an der Völlerei wirkt deplaziert (Z. 50 ff.).
- Sie zerstört die Torte und bezeichnet dies dann als „schreckliches Unglück“ (Z. 59), für das sie sozusagen gar nichts könne.
- Den Ärger der Damen ignoriert Pippi, indem sie ihn als unangebrachte Traurigkeit deutet. Sie fühlt sich verpflichtet, die Damen aufzumuntern. Dabei weist sie, die alle Regeln missachtet, ihrerseits auf die Konvention hin: „Und beim Kaffeetrinken soll man sich amüsieren.“ (Z. 74 f.).

Diese Punkte sollten bei dem inneren Monolog aufgegriffen und der Ärger der Damen über Pippis Verhalten so begründet werden. Als Vorbereitung des inneren Monologs könnten die Schüler Gedanken der Damen in der Ich-Form mündlich entwickeln.

Aufgabe 4
S. 96

Als Begründung für das Verbot werden die Schüler die Befürchtung der Erwachsenen nennen, dass die Kinder sich ein schlechtes Beispiel an Pippi nehmen und sich genauso verhalten. Diese allgemeine Aussage sollten die Schüler konkretisieren. Dabei können sie auf folgende Punkte eingehen:
Die Erwachsenen befürchten, dass die Kinder ...

- frech und ungezogen werden.
- sich selbst gefährden, wenn sie Pippi nachahmen (z. B. so viel essen, dass es ihnen schlecht geht).
- den Respekt vor den Erwachsenen verlieren.
- ohne Rücksicht auf andere nur das tun, was ihnen gefällt.
- ...

Aufgabe 5
S. 96

Die Schüler nennen die Besonderheiten Pippis und begründen ihre Beliebtheit. Sie können dabei auf folgende Besonderheiten Pippis eingehen: z. B. ihre Stärke, Unabhängigkeit, Gutmütigkeit, Freundlichkeit, Unerzogenheit. Als Gründe für ihre Beliebtheit können die Schüler heranziehen, dass Pippi so lebt, wie Kinder es sich oft auch für sich selbst wünschen. Pippi ist unabhängig von den Erwachsenen. Sie ist ein „Übermensch“, der keine Grenzen kennt, und sie lebt alle ihre Fantasien in der Realität aus. Ihr fällt auch immer zu jeder Zeit etwas Neues und Verrücktes ein. Dabei will sie niemandem schaden, sondern besitzt einen ausgeprägten Sinn für Gerechtigkeit, wie in vielen anderen Episoden deutlich wird. Abschließend sollten die Schüler darüber diskutieren, ob sie selbst wie Pippi Langstrumpf sein wollen.

Aufgabe 6
S. 96

Mithilfe der vorherigen Notizen (s. Aufgabe 1, S. 95; Aufgabe 1, S. 96) verfassen die Schüler eine schriftliche Charakterisierung Pippis. Der Aufbau einer solchen Figurenbeschreibung kann mithilfe der Werkzeugkiste auf S. 31 vorbereitend geklärt werden. Wenn die vorgeschlagene Leistungsüberprüfung (S. 115) durchgeführt wird, sollte diese Aufgabe nicht schriftlich bearbeitet werden.

John Landquist: Schlecht und preisgekrönt (S. 97–98)

John Landquists Kritik steht stellvertretend für die Vorwürfe, die nach dem zweiten Pippiband von vielen besorgten Pädagogen und Erwachsenen erhoben wurden. Sie befürchteten, die Kinder werden Pippis Verrücktheiten nachahmen und nur noch tun, was ihnen gefällt. Deshalb entstand eine breite Debatte darüber, ob Kinder die Geschichten über Pippi lesen dürften. Landquist kritisiert aber noch etwas anderes als die negative Vorbildfunktion Pippis. Er meint, dass die Scherze Pippis oft nicht mehr als geschmackloser, sinnloser und kalauerhafter Unsinn sind. Viele Schüler werden diesem Urteil zustimmen. Vieles, was sie früher an Pippi lustig fanden, wird ihnen jetzt einfach unvernünftig vorkommen (z. B. Fliegenpilze essen). Allerdings erhebt Astrid Lindgren auch keinen Anspruch, ältere Kinder bzw. angehende Jugendliche zu unterhalten. Sie hat die Figur Pippi für ihre siebenjährige Tochter erfunden. Das Besondere an Pippi ist gerade, dass sie die aus der Sicht der Erwachsenen oft sinnlos wirkende Komik von Kindern widerspiegelt.

Aufgaben 1 und 2
S. 98 f.

Die Schüler wiederholen die Methoden der Sachtextarbeit und üben sie.
Über die Beschreibung der Fotomontage auf S. 98 entwickeln die Schüler Kriterien, wie sie ihre Markierungen in Kleingruppen besprechen und abgleichen können. Als Ergebnissicherung könnten sie folgende Zusammenfassung in ihr Heft übernehmen:

Tafelbild

Markierungen in der Gruppe gemeinsam besprechen

Folgende Punkte beachten wir dabei:

- *Die Besprechung der Markierungen erfolgt absatzweise.*
- *Jeder stellt vor, was er markiert hat, und begründet seine Markierungen.*
- *Gemeinsam wird darüber entschieden, welche Markierungen sinnvoll sind bzw. das Wichtigste umfassen.*

Aufgabe 3
S. 99

Die Ergebnisse der Textarbeit können in reduzierter Form in folgendem Tafelbild festgehalten werden:

Tafelbild

Vorwürfe von Landquist gegen „Pippi Langstrumpf"

- *Das Buch ist eine „Ansammlung von Dummheiten" (Z. 7–8).*
- *Auch Kinder (z. B. die Tochter) verstehen nicht, was an dem Buch „lustig sein sollte" (Z. 11).*
- *Die Streiche Pippis sind „größtenteils sinnlos" (Z. 12–13), „fantasielos" (Z. 14) und „geschmacklos" (Z. 16).*
- *Es ist nicht klar, warum der „Fliegenpilz Pippi keinen Schaden zufügt." (Z. 24) Andere Kinder könnten die „Essensprobe nachahmen" (Z. 28) und krank werden.*
- *„Kein normales Kind" (Z. 43) verhält sich so wie Pippi bei dem Kaffeekränzchen.*
- *Pippis Verhalten erinnert „an die Fantasie eines Geisteskranken" (Z. 45–46).*
- *Die kindlichen Leser werden zu „geisteskranken Handlungen" (Z. 49) veranlasst.*

Fazit: Die Wirkung des Buchs ist „schädlich" (Z. 51).

Aufgabe 4
S. 99

Der Text enthält viele abwertende Formulierungen, die darauf abzielen, den Leser gegen das Buch und die Figur Pippi Langstrumpf einzunehmen. Sie sollen den Leser davon überzeugen, dass die Wirkung des Buches nur eine schädliche sein kann. Folgende Formulierungen können die Schüler in diesem Zusammenhang besprechen und in ihrer Wirkung erläutern:

- „Ansammlung von Dummheiten“ (Z. 7–8)
- „fantasielos fabrizierte Verrücktheiten“ (Z. 14–15)
- „Es kann nicht den geringsten vernünftigen Grund geben, ...“ (Z. 22–23)
- „... bleibt unverständlich, was an diesen geschmacklosen Scherzen mit Vergiftung und Tod lustig sein soll.“ (Z. 29–31)
- „Veranlagung zu geisteskranken Handlungen aufsteigen lassen“ (Z. 49–50)
- ...

Aufgabe 5
S. 99

Vor dem Verfassen einer Verteidigung werden entsprechende Argumente im Klassengespräch gesammelt. Folgende Argumente, die evtl. in einem Tafelbild festgehalten werden, könnten die Schüler gegen Landquists Standpunkt zusammentragen:

Tafelbild

Argumente gegen Landquists Kritik an „Pippi Langstrumpf“

- *Kein Kind möchte ernsthaft so sein wie Pippi.*
- *Pippi meint es nicht böse.*
- *Die kindlichen Leser sind nicht dumm. Sie wissen, dass Fliegenpilze gefährlich sind und man sich nicht so auf einem Kaffeekränzchen benimmt.*
- *Mit Pippis Streichen ist es wie mit Streichen von Clowns. Sie sind verrückt und dienen der Unterhaltung. Niemand – auch nicht Kinder – ahmt sie später im Alltag (z.B. in der Schule) nach.*
- *Wenn Landquist Recht hätte, würden diejenigen in der Klasse, die Pippi Langstrumpf gelesen haben, sich schlecht benehmen und Fliegenpilze essen. Dies stimmt aber nicht.*
- *Pippis Streiche entsprechen der Fantasie von Kindern, nicht der von Geisteskranken.*
- *...*

Wenn die vorgeschlagene Leistungsüberprüfung (S. 115) durchgeführt werden soll, dann sollte die Verteidigung an dieser Stelle nicht verschriftlicht, sondern nur mündlich besprochen werden.

Aufgabe 6
S. 99

Die beiden Texte zeigen die unterschiedlichen Wirkungsabsichten von appellierenden und informierenden Sachtexten. Die Kritik Landquists will den Leser gegen das Buch einnehmen. Um dies zu erreichen, arbeitet Landquist mit stark wertenden Formulierungen und Übertreibungen. In dem autobiografischen Text auf S. 92–93 will Astrid Lindgren den Leser über ihren Lebenslauf informieren. Entsprechend sachlich ist die Sprache. Gefühlsbetonte, wertende und die Meinung des Lesers steuernde Formulierungen fehlen.
Um diese Merkmale herauszuarbeiten, können die Schüler die Zusammenfassung auf S. 99 unten lesen und die Informationen, die sie dort erhalten, auf die beiden Texte beziehen.

Die Brüder Löwenherz – Abenteuer in Nangijala (S. 100–111)

Der Roman beginnt ungewöhnlicherweise mit dem Tod einer der beiden Hauptfiguren. Der kleine Krümel ist todkrank und weiß, dass er bald sterben muss. Jonathan, sein älterer Bruder, erzählt ihm zum Trost, dass man in das wundervolle Land Nangijala kommt, wenn man gestorben ist. Doch das Haus gerät in Brand und bei dem Versuch, Krümel zu retten, stirbt Jonathan. Plötzlich befindet sich Krümel in Nangijala und trifft seinen Bruder wieder. Sie leben dort auf einem Reiterhof im Kirschtal. Das benachbarte Heckenrosental wird von dem Tyrannen Tengil, der mithilfe seines Drachens Katla in einem Nachbartal herrscht, bedroht. Die Brüder schließen sich dem Freiheitskampf der Menschen im Heckenrosental gegen Tengil an. Durch Jonathan gewinnen die Freiheitskämpfer den entscheidenden Kampf. Allerdings wird er von Katlas tödlichem Gifthauch verletzt. Sterbend tröstet

Jonathan Krümel wieder mit einer Geschichte vom Land Nangilima, in das man kommt, wenn man in Nangijala stirbt, und in dem es noch schöner ist. Daraufhin nimmt Krümel Jonathan auf den Rücken und springt von einer Klippe durch den Tod mit seinem Bruder in das Land Nangilima hinein.

Der Tod eines jungen Neffen und des Großvaters, der die Familie Lindgren und insbesondere die Kinder stark erschütterte, ließ die Schriftstellerin das Buch „Die Brüder Löwenherz" schreiben. Während sie daran arbeitete, las sie es ihrem Enkel Nisse vor. Es ist das erste Kinderbuch, das Sterben und die Angst davor offen thematisiert. Ohne die Wirklichkeit des Todes zu verleugnen, gibt es Trost und Hoffnung. Die Möglichkeit des Lebens in einer jenseitigen Welt wird konkret ausgemalt. Astrid Lindgren mischt die reale Erfahrung des Todes mit der Welt der Märchen und Mythen, in der es immer schon tröstende Jenseitswelten gab. So enthält das „Trostbuch" viele klassische märchenhafte und mythische Motive. Es geht um Freiheitskämpfe in einer unheilen Welt, um den Kampf zwischen Gut und Böse und um Liebe, die zu großen Taten befähigt. Tragisch ist das Schicksal Krümels, weil es zeigt, dass die Guten nicht immer mit heiler Haut davonkommen, der Kampf gegen das Böse aber trotzdem immer gewagt werden muss. Dies alles wird in einer Sprache erzählt, die spannend, traurig oder rührend ist und das Melodramatische zeigt, ohne trivial und kitschig zu werden.

Deshalb ist der Roman für heutige Schüler eine lohnenswerte Lektüre. Die Kinder lesen das Buch bis heute als bewegende Abenteuergeschichte. Zu keinem anderen Buch hat die Autorin so viele Briefe ihrer kleinen und jungen Leser erhalten, in denen sich immer wieder solche Äußerungen finden: „Es ist so schwer in Worten auszudrücken, aber alles ist so wunderbar, grausam und schön." – „... so spannend und traurig und lustig." Die Todesthematik wird von den Kindern nicht als erschreckend erlebt. Vielen Kindern geht es wie dem Enkel Astrid Lindgrens. Er wusste über den Tod nur, dass man in die dunkle Erde muss und er dies nicht wollte. Deshalb hatte er furchtbare Angst, wenn er nur an das Sterben dachte. Diese Ängste der Kinder greift das Buch behutsam auf. Vielen wird es nach dem Lesen so gehen wie dem kleinen Nisse, dem Enkel Lindgrens, der nach dem Vorlesen sagte: „Ja, wir wissen nicht, wie es ist, es kann also gut sein, dass es so ist, wie du es geschrieben hast."

Das Lesen der Textauszüge kann auf folgende Weisen erfolgen:

- Die Lektüre folgt sukzessive dem Schülerbuch.
- Der Romananfang (S. 100–102) wird gemeinsam gelesen. Die Auszüge von S. 102 bis S. 108 lesen die Schüler zu Hause. Dazu werden dann die wichtigsten Fragen und Arbeitsaufträge bearbeitet. Das Schlusskapitel (S. 109–111) wird dann gemeinsam im Unterricht gelesen und behandelt.
- Zeitlich am wenigsten aufwendig ist es, alle Buchauszüge (S. 100–111) vorab in häuslicher Lektüre lesen zu lassen. Im Unterricht könnten dann einige ausgewählte Arbeitsaufträge aus dem Schülerbuch bearbeitet werden.

Krümel und Jonathan (S. 100–102)

Der Auszug gibt den Anfang des Romans bis zum Tod Jonathans wieder. Zur Hinführung kann die Abbildung auf S. 100 beschrieben und gedeutet werden. Die Schüler könnten kurze Gespräche der beiden Brüder zu dem Bild entwickeln. Als Einstieg in die Lektüre bietet sich eine Vorlesestunde an, in der der Lehrer den Romananfang vorliest. Danach tauschen sich die Schüler frei über ihre Eindrücke, Gefühle und Gedanken aus. Diese Phase sollte aufgrund des Themas Sterben und Tod viel Raum erhalten. Danach erfolgt die Arbeit am Text anhand der Arbeitsaufträge im Schülerband.

Aufgabe 1
S. 102

Die Schüler suchen entsprechende Textstellen heraus und tragen ihre Ergebnisse im Klassengespräch zusammen. Dabei kann folgendes Tafelbild entstehen:

Tafelbild

Die Brüder Krümel und Jonathan

Krümel …	*Jonathan …*
– *ist todkrank*	– *ist älter*
– *ist neun Jahre alt*	– *kann gut erzählen*
– *fühlt sich schwach und hilflos*	– *tröstet Krümel mit den Geschichten von Nangijala*
– *hat große Angst vor dem Tod*	– *stirbt, als er Krümel retten will*
– *zeigt dies nicht seiner Mutter*	– *verspricht ihm sterbend ein Wiedersehen in Nangijala*
– *sucht Hilfe bei Jonathan*	– *…*
– *glaubt an Nangijala*	
– *hofft auf ein Wiedersehen mit Jonathan*	
– *…*	

Die beiden Brüder lieben sich sehr. Jonathan tröstet, hilft und beschützt den kleinen Krümel.

Aufgabe 2
S. 102

Jonathan tröstet Krümel auf mehrfache Weise. Auf folgende Punkte sollten die Schüler eingehen:

- Jonathan erzählt Krümel, er müsse nicht „tot in der Erde liegen“ (Z. 28), wie dieser befürchtet. Er erklärt seinem kleineren Bruder, dass nur dessen Körper (Z. 31: „Schale“) beerdigt werde, Krümel selber aber nach dem Tod nach Nangijala fliege (Z. 31–34).
- Dann malt er Krümel das schöne Leben aus, das dieser in Nangijala führen werde. Für Krümel ist entscheidend, dass Jonathan ihm verspricht, die beiden Brüder werden sich in Nangijala wiedersehen.
- Weiter erklärt Jonathan, die Zeit in Nangijala verliefe anders als auf der Erde: „Selbst wenn [Jonathan] neunzig Jahre alt würde, käme [Krümel] das vor, als dauerte es nur zwei Tage, bis er da wäre.“ (Z. 65–67). Dies bringt die entscheidende Wendung. Krümel versucht, mit dem Weinen aufzuhören. Er hat wieder Hoffnung, weil er glaubt, die zwei Tage des Wartens in Nangijala aushalten zu können, bis er dort wieder mit seinem Bruder vereint sei (Z. 77–79).

Aufgabe 3
S. 102

Folgendes erzählt Jonathan über Nangijala:

- Es liegt „irgendwo hinter den Sternen“ (Z. 40).
- Die „Zeit der Lagerfeuer und Sagen“ herrscht dort (Z. 43–44).
- „Von dort, [...], stammten alle Märchen und Sagen“ (Z. 45–46).
- Man erlebt dort durchgehend „Abenteuer“ (Z. 47–49).
- Krümel wird Jonathan dort wiedersehen (Z. 59)
- Die Zeit verläuft dort anders als „auf Erden“. „[N]eunzig Jahre auf der Erde sind „nur etwa zwei Tage“ in Nangijala (Z. 64–68).
- Krümel kann dort alles das machen, was ihm gefällt und wonach er sich sehnt, z. B.: angeln, klettern und im Wald Lagerfeuer machen (Z. 70–74).

Aufgaben 4 und 5
S. 102

freie Aufgaben

***Das Kirschtal* (S. 102–104)**

In den Auszügen wird die Ankunft Krümels in Nangijala erzählt. Auf einmal, ohne dass er weiß, wie er dorthin gekommen ist, ist Krümel in Nangijala. Dort trifft er Jonathan wieder. Krümel ist wieder mit seinem Bruder zusammen. Die beiden leben in Nangijala auf einem Reiterhof und sie heißen dort „Die Brüder Löwenherz“. Krümels Leben in Nangijala ist genauso, wie es Jonathan vorher beschrieben hat. Er ist gesund, fühlt sich glücklich und kann alles das machen, was er sich immer schon gewünscht hat, z. B. schwimmen, laufen und reiten.

Aufgabe 1
S. 104

Der Leser wird im Unklaren gelassen, wie Krümel nach Nangijala gelangt ist. Er erfährt nur, dass Krümel „[g]anz plötzlich" (Z. 2) dort war. Diese Leerstelle können die Schüler mit ihrer Fantasie füllen. Dabei können sie folgende Möglichkeiten entwickeln:

- Krümel liegt todkrank im Bett und fantasiert sich nach Nangijala.
- Er ist in der realen Welt an seiner Krankheit gestorben.
- Krümel geht es körperlich gut und er hat einen Wunschtraum.
- ...

Aufgabe 2
S. 104

Die Schüler erzählen, was Krümel in Nangijala erlebt, nach. Dann suchen sie Textstellen heraus, die zeigen, wie Krümels neues Leben aussieht. Die Ergebnisse dieser Textarbeit können in folgendem Tafelbild festgehalten werden:

Tafelbild

Krümels neues Leben in Nangijala

Krümel ...

- *ist wieder mit Jonathan zusammen (Z. 14–19)*
- *kann schwimmen (Z. 29)*
- *ist gesund und fühlt sich in seinem Körper wohl (Z. 46–53)*
- *besitzt einen Reiterhof (Z. 72–74)*
- *heißt jetzt Löwenherz (Z. 74)*
- *besitzt ein eigenes Pferd (Z. 101) und kann reiten (Z. 105–108)*
- *...*

Krümels neues Leben ist das Gegenteil seines alten Lebens.
Das Leben in Nangijala ist so, wie Jonathan es vorher beschrieben hat.

Aufgabe 3
S. 104

Durch die Naturbeschreibungen werden die Glücksgefühle Krümels und die Schönheit des Lebens in Nangijala dem Leser atmosphärisch verdeutlicht. Die Natur Nangijalas entspricht der Harmonie und der Zufriedenheit, die Krümel erlebt. Das „Grün und Weiß" (Z. 64) des Grases und der Kirschblüten, der sich „wie ein Silberband" (Z. 65) windende Fluss, die zart rieselnden und „herabgeschneiten Kirschblüten"(Z. 66–67), die „schmale[n], grüne[n] Pfade voller weißer Kirschblüten" (Z. 70–71) sowie die den Hof umrahmende „Steinmauer [...] voller rosa Blumen" (Z. 80–81) verwandeln Nangijala in eine romantische Idylle.

Aufgaben 4 und 5
S. 104

freie Aufgaben

***Die Schlacht* (S. 104–106)**

In diesen Auszügen geht es um die entscheidende Schlacht zwischen dem Unterdrücker Tengil und den Freiheitskämpfern des Heckenrosentals. Der Leser erlebt die Schlacht aus der Perspektive Krümels, der sich in der Küche des Matthishofs versteckt hält und den Kampf von dort aus beobachtet. Erst sieht es so aus, als wenn Tengil den Kampf gewinnen würde, weil er mit Katla, einem drachenähnlichen Unwesen, eine unbesiegbare Waffe besitzt. Die Freiheitskämpfer können die Schlacht aber für sich entscheiden, weil es Jonathan gelingt, Tengil das Horn zu entreißen, mit dem er Katla dirigiert. Mithilfe des Horns lässt Jonathan Katla nun gegen Tengil und seine Männer kämpfen. Die Menschen aus dem Heckenrosental gewinnen die Schlacht. Tengil fällt ebenso wie viele andere. Unter den Toten ist aber auch Matthias, der für Krümel so etwas wie ein Großvater geworden ist.

Die Schlacht ist ein Spannungshöhepunkt des Buches. Ihre Darstellung ist geprägt von dem Pazifismus Astrid Lindgrens. Durch die Perspektive des ängstlichen Krümels kommt es zu keiner Heroisierung des Krieges. Der Kampf selbst ist unvermeidlich. Er bringt die erhoffte Freiheit. Der hohe Preis, den diese Freiheit kostet, wird dem Leser aber schmerzlich bewusst gemacht: „Ja, es war jetzt frei, ihr Tal. Doch die Toten lagen da und wussten es nicht" (Z. 88–89). Ebenfalls wird deutlich, dass bei einem solchen Kampf auch die Guten und Siegreichen Verluste hinnehmen müssen. Owar, der Anführer der Freiheitskämpfer, hofft, dass jetzt, da das Heckenrosental befreit ist, es bald wieder wie früher sein werde. Krümel, der um den gefallenen Matthias trauert, weiß aber, dass nach solch einem Krieg nichts mehr so sein kann wie früher: „So wie früher wird das Heckenrosental nie wieder sein. Nicht für mich. Nicht ohne Matthias" (Z. 95–97).
Die Schüler sollten auf jeden Fall den Moderationstext gründlich lesen. Sehr gerafft werden sie dort über die Hintergründe informiert, die zu der Schlacht führen. Sie könnten eine Figurenkonstellation zeichnen. Die Informationen über die einzelnen Figuren sollten darin stichwortartig festgehalten werden. Deutlich sollte auch werden, in welcher Beziehung die Figuren jeweils zueinander stehen.

Aufgabe 1 S. 106

Die Schüler werden darauf eingehen, dass der Leser die Schlacht aus der Sicht Krümels erlebt. Die eigentlichen Kampfhandlungen kann man nur indirekt über die Eindrücke Krümels erschließen. Sie werden nicht genau ausgemalt. Trotzdem ist die Szene spannend und packend, da der Leser die Ängste Krümels, seine Erleichterung über die Wendung des Kampfes und seine Trauer miterlebt. Abschließend könnte die Art, wie Astrid Lindgren über diesen Kampf berichtet, mit Darstellungen solcher Kämpfe verglichen werden, die die Schüler vor allem auch aus dem Fernsehen kennen. Die Schüler werden sicher erkennen, dass es dort oft nur um das Zeigen von unrealistischem Heldentum und Gewalt geht. Lindgren hingegen will dem Leser verdeutlichen, dass solche Kämpfe zwar gewagt werden müssen, aber für alle Beteiligten mit Angst, Tod, Verlusten und Trauer verbunden sind.

Aufgabe 2 S. 106

Owar ist vor allem die Vernichtung Tengils und die Befreiung des Heckenrosentals wichtig. Die Opfer, die dies gekostet hat, sieht er nicht. Er genießt den Sieg und für ihn zählt, dass der Freiheitskampf erfolgreich war. Krümel dagegen trauert um Matthias. Angesichts dieses Verlustes kann er sich nicht über den Sieg freuen, wenn dieser auch die Freiheit gebracht hat.

Aufgabe 3 S. 106

Die Schüler können hier arbeitsteilig in kleinen Gruppen vorgehen und ihre Ergebnisse den anderen mithilfe einer Zusammenfassung oder eines Schaubildes präsentieren. Inhaltlich können die Ergebnisse der einzelnen Gruppen wie folgt aussehen:

Die **Beschreibung der Schlacht** lässt sich in folgende Abschnitte **gliedern**:
- Beginn der Schlacht ohne Vorteile für eine Partei/Angst Krümels um Jonathan (Z. 21–42)
- Eintreffen von Tengil mit Katla/Hoffnungslosigkeit der Freiheitskämpfer/Krümel glaubt an das Ende für das Heckenrosental (Z. 43–59).
- Jonathan entreißt Tengil wagemutig die Lure (Z. 65–75).
- Katla wendet sich gegen Tengil./Tengil wird vernichtet (Z. 76–85).
- Ende der Schlacht/Schlussbetrachtung Krümels über die Freiheit und die Toten (Z. 86–97).

Eine **Beschreibung von Katla** umfasst folgende Merkmale:
Katla ...
- ist ein grausames und drachenähnliches Urwesen.
- lebt in einer Höhle in Karmanjaka und bekommt dort von Tengil Menschen als Futter.
- gehorcht dem, der die Kriegslure besitzt (Z. 53–56 und 71–82).

- kann nur durch „Aushungern" getötet werden, da es gegen sie „keine Waffen" gibt (Z. 12–16).
- speit Feuer, das giftig ist und „Lähmung und Tod" bringt (Z. 16–18).
- ...

In diesen Auszügen verwendet Astrid Lindgren verschiedene **Mittel, damit die Darstellung** des Kampfes **spannend wirkt**:

- Besondere Wirkung kommt dabei der **Erzählperspektive** zu. Der Leser bekommt nur das von dem Kampf mit, was **Krümel** in seinem Versteck hört und sieht. Dies sind nur einzelne Eindrücke. Er erfährt, dass Krümel „Angst" (Z. 36) hat oder nicht mehr hinsehen kann und will (Z. 60–61). Die Grausamkeiten, die Krümel dazu veranlassen, werden nicht konkret dargelegt. Trotzdem gewinnt der Leser durch Krümel vermittelt indirekt einen Eindruck von der Grausamkeit der Schlacht.
- Das Geschehen wird dem Leser über die **akustischen Eindrücke Krümels** vermittelt. Die Heftigkeit der Kampfhandlungen wird über die **„Schreie"** (z. B. Z. 29–30 und Z. 44) deutlich, die vom Schlachtfeld her noch bis zum Matthishof dringen. Auch die Gefährlichkeit Katlas wird durch ihre Schreie deutlich, die alle anderen übertreffen (Z. 49 u. 54). Die Wendepunkte des Schlachtverlaufs werden durch das **Ertönen der Kriegslure** markiert. Als das Ende der Freiheitskämpfer so gut wie sicher erscheint, ist „Tengils Kriegslure" (Z. 54) zu hören. Das Zeichen, dass sich das Blatt gewendet hat, besteht darin, dass Jonathan die Kriegslure bläst und diese „weithin" hallt (Z. 71–74). Und auch bevor Tengil endgültig vernichtet wird, stößt „Jonathan ins Horn" (Z. 80) und Katla schreit (Z. 81).
- **Krümel beobachtet** während des Kampfes **Jonathan**. So wird Jonathan für den Leser zum Hauptakteur der Schlacht. Zuerst ist Jonathan mitten im „Kampfgetümmel" (Z. 28). Krümel fürchtet um das Leben seines Bruders und wünscht sich, ebenfalls zu sterben, wenn Jonathan im Kampf fällt. Die Gefahr, in der Jonathan sich befindet, wird durch die „sausenden Schwerter, surrenden Speere[n], fliegenden Pfeile[n] und Schreie[n]" (Z. 28–30) verdeutlicht, die ihn umgeben. Später erblickt Krümel Jonathan mitten unter den Kämpfenden, „links und rechts" (Z. 39) von ihm stürzen die Gefallenen. Sein Bruder ist schon durch den Kampf angegriffen und geschwächt: „er wurde blasser und blasser und das Herz tat mir weh" (Z. 41–42). Dass die Schlacht an Jonathans Kräften zerrt, wird durch die Wiederholung des Naturbildes deutlich, dass der „Sturm" an den Haaren Jonathans zerrt (Z. 26–27, 40–41 u. 64). Nachdem Jonathan die Kriegslure erobert hat, zerrt der Sturm nicht mehr an ihm. Die Schlacht ist gewonnen. Es wird still und der Sturm flaut ab (Z. 76). Besonders spannend ist die Szene, als Jonathan auf Tengil zureitet, um ihm die Lure zu entreißen. Wie Krümel weiß auch der Leser nicht, warum Jonathan auf Tengil zustürzt. Als die Kriegslure ertönt (Z. 71), muss der Leser annehmen, dass Tengil Katla auf Jonathan hetzt und sein Schicksal damit besiegelt ist. Diese Spannung wird erst durch den Bericht Krümels aufgelöst, dass Jonathan die Lure in seinen Besitz gebracht hat.

Aufgabe 4
S. 107

Die Schüler beschreiben die einzelnen Abbildungen, ordnen sie dem Romangeschehen zu und deuten sie.

Zu den Abbildungen auf S. 102 u. 103:

- Die Harmonie, Schönheit und Romantik des Kirschtals werden durch die geschwungenen Formen (Brücke, Steinmauer) und die im impressionistischen Stil gehaltene Natur, insbesondere der Kirschbäume, wiedergegeben.

Zu der Abbildung auf S. 104:

– Der Gegensatz zwischen Tengil und seinen Männern und den Menschen des Heckenrosentals wird durch den Schwarz-Weiß-Kontrast dargestellt. Tengil und seine Männer bilden einen schwarzen Block. Ihre Bedrohlichkeit wird auch durch ihre Waffen, Helme und Uniformen deutlich. Die Männer Tengils besitzen keine individuellen Züge. Die Menschen des Heckenrosentals sind in Weiß wiedergegeben. Ihre Schwäche und ihre Not wird dadurch verdeutlicht, dass im Vordergrund Arme, Kranke, Frauen und Kinder deutlich zu erkennen sind.

Zu der Abbildung auf S. 106:

– Auch hier wird der Gegensatz der kämpfenden Parteien durch die Gegenüberstellung von Schwarz und Weiß dargestellt. Die Hauptfiguren Tengil und Jonathan werden herausgehoben, was ihrer Bedeutung bei der Schlacht entspricht. Die Bedrohlichkeit Katlas wird durch ihre Größe, ihre Stellung in der oberen Bildhälfte und ihre Dominanz wiedergegeben. Die großen Augen, der aufgerissene Schlund, der heiße Atem aus der Nase sowie ihr drachenähnliches Aussehen verleihen ihr etwas Dämonisch-Boshaftes.

***Katlas letzter Kampf* (S. 107–108)**

Diese Szene bildet den Übergang zwischen dem Kapitel über die Schlacht gegen Tengil und dem letzten Kapitel. Sie ist für das Verständnis des Schlusses wichtig, da hier erzählt wird, wie Jonathan durch Katla tödlich verletzt wird. Nach der Schlacht übernehmen Krümel und Jonathan die Aufgabe, Katla in ihre Höhle nach Karmanjaka zurückzubringen, wo sie verhungern soll. Kurz vor dem Karmafall unterhalb der Burg Tengils verliert Jonathan die Lure und damit die Macht über Katla. In wildem Galopp fliehen die Brüder den gewundenen Pfad hinauf zu Tengils Burg. Katla verfolgt sie erbarmungslos. Kurz vor einem Findling brechen die Pferde der beiden zusammen. Sie verstecken sich hinter dem Findling vor Katlas giftigem Feueratem. Jonathan gelingt es, den Findling auf die sich unterhalb ihres Verstecks befindliche Katla stürzen zu lassen. Der Findling tötet Katla zwar nicht, aber er trifft sie so, dass sie in die Tiefen des Karmafalls stürzt. Eilig verlassen die Brüder darauf Karmanjaka.

Aufgabe 1 S. 108

Die Spannung wird bis Zeile 89 gesteigert und erst mit der Feststellung, dass Katla in den Karmafall stürzt, gelöst. Die Schüler gliedern die Romanauszüge in Partnerarbeit und bestimmen die Spannungshöhepunkte des Geschehens. Die Verfolgungsjagd und der Kampf lassen sich wie im folgenden Tafelbild gliedern:

Tafelbild

Katlas letzter Kampf – der Verlauf des Kampfes

Z. 1–12: Ankunft am Karmafall. Katla wird wild und verletzt Grim.
Z. 13–23: Jonathan stürzt fast vom Pferd. Er verliert die Lure und damit die Macht über Katla.
Z. 24–64: Die Brüder fliehen vor Katla den „Weg hinauf zu Tengils Burg". Krümel verliert alle Hoffnung auf Rettung.
Z. 65–82: Die Brüder verstecken sich hinter dem Findling und nehmen Abschied voneinander. Katla nähert sich siegesgewiss.
Z. 83–89: Jonathan kann Katla mit dem Findling treffen. Sie stürzt in die Tiefen des Karmafalls.
Z. 90–98: Die Brüder verlassen Karmanjaka eilig.

Aufgabe 2 S. 108

Die Schüler suchen einzelne Textstellen heraus, die spannend wirken, und begründen ihre Wahl. Der Ausschnitt (Z. 7–40) gewinnt seine Spannung durch die Weise, wie das Aussehen und Handeln Katlas beschrieben und die Flucht der beiden Brüder geschildert wird.

- Die **Grausamkeit Katlas** wird durch die Beschreibung ihres Aussehen und ihres Handelns verdeutlicht: Sie hat „grausame Augen“ (Z. 20), brüllt auf (Z. 22) und sprüht „Feuer aus ihren Nüstern“ (Z. 23–24). „[I]hre unerbittliche Grausamkeit“ (Z. 38), Siegesgewissheit und Gefährlichkeit wird lautmalerisch durch ihr „Dump, Dump, Dump“ (Z. 36), das sich immer „hastiger“ (Z. 36) den Brüdern nähert, verdeutlicht.
- Die **Angst der Brüder** und **die Situation des Gehetztwerdens** werden durch verschiedene Mittel verdeutlicht, insbesondere durch die Wiederholungen: „Wie wir ritten [...]! Wie wir ritten, wie wir ritten!“ (Z. 24–25), „jagten [...] dahin, schneller und immer schneller, bis zum Äußersten“ (Z. 32–33) und „lange, lange ritten wir so“ (Z. 39). Die Ausrufezeichen und die Interjektion „Oh“ (Z. 24) spiegeln die Aufgeregtheit Krümels wieder. Die Hetze wird auch durch den elliptischen Satzbau: „Über die Brücke und den Weg hinauf zu Tengils Burg mit der fauchenden Katla hinter uns“ (Z. 25–27) und die Annäherung an die erlebte Rede: „Der arme Grim, der arme Fjalar, Katla [...]“ (Z. 28) eingefangen. Die Kommentare Krümels stellen die Überlegenheit Katlas und die Vergeblichkeit aller Anstrengungen der Brüder heraus: „Ich wusste, sie würde schließlich gewinnen.“ (Z. 37) und „ich hatte keine Hoffnung mehr auf Rettung“ (Z. 39–40). Mit Krümel zittert der Leser so dem Moment entgegen, in dem Katla die beiden Brüder endgültig eingeholt hat.

***Nangilima* (S. 109–111)**

Der Schluss des Romans besitzt viele Parallelen zum Anfang. Allerdings tauschen Krümel und Jonathan am Ende die Rollen, indem Krümel die aktive Rolle übernimmt. Jonathan tröstet Krümel, der über den Tod von Matthias traurig ist, indem er ihm von Nangilima erzählt. Dort, in einem paradiesischen Land voller Frieden, sei Matthias jetzt. Weiter vertraut Jonathan Krümel an, dass Katla ihn mit ihrem Giftatem verletzt habe und er jetzt für immer gelähmt bleiben müsse. Deshalb möchte er auch nach Nangilima, wo er von seinen Qualen erlöst werde. Krümel wird klar, dass nur er seinem gelähmten Bruder helfen kann. Nach längeren inneren Kämpfen nimmt er ihn auf den Rücken und stürzt sich mit ihm einen Abgrund hinunter hinein in das Licht von Nangilima.

Aufgabe 1
S. 111

Die Schüler entwickeln im freien Unterrichtsgespräch Deutungen des Schlusses. Dabei sollten folgende Aspekte angesprochen werden:

- die **Parallelen zum Romananfang** und die **Umkehrung der Rollen** (Jonathan ist der Hilfsbedürftige; Krümel rettet hier seinen Bruder, wie dieser ihn bei dem Hausbrand gerettet hat; der Tod besitzt auch hier keine Endgültigkeit, sondern es besteht die Hoffnung eines jenseitigen Weiterlebens ...)
- die Frage, **wofür Nangilima steht** (Nangilima kann verstanden werden als ein Wechsel von einer Welt in die nächste, der nach dem Tod bevorsteht/Es kann auch für die Annahme des Todes durch den todkranken Krümel in der Realität stehen. Dann wären die Geschichten von Nangijala und Nangilima Projektionen des zu Hause sterbenden Krümel, in denen sich seine Todesangst und ihre Überwindung spiegeln/...)
- die **Entwicklung Krümels** (Krümel macht die Erfahrung, dass es Dinge gibt, die getan werden müssen, wenn man seine Würde behalten möchte. Durch die Hoffnung auf Nangilima und die Bruderliebe gelingt es ihm, seine Angst zu überwinden und zu sich selbst zu finden/...)

Aufgabe 2
S. 111

Die Schüler suchen entsprechende Textstellen heraus und erläutern sie. Folgendes Tafelbild könnte die Ergebnisse sichern:

Tafelbild

Nangilima

In Nangilima …

- *herrscht nicht wie in Nangijala die „grausame Sagenzeit" (Z. 17).*
- *gibt es keine „Abenteuer", die es nicht geben dürfte (Z. 15), z.B. der Kampf gegen Tengil, der Tod von Matthias oder die Lähmung.*
- *…*

In Nangilima ist das Leben noch paradiesischer als in Nangijala.
Dort werden Jonathan und Krümel erlöst von allem, was sie in Nangijala bedrückt.

Aufgabe 3
S. 111

Die Schüler gliedern die Buchauszüge in Partnerarbeit und beschreiben Krümels innere Situation in den jeweiligen Abschnitten. Bei schwächeren Lerngruppen kann das Arbeitsblatt 2 eingesetzt werden. Folgendes Ergebnis kann dabei entstehen:

Der Sprung nach Nangilima – Wie geht Krümel mit seiner Angst um?

Z. 1–6	Krümel ist sehr traurig über den Tod von Matthias.
Z. 7–25	Jonathan erzählt von Nangilima. Krümel fühlt sich nicht richtig getröstet, weil Nangilima so weit entfernt ist.
Z. 26–34	Krümel bekommt Angst, weil er ahnt, dass Jonathan ihm etwas Furchtbares anvertrauen wird.
Z. 35–66	Krümel ist verzweifelt, weil er befürchtet, dass Jonathan ihn noch einmal verlassen wird.
Z. 67–110	Er ist erleichtert, weil er mit Jonathan zusammen nach Nangilima gehen kann.
Z. 111–140	Vor dem Sprung in die Tiefe hat Krümel große Angst und er zweifelt, ob er ihn wagen wird. Er ist aber am Ende entschlossen zu springen.
Z. 141–148	Krümel hat Angst, im Hellen zu springen. Er wartet mit Jonathan auf die Nacht. Die Nähe des Bruders nimmt ihm die Angst.
Z. 149–164	Trotz großer Angst überwindet sich Krümel, weil er seinen Bruder nicht im Stich lassen kann. Er springt mit Jonathan auf dem Rücken in den Abgrund.
Z. 165–166	Noch im Fallen sieht Krümel das Licht von Nangilima. Das Licht nimmt ihm alle Angst.

Aufgabe 4
S. 111

Dieser Leitspruch Krümels und Jonathans enthält die ethische Botschaft des Romans. Krümel weiß, dass er seine Angst überwinden muss, da er seinen Bruder nicht im Stich lassen darf, wie dieser ihn auch nie im Stich gelassen hat. Er ist es seinem Bruder wie auch sich selbst schuldig, seine Angst zu überwinden. Wenn er den Sprung nicht wagt, wird er jede Selbstachtung verlieren. Er wäre kein Mensch mehr, sondern nur ein aus Angst, Schwäche und Mutlosigkeit bestehendes „Häuflein Dreck" (Z. 135). Die Hoffnung auf das Leben in Nangilima und die Liebe seines Bruders helfen ihm am Ende, diese Einsicht, die er beim Blick in den Abgrund gewonnen hat (Z. 121–137), in die Tat umzusetzen. Am Ende siegt nicht die Angst, sondern Krümels Wille, kein „Häuflein Dreck" zu werden.

Aufgaben 5 und 6
S. 111

freie Aufgaben

Aufgabe 7
S. 111

Diese Aufgabe kann auch als Leistungsüberprüfung gestellt werden. Dann müsste aber der Aufbau einer Buchvorstellung anhand der Werkzeugkiste auf S. 111 erarbeitet werden. Verschiedene Buchvorstellungen sollten im Unterricht erfolgt und besprochen worden sein. Anregungen dazu finden sich auf S. 114, Aufgabe 6.

Die Brüder Löwenherz – Eine Verfilmung untersuchen (S. 112–114)

Das Buch wurde drei Jahre nach seinem Erscheinen 1976/77 von dem Regisseur Ole Hellbom verfilmt. Die Verfilmung orientiert sich bis auf den Schluss eng an der literarischen Vorlage und den Illustrationen des Buches. Bei Hellbom bildet die reale Welt den Rahmen um das Märchen von Nangijala. Krümel träumt sich hier vom Krankenbett nach Nangijala hinüber. Nach dem Sprung nach Nangilima wird der Zuschauer auf einen Friedhof in der realen Welt geführt. Als letztes Bild sieht er die zwei Grabsteine der Brüder. Hellbom versteht den Märchentraum Krümels als Projektion seiner Ängste vor dem Tod. Das Ende des Märchens von Nangijala verweist im Film darauf, dass Krümel seine Ängste überwunden hat und in der Hoffnung auf einen Neuanfang im Jenseits den Tod angenommen hat.
Die Schüler werden in die elementaren Grundbegriffe der Filmsprache eingeführt. An einzelnen Szenenbildern wenden sie sie an und üben, die Wirkung filmsprachlicher Mittel zu deuten. Danach erhalten sie einige Arbeitsvorschläge (Aufgabe 4–5, S. 114), falls mit der ganzen Verfilmung im Unterricht gearbeitet werden sollte.

Aufgaben 1 bis 3
S. 113

Die Schüler ordnen die Szenenbilder den entsprechenden Romanszenen zu und tauschen sich über ihre ersten Eindrücke in Bezug auf die Verfilmung aus. Danach sammeln sie Kriterien für die Analyse der Szenenbilder (Gestik, Mimik, Requisiten, Licht, Bildaufbau, Kameraeinstellung und -perspektive, ...). Im nächsten Schritt lesen sie die Werkzeugkiste auf S. 113. Zu einzelnen Fachbegriffen sollten dann entsprechende Beispiele mithilfe der Szenenfotos gesucht werden. Nach dieser Vorbereitung untersuchen die Schüler dann in kleinen Gruppen die Szenenfotos genauer. Folgende Ergebnisse sind bei dieser Gruppenarbeit in sprachlich reduzierter Form denkbar:

Jonathan und Krümel am Fluss

- Das Szenenbild zeigt die Brüder kurz nach ihrem Wiedersehen im Kirschtal beim Angeln. Es herrscht eine friedvolle Atmosphäre. Die Kameraeinstellung ist die Totale, damit der Zuschauer die romantisch-idyllische Natur sehen kann. Die Nacktheit der Figuren verweist auf einen paradiesischen Unschuld- und Naturzustand, in dem die beiden jetzt leben. Dies wird unterstrichen durch das strahlende Weiß der Blüten. Insgesamt ist das Bild stark ausgeleuchtet. An einigen Stellen ist es überbelichtet. Dies gibt der Szene etwas Traumhaftes.

Krümel und Jonathan umarmen sich

- Dies ist die Wiedersehensszene in Nangijala. Krümel trägt noch seinen Schlafanzug. Wieder ist der Hintergrund durch den Einsatz von Weichzeichner und Überbelichtung geprägt. Damit wird das Traum- und Märchenhafte der Szene betont. Die unscharfen Konturen der Blüten und die Pastelltöne schaffen eine idyllische und harmonische Atmosphäre. Die Kameraeinstellung ist nah. Das fröhliche Lachen Krümels ist gut zu erkennen. Die Glücksgefühle der Figuren werden so dem Zuschauer vermittelt.

Tengil im Heckenrosental

- Der Gegensatz zwischen Tengil und den beiden Brüdern spiegelt sich auf mehreren Ebenen wider. Die Szenen, in denen Tengil auftaucht sind, sind durch klare Kontraste und harte Linien charakterisiert. Tengil steht im Bildzentrum. Alles konzentriert sich auf ihn. Die Farben geben der Szene – der Situation des Volkes im Heckenrosental entsprechend – etwas Tristes. Die Requisiten wie schwarze Umhänge, Helme und Lanzen verdeutlichen die Bedrohlichkeit Tengils und seiner Männer. Die Kameraeinstellung ist weit. Trotzdem werden nicht alle Menschen des Heckenrosentals gezeigt. Man vermutet noch viel mehr Menschen auf dem Platz, die Tengil zuhören. Der Zuschauer blickt mitten aus dem Volk auf Tengil und wird so in die Situation der Menschen dort hineinversetzt. Die Kamera hat eine leichte Froschperspektive. Tengil und seine Männer im Hintergrund werden gegenüber den Menschen im Vordergrund erhöht. Dies unterstreicht ihre Macht.

Tengil

- Auch in diesem Szenenbild dominieren wieder starke Kontraste, harte Linien und klare Farben. Diese lassen Tengil hart und gefährlich wirken. Die Kameraeinstellung ist groß und zeigt so die Entschlossenheit und Härte des Gesichtsausdrucks. Die Mimik mit den heruntergezogenen und zusammengekniffenen Lippen und den starr blickenden Augen unterstreicht die Kälte und Härte Tengils. Auch der Helm und die schwarze Kleidung geben ihm etwas Gefährliches. Dies Bedrohliche wird durch die Froschperspektive gesteigert. Der Zuschauer hat den Eindruck, als wenn er unterhalb von Tengil steht und zu ihm hochschauen muss.

Jonathan und Krümel auf dem Reiterhof

- Hier wird wieder der Kontrast zwischen Tengils Sphäre und dem Kirschtal deutlich. Die Linien der Gebäude, Wege und Natur sind geschwungen. Die Farben sind eher pastellweich. Das Rot der untergehenden Sonne lässt die Szene idyllisch-romantisch wirken. Im Mittelpunkt des Bildes sitzen die beiden Brüder nah beieinander. Zwischen Tengil und den anderen Figuren besteht immer Distanz. Die Kameraeinstellung ist weit und das Geschehen wird aus der Vogelperspektive gezeigt. So gelingt es, das ganze Idyll des Reiterhofs einzufangen.

Aufgaben 4 bis 6 S. 114 freie Aufgaben

Astrid Lindgren mischt sich ein (S. 115–118)

Astrid Lindgren hat immer wieder zu politischen und gesellschaftlichen Fragen öffentlich Stellung bezogen. Mit ihrem Pomperipossa-Märchen kritisierte sie 1976 die Steuerpolitik der regierenden Sozialdemokraten. In einer Artikelserie setzte sie sich zwischen 1985 und 1988 für die Verbesserung des Tierschutzes ein. 1978 forderte sie in ihrer Friedenspreisrede eine gewaltfreie Erziehung. An Michail Gorbatschow richtete sie 1987 in Form eines persönlichen Briefes einen Friedensappell. In diesem Kapitel beschäftigen sich die Schüler mit einem Artikel, in dem Lindgren die Massentierhaltung anprangert, und mit Auszügen aus der Friedenspreisrede. Dabei werden die Methoden des Umgangs mit Sachtexten wiederholt und geübt.
Die Schüler lesen einführend den Moderationstext, beschreiben die Fotos auf S. 115 und sammeln, was sie über die Massenhaltung von Tieren wissen. Dabei sollten sie die kämpferische Geste Lindgrens auf dem oberen Foto auf die unten gezeigten Missstände in der Massentierhaltung beziehen.

Der Kuhtrainer (S. 116)
Die Schüler assoziieren vorab zur Überschrift. Sie werden an eine Art Dressur denken, bei der jemand Kühen Kunststücke beibringt. Auf dieser Folie lesen sie den Text bis Z. 21 unter der Fragestellung, was ein Kuhtrainer ist. Danach beschreiben sie anhand des Textes seine Wirkung auf die Kühe und seine Funktion bei der Haltung der Tiere. Die euphemistische Wirkung des Begriffs kann herausgearbeitet werden, indem die Schüler neue Benennungen für das Gerät vorschlagen und diese begründen. In diesem Zusammenhang bietet es sich an, den Begriff „Beschönigung“ einzuführen.

Im nächsten Schritt beschreiben die Schüler, wie man mit einem solchen Sachtext methodisch arbeitet. Je nach Stand der methodischen Kenntnisse kann dabei die Werkzeugkiste auf S. 94 eingesetzt werden. Danach lesen die Schüler den Text und bearbeiten ihn. Dann erfolgt die genaue inhaltliche Auseinandersetzung mithilfe der Arbeitsanregungen in Aufgabe 1, S. 116. Mithilfe des Arbeitsblatts 3 kann die Thematik anschließend vertieft behandelt werden. Das Arbeitsblatt kann auch zur Leistungsüberprüfung benutzt werden.

Aufgabe 1
S. 116

Die Arbeit zu den ersten beiden Arbeitsanregungen kann auch gruppenteilig erfolgen. Für die sprachliche Analyse bietet sich das Klassengespräch an. Die Schüler suchen Textstellen heraus, in denen Missstände in der Massentierhaltung von Kühen deutlich werden, und halten sie in einer Auflistung fest. Das Ergebnis dieser Textarbeit kann in folgendem Tafelbild festgehalten werden:

Tafelbild

Astrid Lindgren: „Der Kuhtrainer" –
Missstände bei der Massenhaltung von Kühen

Die Kühe ...

- *werden mit dem Kuhtrainer gequält (Z. 1–19)*
- *dürfen nicht auf die „Sommerwiese" (Z. 33)*
- *kommen nie ins Freie (Z. 35–37 u. 51)*
- *werden angekettet (Z. 42–43)*
- *leben zusammengepfercht in engen Stallboxen (Z. 35–37)*
- *werden krank von dieser Haltung (Z. 44–46)*
- *...*

Die Kühe werden nicht artgerecht gehalten und gequält!

Die Schüler arbeiten Lindgrens Forderungen heraus und belegen sie mit entsprechenden Textstellen. Das Ergebnis dieser Arbeit kann ebenfalls in einem Tafelbild gesichert werden:

Tafelbild

Astrid Lindgren: „Der Kuhtrainer" – Forderungen von Astrid Lindgren

- *Der Kuhtrainer darf nicht eingesetzt werden (Z. 1–21).*
- *Die Kühe sollen im Sommer auf die Wiese (Z. 33).*
- *Sie sollen ihre engen Stallboxen verlassen dürfen (Z. 35–37).*
- *Das Anketten sollte nicht erlaubt sein (Z. 42–43).*
- *Man sollte die Kühe im Freien grasen lassen (Z. 49–51).*
- *Die Menschen sollten die Bedürfnisse der Kühe respektieren (Z. 52–61).*
- *...*

Die Menschen dürfen nicht alles tun, nur damit die Kühe mehr Milch geben (Z. 37–39)!

Astrid Lindgren verwendet eine Vielzahl sprachlicher Mittel und Strategien, um den Leser auf ihre Seite zu ziehen. Bevor die Schüler einzelne Textstellen und Beispiele dafür nennen, kann die Zusammenfassung auf S. 99 gelesen und der Text dahingehend bewertet werden, ob es sich um einen informierenden oder appellierenden Sachtext handelt. Folgende Beispiele für die Meinung des Lesers beeinflussende Formulierungen können die Schüler anführen:

- Die Kühe werden vermenschlicht, um ihr Leiden eindrücklicher darzustellen (Z. 1–3).
- Der Leser wird in die Lage der Kühe versetzt. Die Frage nach den Folgen des Kuhtrainers bleibt rhetorisch (Z. 6–11).
- Die Erfindung wird hyperbolisch bewertet: „nichts Grausames und Dummes gibt" (Z. 29–30).
- Das Bild der Kuh als „große Amme der Menschheit" (Z. 40–41) verweist darauf, dass die Menschheit den Kühen Dank schuldet. Ohne die Kühe hätte sie sich nicht so entwickeln können. Deshalb müssten ihre Bedürfnisse stärker berücksichtigt werden.
- Das folgende Bild der Kühe als „Kettensträfling[e] auf Lebenszeit" (Z. 42–43) drückt aus, wie sehr die Kühe in der Haltung gequält werden.
- Der Euphemismus „gewisse Unannehmlichkeiten" (Z. 44) hebt besonders hervor, wie selbstverständlich die Krankheiten und die Leiden der Kühe in Kauf genommen werden.
- Auffällig ist die Formulierung, es sei „ein bisschen überschlau ausgetüftelt" (Z. 50), die Kühe nicht im Freien grasen zu lassen. Sie macht dem Leser bewusst, dass das Denken, das die Kühe auf ihren Nutzwert reduziert, zwar eine Logik besitzt, es aber absurd, unvernünftig und inhuman bleibt.
- Im Schlussabsatz wird die gegenseitige Abhängigkeit von Natur („Wiesen"), Tier („Kühe und Weidetiere") und Mensch mithilfe des hypotaktischen Satzbaus, der Wiederholung des Wortes „brauchen" und der Verwendung der Konjunktionen „und" und „um" verdeutlicht. Zudem wechseln die Wörter „Kühe" und „Wiese" in den ersten Sätzen die Subjekt- und Objektposition im Satz. Im Sinne einer Steigerung wird der Mensch zuletzt in dieser Kette der gegenseitigen Abhängigkeit erwähnt. Dies geschieht aber nicht neutral, sondern das Personalpronomen „wir" (Z. 59) bezieht den Leser mit ein.
- ...

Niemals Gewalt (S. 117–118)

Astrid Lindgren setzt sich in ihrer 1978 gehaltenen Friedenspreisrede für eine gewaltfreie Erziehung ein. Sie lehnt einen in früheren Zeiten praktizierten und in ihrer Gegenwart wieder geforderten autoritär-strengen Erziehungsstil, der auch körperliche Züchtigung einschließt, ab. Sie vertritt die Hoffnung, dass Kinder, die ohne Gewalt aufwachsen, es schaffen werden, die Welt friedensfähiger zu machen. Insofern könnte die Erziehung ohne Gewalt für Astrid Lindgren „mit der Zeit ein winziger Beitrag sein zum Frieden in der Welt" (Z. 93–94).
Aufgrund der komplexen Struktur und Argumentation ist der Text vor allem für stärkere Lerngruppen geeignet.

Aufgabe 1 S. 118 freie Aufgabe

Aufgabe 2 S. 118 Die Schüler lesen erst einmal die ersten zwei Abschnitte der Rede (Z. 1–19) unter der Fragestellung, was Lindgren dort über den Frieden sagt. Diese Aussagen werden dann im Unterrichtsgespräch gesammelt. Das Ergebnis dieser Textarbeit kann in folgendem Tafelbild festgehalten werden:

Tafelbild

Astrid Lindgren: „Niemals Gewalt" – Über den Frieden

- *Frieden gibt es „nicht" (Z. 2–3).*
- *Er ist ein unerreichbares „Ziel" der Menschen (Z. 5–6).*
- *Der uns „vergönnte" Friede ist zerbrechlich und ständig bedroht (Z. 8–9).*
- ***aber**: Alle Menschen wollen Frieden! (Z. 12)*

Frieden kann es geben, wenn die Menschen …

- *sich „ändern" (Z. 12–13).*
- *„lernen, auf Gewalt zu verzichten" (Z. 14).*
- *eine „ganz neue Art Mensch" werden (Z. 14–16).*

***Frage:** „Wie aber sollte das geschehen und wo sollte man anfangen?" (Z. 16–17)*
Antwort Astrid Lindgrens:
Man muss „bei den Kindern beginnen!" (Z. 18–19)

An diese Erarbeitung anschließend entwickeln die Schüler Begründungen dafür, warum man bei den Kindern anfangen sollte, und eigene Vorstellungen, welche Wege man hier einschlagen könnte. Danach lesen sie den Rest der Rede. Möglich ist auch ein sukzessives Vorgehen, indem die Schüler die Rede entsprechend den Arbeitsaufträgen abschnittweise erarbeiten. Dann müssen die Arbeitsaufträge aber in der Reihenfolge 3, 5, 6 und 4 besprochen werden.

Aufgabe 3 S. 118 Diese Aufgabe bezieht sich auf den Abschnitt Z. 20–46. Die Schüler legen eine Tabelle an, in der sie das gegenüberstellen, was Lindgren über die Erziehung heute und früher sagt. Mit folgendem Tafelbild kann diese Textarbeit und das daran anschließende Unterrichtsgespräch gesichert werden:

Tafelbild

Astrid Lindgren: „Niemals Gewalt"

Erziehung früher:	*Erziehung heute:*
– *Der Wille der Kinder wurde „mit physischer und psychischer Gewalt gebrochen" (Z. 21–24).* – *Kinder wurden von denen geschlagen, die sie liebten, z.B. ihren Eltern (Z. 24–26).* – *Die „Gewalt" als Methode der Erziehung wurde von einer Generation zur nächsten weitergegeben (Z. 24–28).*	– *Eltern betrachten „ihre Kinder als ihresgleichen" (Z. 32–34).* – *Sie räumen ihren Kindern das Recht ein, „ihre Persönlichkeit in einer Familiendemokratie ohne Unterdrückung und Gewalt zu entwickeln" (Z. 35–37).*

***Problem**: Viele Erwachsene fordern die Rückkehr zur früheren Erziehung (Z. 37–46).*

Aufgaben 4 und 6 S. 118 Astrid Lindgren argumentiert im Schlussteil ihrer Rede (Z. 73–94), dass Kinder Erfahrungen wie Krieg, Gewalt und Grausamkeit nicht verborgen bleiben. Wenn Kinder dann auch noch mit Gewalt erzogen werden, glauben sie, dass Gewalt ein „natürlicher Zustand" (Z. 87) sei, und können sich keine Alternative dazu vorstellen. Kinder, die „daheim" (Z. 88) ohne Gewalt erzogen werden, lernen durch das „Beispiel" (Z. 89) der Erwachsenen, „dass es eine andere Art zu leben gibt[.]" (Z. 89–90). Aufgrund dieser Erfahrung werden sie friedensfähiger. Deshalb könnte die gewaltlose, nicht-autoritäre Erziehung für Astrid Lindgren „trotz allem mit der Zeit ein winziger Beitrag sein zum Frieden in der Welt" (Z. 93–94).

Die Schüler suchen entsprechende Textstellen heraus und erläutern sie. Die Argumentation Lindgrens kann mithilfe des folgenden Tafelbilds entwickelt und festgehalten werden:

Tafelbild

Warum ist die Erziehung so wichtig für den Erhalt des Friedens?

Kinder, die mit Gewalt erzogen werden, …	*Kinder, die ohne Gewalt erzogen werden, …*
– *denken, „Gewalt sei ein natürlicher Zustand“ (Z. 87).* – *entwickeln keine Vorstellung von einem gewaltlosen Zusammenleben.* – *…*	– *lernen von den Erwachsenen „daheim“, dass es möglich ist, gewaltlos in einer Gemeinschaft zu leben (Z. 88–90).* – *entwickeln so eine Vorstellung vom friedfertigen Zusammenleben aller Menschen miteinander.*

Die gewaltfreie Erziehung könnte so „ein winziger Beitrag sein zum Frieden in der Welt“ (Z. 93–94)!

Aufgabe 6
S. 118

Gegen die Forderung, wieder „zu dem alten autoritären System“ (Z. 39–40 u. Z. 46–48) in der Erziehung zurückzukehren, erzählt Astrid Lindgren die Geschichte von der Frau, die von ihrem Sohn lernt, dass sie ihn nicht schlagen sollte (Z. 49–72). Die Geschichte wird zuerst textimmanent besprochen und gedeutet. Danach klären die Schüler, welche Funktion die Geschichte im Zusammenhang der Friedenspreisrede besitzt. Das Unterrichtsgespräch sollte folgende Ergebnisse erbringen:

- Die Mutter glaubt, dass es richtig sei, ihr Kind zu schlagen, weil sie diesen Erziehungsgrundsatz unhinterfragt von anderen, z. B. ihren Eltern oder anderen Müttern, übernimmt (Z. 49–52). Sie traut sich nicht, sich auf ihr eigenes Gefühl zu verlassen. Denn „[i]m Grunde ihres Herzens“ (Z. 52) glaubt sie nicht daran, dass sie ihren Sohn schlagen sollte. Aber sie hält an der Bestrafung durch Schläge fest, weil sie bei der Erziehung ihres Sohnes im Sinne der damaligen Ansichten (Z. 50–51) nichts falsch machen will.
- Der Junge akzeptiert die Bestrafung ebenfalls unhinterfragt. Ihm geht es darum, der Mutter einen Gegenstand zu bringen, mit dem sie ihr Ziel, ihm wehzutun, möglichst gut erreichen kann. Da er keinen Stock findet, bringt er ihr einen Stein, der seinen Zweck genauso gut, wenn nicht noch besser, erfüllt. Das Recht der Mutter, ihn zu schlagen, stellt er nicht infrage. Das Verhalten des Jungen zeigt, wie sehr er sich schon an die Gewalt gewöhnt hat und wie sehr er sie für normal hält, weil er keine Alternativen zu ihr kennt.
- Die Mutter erkennt, dass ihr Verhalten falsch ist. Der Stein zeigt ihr, wie brutal sie bisher gehandelt hat. Auch die Erwartung des Jungen, dass sie ihm „wirklich wehtun“ (Z. 65) will, schockiert die Mutter. Sie wollte ihm an sich nur den richtigen Weg zeigen; die Schmerzen des Jungen hat sie bis dahin billigend in Kauf genommen. Dass sie wirklich Gewalt ausgeübt hat, hat sie vorher nicht gesehen. Jetzt, da ihr dies bewusst ist, gibt sie ihrem an sich richtigen Gefühl nach und reagiert mit Liebe auf den Jungen. Den Stein behält sie zur Mahnung, nie wieder Gewalt gegen ihr Kind zu gebrauchen.
- Astrid Lindgren möchte beim Zuhörer folgende Wirkungen erzielen: Er soll am Beispiel des Jungen einsehen, dass eine Erziehung mit Gewalt bei den Kindern nur bewirkt, dass sie Gewalt für etwas Selbstverständliches halten, zu dem es keine Alternative gibt. Das Beispiel der Mutter soll verdeutlichen, dass der Ruf „nach härterer Zucht“ (Z. 46–47) immer dem entgegensteht, was die natürliche Elternliebe den Erwachsenen vorgibt. Astrid Lindgren fordert hier dazu auf, sich bei der Erziehung der Kinder von diesen natürlichen Intuitionen leiten zu lassen.

Überarbeitung eines Schülertextes

Das Leben Astrid Lindgrens Astrid Lindgren kommt aus Norwegen. Sie wurde dort in der smaländischen Großstadt Vimmerby geboren. Sie wuchs auf einem Bauernhof auf. Sie hatte eine glückliche Kindheit. Nach der Schule ging Astrid Lindgren nach ~~Oslo~~ Stockholm und wurde Sekretärin. Sie heiratete und bekam zwei Kinder. Eine besondere Geschichte ist, wie Astrid Lindgren Pippi Langstrumpf erfunden hat. Sie schenkte das Manuskript ihrer Tochter und schickte es gleich zeitig an einen Verlag. Der Verlag schickte es ihr zurück. Trotz dem wurde Pippi ein großer Erfolg. Besonders interessant finde ich, dass Astrid Lindgren nur geschrieben hat, um ihre Leser zu unterhalten. Wir sollen einfach nur Spaß an* Büchern haben.

* ihren

1. Welche Fehler in Bezug auf Inhalt, Sprache und Form enthält dieser Versuch eines Schülers, die Lebensbeschreibung von Astrid Lindgren zusammenzufassen? Arbeite sie mit Markierungen und Stichworten am Textrand heraus.

2. Überarbeite den Text. Verbessere seinen Inhalt, seine Sprache und seine Form. Du kannst dazu den Stichwortzettel benutzen, den du dir zu der Lebensbeschreibung Astrid Lindgrens angelegt hast.

Eine Übersicht über den Inhalt eines Romanauszuges erstellen

Astrid Lindgren: Die Brüder Löwenherz – Nangilima

Gliederung/ Überschriften	äußere Handlung/Gefühle und Gedanken Krümels
Z. 1–6	
Z. 7–25	
Z. 26–34	
Z. 35–66	
Z. 67–110	
Z. 111–140	
Z. 141–148	
Z. 149–164	
Z. 165–166	

1. Finde für jeden Textabschnitt eine passende Überschrift.

2. Halte in Stichworten fest, was in den einzelnen Abschnitten passiert und welche Gefühle und Gedanken Krümel jeweils hat.

Astrid Lindgren zum Tierschutz

Astrid Lindgren (1907–2002)

Lovisa

(Dagens Nyheter, 27. Oktober 1985)

Neulich habe ich zwei unserer üblicherweise zu lebenslanger Haft Verurteilten besucht. Beide gehören dem sogenannten schönen Geschlecht an. Aber von Schönheit konnte bei beiden weiß Gott nicht mehr die Rede sein, dazu hatten sie schon zu lange gesessen. Und keine von beiden schien sonderlich erfreut zu sein, mich zu sehen. Die Erste, die ich besuchte, wirkte direkt abweisend, wodurch ich mich jedoch nicht abschrecken ließ.

„Tagchen! Wie heißt du denn, wenn man fragen darf?“, sagte ich so einschmeichelnd, wie ich nur konnte. Sie starrte mich aus ihren kleinen runden Augen erbost an.

„Soviel ich weiß, heiße ich gar nicht“, sagte sie nach kurzem Nachdenken.

„Ja, aber einen Namen musst du doch haben, sonst kann ich nicht mit dir reden. Was hältst du beispielsweise von Lovisa, wäre dir das recht?“

Sie legte den Kopf schief, wie um in sich hineinzuhorchen, und schien nichts gegen den Namen zu haben. Ich merkte, dass sie schon ein wenig auftaute.

„Zu welcher Rasse gehörst du, Lovisa?“, fragte ich. Da reckte sie ihren mageren Körper.

„Weißes Leghorn“, sagte sie stolz.

„Woher weißt du das? Du hast doch gar keine Federn.“ „Nicht?“, sagte Lovisa. „Ich hab doch sogar mehrere.“ „Aber nicht genug“, sagte ich. „Und bestimmt keine weißen. Keinesfalls das, was man ein weißes Gefieder nennen könnte.“

„Müsste ich das denn haben?“, fragte Lovisa betrübt.

„Tja, müsste und müsste! Jedenfalls hat sich das unser Herrgott wohl ursprünglich so gedacht, dass du und alle anderen deiner Rasse weiß und reich befiedert sein sollen.“

Jetzt wurde Lovisa zornig.

„Dann hätte Er das denen ja sagen können, diesen drei Satansweibern, die bis jetzt mit mir im Käfig saßen.“

„Wo sind die denn geblieben?“, fragte ich.

„Die sind heute früh zum Schlachten geholt worden. Friede sei mit ihnen! Aber bestimmt kriege ich bald wieder drei neue Satansweiber hier rein. Und das eine sag ich dir: Wenn in so einem jämmerlich kleinen Käfig vier Hennen hocken, dann geht das Gefieder flöten, so oder so.“

„Das verstehe ich“, sagte ich. „Aber ehrlich gesagt, Lovisa, siehst du geradezu abschreckend hässlich aus. Und was für fürchterliche Klauen du hast! Kannst du denn mit solchen Füßen überhaupt gehen?“

„Nee, stell dir vor, das kann ich nicht! Aber zum Gehen hab ich ja auch gar keinen Platz, also kann‘s mir auch egal sein.“

„Blutende Wunden im Nacken hast du auch“, sagte ich.

„Dann solltest du erst mal die anderen Satansweiber sehen“, sagte Lovisa offensichtlich stolz.

„Ja, willst du denn damit sagen, dass du ...“

„Schließlich hab ich einen prima Schnabel. Auf mir hackt keine ungestraft rum. Und wenn der Stress einen so richtig packt, dann tut es gut, Blut fließen zu sehen.“

(Aus: Paul Berg/Astrid Lurmatz (Hg.): Zum Donnerdrummel! Ein Werkporträt, © Verlag Friedrich Oetinger, Hamburg)

1. Was erfährt der Leser über das Leben von Lovisa? Unterstreiche entsprechende Textstellen.

2. Verfasse einen Text, in dem du darüber informierst, welche Missstände in dem Artikel von Astrid Lindgren angesprochen werden und welche Forderungen sie hier indirekt erhebt.

3. Schreibe auf, aus welchen Gründen die Schriftstellerin in diesem Artikel wohl die Form des Gesprächs gewählt hat.

Leistungsüberprüfung – Selbstevaluation – Klassenarbeit

1. **Astrid Lindgren über Astrid Lindgren**
   Aufgabentyp: Einen Text überarbeiten
   Textgrundlage: Schülerarbeit (Arbeitsblatt 1)
   - Welche Fehler in Bezug auf Inhalt, Sprache und Form enthält dieser Versuch eines Schülers, die Lebensbeschreibung von Astrid Lindgren zusammenzufassen? Arbeite sie mit Markierungen und Stichworten am Textrand heraus.
   - Überarbeite den Text. Verbessere seinen Inhalt, seine Sprache und seine Form. Du kannst dazu den Stichwortzettel benutzen, den du dir zu der Lebensbeschreibung Astrid Lindgrens angelegt hast.

2. **Streit um Pippi**
   Aufgabentyp: Produktionsorientiertes Schreiben
   - Pippi Langstrumpf schreibt zum ersten Mal an ihren neuen Brieffreund. Sie stellt sich ihm vor, indem sie ihm schreibt, wie sie aussieht, wie sie lebt und was das Besondere an ihr ist. Schreibe diesen Brief von Pippi.

   Aufgabentyp: Zu einem Sachverhalt begründet Stellung nehmen
   - Schreibe für die Schülerzeitung einen Artikel über den Streit um Pippi. Gehe dabei so vor:
     – Informiere deine Leser zuerst über die Kritik von John Landquist an Pippi Langstrumpf.
     – Erkläre, mit welchen Argumenten man Pippi gegen diese Kritik verteidigen könnte.
     Lege nun deine eigene Meinung zu dem Streit dar.

3. **Die Brüder Löwenherz – Abenteuer in Nangijala**
   Aufgabentyp: Über einen Text informieren und ihn werten
   - Die Bibliothek einer Schule hat den Roman „Die Brüder Löwenherz" angeschafft. Für jedes Buch gibt es dort im Computerkatalog eine Seite, auf der sich die Leser darüber informieren können, worum es in dem jeweiligen Buch geht. Die Leser erhalten dort auch Hinweise, warum sie das Buch lesen sollen. Schreibe einen möglichen Text für diese Informationsseite zu dem Roman „Die Brüder Löwenherz".

   Aufgabentyp: Über einen Text informieren und ihn werten
   - Verfasse eine Buchvorstellung für die Schülerzeitung.

4. **Astrid Lindgren mischt sich ein**
   Aufgabentyp: Über einen Sachverhalt berichten
   - Verfasse für die Schülerzeitung einen Bericht über Astrid Lindgrens Artikelreihe zwischen 1985 und 1988 in der Zeitung „Dagens Nyheter". Gehe dabei so vor:
     – Informiere deine Leser darüber, worum es Astrid Lindgren in der Artikelreihe ging und was sie damit erreicht hat.
     – Erkläre deinen Lesern anhand dir bekannter Artikel der Reihe, welche Missstände Astrid Lindgren angeklagt und welche Forderungen sie gestellt hat.
     – Lege zum Schluss deines Artikels dar, was du von der Artikelreihe hältst.

Aufgabentyp: Einen Text mithilfe von Fragen untersuchen
Textgrundlage: Lovisa (Arbeitsblatt 3)

- Bearbeite folgende Aufgaben:
  - Was erfährt der Leser über das Leben von Lovisa? Unterstreiche entsprechende Textstellen.
  - Verfasse einen Text, in dem du darüber informierst, welche Missstände in dem Artikel von Astrid Lindgren angesprochen werden und welche Forderungen sie hier indirekt erhebt.
  - Schreibe auf, aus welchen Gründen die Schriftstellerin in diesem Artikel wohl die Form des Gesprächs gewählt hat.

Aufgabentyp: Über einen Sachverhalt berichten

- Stell dir vor, du wärest als Reporter der Schülerzeitung dabei gewesen, als Astrid Lindgren 1978 ihre Friedenspreisrede gehalten hat. Schreibe einen Artikel für die Schülerzeitung, in dem du deine Leser über die Ansichten von Astrid Lindgren zum Frieden und zur Erziehung von Kindern informierst.

Miteinander sprechen (S. 120–129)

Vorüberlegungen zur Einheit

Die Einheit macht Schülerinnen und Schüler sensibler für ihre Art, miteinander zu sprechen. Es geht vor allem darum, ihnen Möglichkeiten aufzuzeigen, ein Gespräch zu beeinflussen und eine Meinung begründet durchzusetzen. Im Schlussteil des Kapitels lernen sie mithilfe des Gesprächsleiters, eine Unterhaltung zu steuern.

Zentrale Kompetenzen, die in dieser Einheit geschult werden, sind:

- zentrale Inhalte eines Gesprächs erfassen
- Meinungen mit Begründungen stärken
- einem Text Argumente entnehmen
- Möglichkeiten der Einflussnahme auf ein Gespräch erfassen
- eine eigene Stellungnahme schriftlich verfassen
- einen Dialog zu einem vorgegebenen Inhalt verfassen
- fingierte Problemsituationen im Rollenspiel darstellen
- ein Gespräch beobachten und beurteilen
- die Aufgaben eines Gesprächsleiters ermitteln
- eine Diskussion führen
- ein Gespräch leiten

Auftaktdoppelseite

Aufgabe 1 S. 121 Die Bilder der Auftaktdoppelseite zeigen drei unterschiedliche Situationen, in denen Menschen ihre Meinungen austauschen und miteinander diskutieren: zu Hause zwischen Vater und Kind, in der Schule in einer Diskussionsrunde und im Fernsehen in einer Talkshow. Der Anlass der Diskussionen ist zwar nicht direkt zu erkennen, aber die Programmzeitschrift in der Hand der Tochter und der Zeitungsausriss legen nahe, dass es um das Thema Fernsehgewohnheiten von Jugendlichen geht. Dieses Thema wird dann auch innerhalb der Einheit aufgegriffen werden.

Aufgabe 2 S. 121 freie Aufgabe

Didaktische Aufbereitung der Unterkapitel

1. Meiner Meinung nach … (S. 122–123)

Aufgaben 1 bis 4 S. 122 f. Diese Aufgaben ermöglichen es, anhand eines vorgegebenen Dialogs überzeugende und weniger gelungene Gesprächsäußerungen zu unterscheiden und den Stellenwert von Begründungen zu begreifen.

Aufgaben 1 und 2 S. 123 Hier können die Schülerinnen und Schüler lernen, aus dem Textmaterial Argumente zu entnehmen, und zudem vielleicht aus eigenen Erfahrungen weitere Argumente für eine Fahrt zum Safaripark einbringen. Alternativ dazu könnten die Schüler auch zuerst eigene Argumente für eine solche Fahrt nennen und diese durch die Textpassagen erweitern. An dieser Stelle sollte bereits deutlich geworden sein, dass Argumente die Überzeugungskraft einer Position erhöhen.

2. Einen Standpunkt vertreten, aber wie? (S. 124–128)

Aufgaben 1 bis 3 S. 124

Dass Gespräche nicht nur durch Sachargumente beeinflusst werden, sondern im Alltag oft andere Mittel verwendet werden, um eine Meinung durchzusetzen, lernen die Schülerinnen und Schüler an der Dialogsituation.
Die Schülerinnen und Schüler könnten den Dialog mithilfe des Werkzeugkastens noch weiterführen, um die Möglichkeiten der Einflussnahme auf ein Gespräch stärker zu verinnerlichen. Dabei könnte es unterhaltsam sein, wenn die Schüler jeweils auf dieselbe Weise Einfluss nehmen, z. B. könnte ein Schüler immer wieder seine Position innerhalb der Gruppe nutzen, ein anderer könnte verletzend oder beleidigend agieren, wieder ein anderer nähme eine Vermittlerposition ein usw. Auf diese Weise wird erfahrbar, welche Art der Einflussnahme einem Gespräch förderlich bzw. hinderlich ist.

Lasst den Kindern den Fernseher (S. 125)

Aufgaben 1 und 2 S. 125

Hier haben die Schülerinnen und Schüler die Möglichkeit, Meinungsäußerungen zu vergleichen und zu beurteilen. Zudem geht es darum, dass die Lernenden ihre Meinung schriftlich zum Ausdruck bringen und dabei Argumente einbeziehen, die ihre Meinung stützen. Da die Kinder meist Fernsehprofis sind, dürfte es ihnen nicht schwerfallen, Begründungen für ihre Position zu finden.

Hanna Hanisch: Die Sache mit dem Parka (S. 126)

Aufgaben 1 bis 4 S. 127

Anhand des längeren literarischen Textes werden die Schülerinnen und Schüler zu genauem Lesen aufgefordert und stehen vor der Aufgabe, dem Text zentrale Argumente zu entnehmen. Darüber hinaus können sie an dieser Erzählung ermitteln, wie die Art des Sprechens der Eltern auf den Jungen wirkt und seine Haltung ändert. Insofern werden auch emotionale Aspekte in dieser Erzählung zu Mitteln der Einflussnahme auf die Situation.

Aufgaben 1 bis 3 (oben) S. 128

Mit der Gesprächssituation der beiden Jungen haben die Schülerinnen und Schüler die Möglichkeit, ihr erworbenes Wissen zu festigen und anzuwenden. Die sich anschließende Beurteilung der Dialoge festigt die Fähigkeit, Gespräche angemessen auszuwerten.

Tennis oder Tiger? – Eine vorgegebene Situation spielen (S. 128)

Aufgaben 1 und 2 (unten) S. 128

Auch hier wird ein Diskussionsanlass vorgegeben, an dem die Schülerinnen und Schüler ihre Dialogfähigkeiten schulen und ihr Gesprächverhalten kontrollieren können.

3. Der Gesprächsleiter (S. 129)

In diesem abschließenden Unterkapitel werden sich die Schülerinnen und Schüler der (schwierigen) Aufgabe eines Gesprächsleiters bewusst, indem sie die Rolle des Leitenden selbst ausprobieren.

Aufgabe 1 S. 129

Die SchülerInnen werden schnell darauf kommen, dass gerade bei größeren Diskussionsrunden ein Gesprächsleiter notwendig ist. Sie kennen vielleicht schon die Rituale in politischen Diskussionsrunden im Fernsehen, in denen der Gesprächsleiter für einen geordneten Ablauf der Diskussion zu sorgen hat.
Aber auch in privaten Gesprächsrunden etwa am Mittagstisch übernehmen oft die Eltern zumindest teilweise die Funktion eines Gesprächsleiters.

Aufgabe 2
S. 129

Zu den Aufgaben eines Gesprächsleiters lässt sich folgendes Tafelbild erstellen:

Tafelbild

Aufgaben eines Gesprächsleiters

- *die Reihenfolge der Gesprächsbeiträge festlegen*
- *auf die Einhaltung des Themas achten*
- *dafür sorgen, dass alle ausreden können*
- *das Gespräch steuern*

Aufgaben 3 und 4
S. 129

Die vorgeschlagenen Gesprächsthemen geben den Schülern die Möglichkeit, Argumente zu sammeln und deren Überzeugungskraft im Gespräch zu testen. Ferner wird die Rolle des Gesprächsleiters deutlich, wenn das Gespräch mit der gesamten Klasse geführt wird.

Ein Urlaub in Mexiko – Personen, Tiere, Gegenstände und Vorgänge beschreiben (S. 130–153)

Vorüberlegungen zur Einheit

Die Unterrichtseinheit soll die Schüler dazu befähigen, Personen, Tiere, Gegenstände und Vorgänge möglichst genau, systematisch und in angemessenen Formulierungen zu beschreiben. Da dieser Bereich des Deutschunterrichts von den Schülern bisweilen als etwas „trocken“ und daher wenig attraktiv empfunden wird, ist er hier in einen interessanten thematischen Zusammenhang eingebettet: Die Darstellung von Urlaubserlebnissen fasziniert viele Schüler, vor allem wenn es sich um ein als „exotisch“ empfundenes Reiseziel wie Mexiko handelt. Das gesamte Kapitel ist aus der Sicht der Siebtklässlerin Jule und ihres kleineren Bruders Finn geschrieben, um den Schülern Identifikationsfiguren zu bieten und ihnen dadurch den Zugang noch weiter zu erleichtern. Integriert in die Unterrichtseinheit zur Beschreibung sind einerseits verschiedene Methoden der Sachtextbearbeitung, andererseits die Behandlung des Attributs als Satzgliedteil, da gerade durch die Verwendung von Attributen Beschreibungen präzisiert werden können.

Im Einzelnen werden folgende **Kompetenzen** vermittelt:

- die genaue, vollständige und anschauliche Beschreibung von Personen, Tieren, Gegenständen und Vorgängen
- die Bestimmung unterschiedlicher Formen des Attributs
- die Kenntnis der Funktion von Attributen
- die Gliederung eines Sachtextes
- die gezielte Informationsentnahme aus einem Sachtext
- die Systematisierung und Visualisierung zentraler Informationen eines Sachtextes mithilfe einer Mindmap
- das Halten eines Kurzvortrags auf der Grundlage einer Mindmap
- das aufmerksame Zuhören bei einem Vortrag

Die **Einführung** in die Unterrichtseinheit kann mithilfe der **Auftaktdoppelseite** (S. 130–131) erfolgen. Hier wird einerseits eine ansprechende thematische Einstimmung geboten, anderseits wird gleich der Zusammenhang mit den verschiedenen Arten der Beschreibung verdeutlicht, deren Funktion auch jeweils angesprochen wird. Die Schüler erhalten die Gelegenheit, ihr Vorwissen zu aktivieren, außerdem wird die Möglichkeit projektorientierter Arbeitsphasen angedeutet (Zoomappe, Kochbuch der Klasse ...).

Didaktische Aufbereitung der Unterkapitel

1. Ein Dieb wird gesucht – Personen beschreiben (S. 132–135)

Aufgabe 1 S. 132 Die Aufgabe dient vor allem der geografischen Orientierung, kann aber auch bereits zu einem ersten Gespräch über einzelne Ziele und Methoden einer Beschreibung führen. Außerdem sollen die Schüler auch an den Umgang mit diskontinuierlichen Texten (Grafiken, Tabellen) herangeführt werden (vgl. dazu auch das Kapitel „Fremde Länder entdecken ... – Sich informieren“: S. 167–179). Wenn dieser Aspekt vertieft werden soll, können die Schüler auch andere Reiserouten (z. B. eigene Urlaubsfahrten oder bekannte Forschungsreisen) beschreiben.

Aufgaben 2 bis 4
S. 133

Auf den ersten Seiten dieses Kapitels erarbeiten die Schüler anhand der vorgegebenen Texte Kriterien für eine gelungene Beschreibung, wobei diese Kriterien immer wieder von der Funktion der jeweiligen Beschreibung abgeleitet werden. Dabei sollte nicht zu normativ vorgegangen und eine zu starke Verallgemeinerung der Tipps und Regeln vermieden werden. Häufig können die Schüler selbst Tipps für angemessene Beschreibungen finden, indem sie von weniger gelungenen Texten ausgehen und daran Vorschläge für die Überarbeitung entwickeln.

So können die Schüler durch die eher chaotischen Aussagen der Mitreisenden (Aufgabe 2) selbst darauf kommen, dass es für Personenbeschreibungen häufig sinnvoll ist, wenn sie sachlich sind, eigene Beurteilungen also aussparen. Außerdem sollten sie systematisch aufgebaut sein und einen hinreichend vollständigen Eindruck von der betreffenden Person vermitteln, sich dabei aber auf das wirklich Relevante beschränken. Diese Erkenntnisse sollten die Schüler gleich durch die Anwendung in eigenen Texten vertiefen.

Aufgaben 5 und 6
S. 134

Hier wird noch einmal die mögliche Struktur einer Personenbeschreibung erarbeitet. Gleichzeitig wird aber auch auf die Abhängigkeit bestimmter Vorgaben vom jeweiligen Verwendungszweck der Beschreibung hingewiesen (Täterbeschreibung: Berücksichtigung nur der äußerlichen Merkmale; andere Personenbeschreibung: Einbeziehung von Charaktereigenschaften und typischen Verhaltensweisen möglich).

Aufgaben 7 bis 9
S. 134

Die Aufgaben dienen der Systematisierung und Erweiterung des Wortschatzes im Bereich der Kleidungsstücke. Gleichzeitig soll den Schülern die Erkenntnis vermittelt werden, dass ein differenziertes Vokabular Voraussetzung für eine präzise und damit gelungene Beschreibung ist. Eine ähnliche, ebenfalls systematisch geordnete Wörtersammlung lässt sich auch anlegen für die Beschreibung einzelner Körperteile oder Schmuckstücke (vgl. die Gegenstandsbeschreibung: S. 146 ff.). Auch ist hier bereits die Arbeit mit einer Mindmap denkbar, auf die dann später zurückgegriffen werden könnte (vgl. S. 141 f.). Leistungsschwächere Lerngruppen können das Arbeitsblatt 1 (S. 128) nutzen.

Aufgabe 10
S. 135

Eine passende Beschreibung Marias könnte etwa folgendermaßen lauten:

Maria ist ein zwölfjähriges Mädchen, das in San Cristobal wohnt. Sie ist für ihr Alter eher klein und recht schlank. Ihre dunklen, glatten Haare, die ihr bis über die Schultern fallen, trägt sie meistens offen. Sie hat ein rundliches Gesicht mit dunklen Augen unter dunklen, geschwungenen Augenbrauen und mit einer kräftigen Nase. Vor allem fällt ihr fröhliches Lachen auf, bei dem sie häufig ihre gesunden, weißen Zähne zeigt. Bekleidet ist Maria heute (und auch sonst öfters) mit einem bunten T-Shirt, dessen Muster aus dünnen waagerechten Streifen in den Farben Rot, Schwarz, Gelb und Grün besteht. Darüber trägt sie eine dünne rote Strickjacke mit langen Ärmeln. T-Shirt und Jacke fallen offen über den dunkelblauen Rock, der ihr im Stehen bis zu den Knien reicht. Auf dem Kopf trägt Maria einen dunkelblauen runden Filzhut, dessen breite Krempe sich nach oben wellt. An den Füßen ist sie mit hellbraunen festen Halbschuhen mit weißen Schnürsenkeln bekleidet, darunter trägt sie weiße Socken, die sie über den Knöcheln etwas umkrempelt. Schmuck trägt sie selten.

Maria ist ein freundliches, offenes Mädchen, das sich für viele Dinge interessiert und leicht Kontakt zu anderen Menschen findet.

Wenn sich die Personenbeschreibung nicht nur auf das Aussehen beschränken soll, müssen die Schüler Eigenschaften oder typische Verhaltensweisen selbst hinzuerfinden.

Aufgaben 11 und 12 S. 135 Hier geht es noch einmal darum, das angemessene Mittelmaß zu finden zwischen dem Anspruch auf Anschaulichkeit und Vollständigkeit einer Personenbeschreibung, die auch Eigenschaften und Fähigkeiten berücksichtigt, und den Forderungen nach Sachlichkeit und Reduktion auf das wirklich Wesentliche. Alternativ oder auch ergänzend können die Schüler sich gegenseitig beschreiben, die fertigen Texte dann einsammeln und ohne den Namen des beschriebenen Schülers vorlesen, sodass sich ein recht unterhaltsames Ratespiel ergibt.

Im Laufe der Behandlung dieses Unterkapitels kann auch ein Tafelbild (oder besser noch ein Lernplakat) erstellt und nach und nach ergänzt werden:

Tipps für eine Personenbeschreibung

- *systematisch: klarer Aufbau*
- *möglichst anschaulich und vollständig*
- *aber: Beschränkung auf das wirklich Wichtige*
- *Täterbeschreibung: sachlich, keine eigene Meinung*
- *Beschreibung anderer Personen: evtl. auch Eigenschaften, Fähigkeiten, typische Verhaltensweisen*
- *möglichst genaue und differenzierte Ausdrucksweise (z. B. für Kleidung, Körperteile)*
- *Zeitform: Präsens*

2. Genauer beschreiben mit Attributen (S. 136–139)

Aufgaben 1 bis 3 S. 136 Die Einführung des Attributs in Zusammenhang mit der Beschreibung bietet sich an, da es in diesem Kontext in seiner funktionalen Bedeutung betrachtet werden kann. So erschließen die Schüler die Aufgabe des Attributs, indem sie zunächst von einem sprachlich eher misslungenen Text ausgehen, dessen gestalterische Schwächen identifizieren und im Vergleich mit einer überarbeiteten Fassung die Ergänzung einzelner Nomen durch Adjektive als Möglichkeit der Präzisierung und damit Verbesserung einer Beschreibung erkennen. Erst danach werden im Regelkasten die Begriffe des Attributs und des Bezugsnomens eingeführt.

Aufgaben 4 und 6 S. 136 f. Damit die Schüler zunehmende Sicherheit bei der Identifizierung von (Adjektiv-)Attributen gewinnen, üben sie die Bestimmung der Attribute sowie der Bezugswörter mithilfe der im Regelkasten vorgestellten Frageprobe. Bei Aufgabe 6 sollen sie dann selbst gezielt Attribute dazu nutzen, eine Beschreibung möglichst präzise zu gestalten. Da das Attribut im Zusammenhang mit der Bestimmung der syntaktischen Funktionen eine bedeutsame Rolle spielt, wird bereits im Regelkasten auf seinen Status als Satzgliedteil hingewiesen, um dann die zur Bestimmung der einzelnen Satzglieder übliche Umstellprobe zu wiederholen (Aufgabe 5). Auf das im Buch enthaltene Übungsmaterial zur Wiederholung der Wortarten und Satzglieder wird auf S. 139 hingewiesen.

Aufgaben 7 und 8 S. 137 Nachdem sich die Behandlung des Attributs bisher aus Gründen der Vereinfachung auf das Adjektiv-Attribut beschränkt hat, wird jetzt der Relativsatz in seiner attributiven Funktion eingeführt. Das Ersetzen von Adjektiv-Attributen durch Relativsätze kann der sprachlichen Variation dienen; durch den umgekehrten Vorgang lassen sich häufig unnötig lange, komplexe Satzgefüge vereinfachen, sodass beide Operationen auf der stilistischen Ebene bedeutsam sind. Auf die Einführung des partizipialen Attributs (z. B. „der stehende Mann", „der abgelegte Hut") wurde aus Gründen der didaktischen Reduktion verzichtet (ebenso auf das Adverb als Attribut: „der Mann dort").

Aufgaben 9 bis 12 S. 138 Als Formen des Attributs werden lediglich die fünf häufigsten und damit für den Sprachgebrauch wichtigsten Varianten eingeführt und in einem Regelkasten in übersichtlicher Form vorgestellt. Die Aufgaben verfolgen den Zweck, den Schülern eine gewisse Routine im Identifizieren und Klassifizieren von Attributen zu vermitteln. Dabei steigt der Schwierigkeitsgrad vom ersten zum zweiten Text an, da die Schüler bei der Beschreibung des Klassenlehrers die zahlreichen Attribute selbst erkennen müssen. Sollte dies noch eine Überforderung mancher Schüler darstellen, kann in leistungsschwächeren Lerngruppen auch das Arbeitsblatt 2 (S. 129) eingesetzt werden.

Aufgaben 13 und 14 S. 139 Nachdem bei Aufgabe 11 noch einmal die Anwendung der Frage- und der Umstellprobe geübt werden konnte, werden hier mit der Weglass- und der Erweiterungsprobe zwei weitere Möglichkeiten vorgestellt, größere Sicherheit im Umgang mit Attributen zu erlangen. In diesem Zusammenhang können auch wieder stilistische Aspekte thematisiert werden (übertriebene sprachliche Verknappung mit dem Verlust wichtiger Informationen durch das Wegfallen von Attributen; unangemessen lange, unübersichtlich und „aufgebläht" wirkende Ausdrucksweise durch die übertriebene Aneinanderreihung von Attributen).

Aufgaben 15 und 16 S. 139 Diese Aufgaben bieten zusätzliches Übungsmaterial, da es hier vor allem darum geht, die erworbenen Kenntnisse noch einmal in systematischer Form anzuwenden und dadurch das neue Wissen zu festigen. Dabei werden die Schüler auch auf die Sonderstellung des Adjektiv-Attributs aufmerksam gemacht, das aufgrund seiner Kürze die einfachste und daher häufigste Form des Attributs ist.

Eine gelungene Beschreibung des Bildes von Diego Rivera könnte etwa folgendermaßen aussehen:

Auf dem Bild „Der Mathematiker", das der mexikanische Künstler Diego Rivera 1918 gemalt hat, sieht man einen Mann an einer Kommode sitzen, die in einer Zimmerecke steht. Der Mann selbst ist offenbar groß und schlank und mit einem schwarzen Anzug bekleidet. Darunter trägt er ein weißes Oberhemd, von dem man aber nur den Kragen am Hals des Mannes sieht. Der „Mathematiker" trägt sein schwarzes Haar sehr kurz geschnitten, sodass es einen großen Teil seiner Stirn freilässt. Er hat auch schwarze Augenbrauen, eine knochige Nase, recht große, freiliegende Ohren und einen dünnen, zusammengekniffenen Mund. Außerdem trägt er eine offenbar bügellose Brille mit einer sehr dünnen Fassung. Durch diese Brille kann man die Augen des Mannes kaum erkennen, daher bleibt auch unklar, wohin sein Blick gerichtet ist. Seine Gesichtsfarbe ist recht bleich. Insgesamt macht er einen sehr ernsten, traurigen Eindruck.
Der Mann sitzt ziemlich steif auf einem einfachen Holzstuhl. Er hat die Unterarme vor dem Bauch übereinandergelegt, wobei er die eine seiner knochigen Hände in den anderen Ärmel seiner Jacke geschoben hat. Der linke Ellbogen des Mannes ist etwas auf die Kommode gestützt, die links von ihm in der Zimmerecke steht. Dabei handelt es sich um ein kleines, sehr einfaches Holztischchen mit einer einzelnen Schublade auf der Vorderseite. Auf der schon recht abgenutzten Tischplatte liegen zwei dicke Bücher übereinander. Die Wände des Zimmers wirken schmutzig. Während die Wand rechts im Bildhintergrund fast ganz dunkel ist, wird die Wand hinter dem Mathematiker von einer Lichtquelle, wahr-

scheinlich von einer Lampe, die man aber nicht auf dem Bild sehen kann, hell angestrahlt, sodass man einige an die Wand gekritzelte mathematische Zeichnungen erkennen kann.

Eine so detaillierte Beschreibung ist natürlich von Sechstklässlern nicht zu erwarten. Der Lehrer kann sie mit der Klasse allerdings als Beispiel einer möglichen Beschreibung dieses Bildes im Unterricht besprechen.

3. Von Leguanen und Kaiserfischen – Tiere beschreiben (S. 140–145)

Der Grüne Leguan (S. 140)

Aufgaben 1 bis 3 S. 141

Auch die Tierbeschreibung wird wieder in einem funktionalen Zusammenhang (Tiervorstellung für den Biologieunterricht) eingeführt. In diesem Kontext sind aber nicht nur die äußeren Merkmale eines Tieres von Bedeutung, sondern auch eine Vielzahl anderer Aspekte wie Ernährung, Verbreitung, Fortpflanzung etc. Vor allem bei eigenen Haustieren geht es Schülern häufig neben dem Aussehen auch um typische Verhaltensweisen oder gar „Charaktereigenschaften" ihres Lieblings. Daher ist es hier besonders erforderlich, die Fülle an Informationen zunächst einmal zu systematisieren und in eine übersichtliche Form zu bringen, vor allem wenn für die Tierbeschreibung auch mehr oder weniger umfangreiche Sachtexte ausgewertet werden müssen. Deshalb wird hier die Mindmap vorgestellt als eine Möglichkeit der systematischen Informationsentnahme aus einem Text. Falls die Schüler mit dieser Methode noch nicht vertraut sein sollten, können sie die Werkzeugkiste auf S. 142 nutzen. Aufgrund ihres hohen Maßes an Übersichtlichkeit und der Reduktion auf die allerwichtigsten Informationen kann die von den Schülern selbst erstellte Mindmap auch als „Spickzettel" bei der mündlichen Vorstellung des betreffenden Tieres verwendet werden.

Das Gürteltier (S. 142)

Aufgaben 1 und 2 S. 142 f.

Hier sollen die Schüler durch die wiederholte Übung zunehmende Sicherheit im Umgang mit der Methode des Mindmappings erwerben. Dabei enthält die Abfolge der Aufgaben eine Steigerung des Schwierigkeitsgrades: Zunächst mussten die Schüler lediglich eine bereits angefangene Mindmap mit vorgegebenen Oberbegriffen ergänzen (S. 141, Aufgabe 2), jetzt sollen sie selbstständig passende Oberbegriffe zu einem Text über das Gürteltier finden, um dann als letzten Schritt sich selbst Informationen zu verschaffen und diese mithilfe einer Mindmap zu systematisieren. In leistungsschwächeren Lerngruppen kann zur Vereinfachung das Arbeitsblatt 3 (S. 130) eingesetzt werden.
Der Lehrende sollte beim Anlegen der Mindmaps darauf achten, dass die Schüler die formalen Vorgaben einhalten (Großbuchstaben/Kleinbuchstaben, verschiedene Farben, dicke/dünne Striche für Haupt- und Nebenäste) und die Informationen auch sprachlich so weit wie möglich verknappen, um eine möglichst große Übersichtlichkeit und damit Effektivität der Mindmaps zu erreichen.

Aufgaben 3 und 4 S. 143

Hier sollen sich die Schüler auf das möglichst präzise und systematische Beschreiben der äußeren Merkmale von Tieren konzentrieren. Die „Wörtertruhe" dient wieder der Erweiterung und Differenzierung des Wortschatzes (vgl. Aufgaben 7 und 8, S. 134).

Eine angemessene Beschreibung des Grünen Leguans, bei der auch einzelne Informationen aus dem Text (S. 140) und der Mindmap (S. 141) verwendet wurden, könnte etwa folgendermaßen lauten:
Der Grüne Leguan kommt in Mexiko und Südamerika vor. Seine Größe ist sehr unterschiedlich und schwankt zwischen 7,5 cm und 2 m Länge. Die Farbe dieses Tieres ist

meist ein leuchtendes Grün, sie kann aber auch in ein helles Orange übergehen. In Gefangenschaft verlieren Grüne Leguane oft ihre Farbe und zeigen dann manchmal Grau- oder Braunschattierungen. Der Schwanz weist häufig breite Querstreifen aus Hell- und Dunkelgrüntönen auf.
Das echsenartige Tier sieht so ähnlich aus wie ein großer Salamander oder auch wie ein kleines Krokodil. Sein langgestreckter Körper, der in einem schlanken, peitschenähnlichen Schwanz endet, ist nämlich ganz mit Schuppen bedeckt. Diese Schuppenhaut ist besonders am Bauch faltig und lederartig. Der Grüne Leguan hat gelbliche, oft halb geschlossene Reptilienaugen und eine kurze, rundliche Schnauze mit Nüstern, unter der man einen eigenartigen Kehllappen sehen kann. Am auffälligsten sind jedoch die scharfkantigen, sägeartigen Schuppen, die in kammförmigen Reihen vom Kopf an auf seinem Rücken angeordnet sind. Am Ende der kräftigen, gedrungenen Beine finden sich froschähnliche Füße mit jeweils fünf langen Zehen.

Aufgaben 5 und 6 S. 144 f. Das Aussehen der Tiere ist häufig auch für die biologische Klassifizierung der einzelnen Arten relevant, bei der dann diejenigen äußeren Merkmale, durch die sich die einzelnen Gattungen voneinander unterscheiden lassen, eine besondere Rolle spielen. Diese Merkmale sollen die Schüler daher auch bei ihren vergleichenden Beschreibungen der beiden Leguan- bzw. Kaiserfischarten besonders berücksichtigen. Dabei lässt sich auch die Präzisierung von Texten durch die Verwendung passender Attribute noch einmal üben.

Aufgaben 7 und 8 S. 145 Die beiden Aufgaben bieten die Gelegenheit, die erworbenen Kompetenzen noch einmal anzuwenden und damit zu vertiefen; außerdem weisen sie auf eine weitere mögliche Funktion einer Tierbeschreibung hin, nämlich die Suche nach einem entlaufenen oder entflogenen Haustier. In der Werkzeugkiste werden Parallelen zur Personenbeschreibung aufgezeigt, aber auch spezifische Eigenarten der Tierbeschreibung hervorgehoben.

Aufgabe 9 S. 145 Diese Aufgabe spricht einerseits die Fantasie und die kreativen Fähigkeiten der Schüler an, anderseits wird hier die wichtige Fähigkeit des Zuhörens trainiert. An dieser Stelle wird auch schon das stichwortartige Mitschreiben während eines mündlichen Vortrags geübt, das hinsichtlich seiner sprachlichen Reduktion mit der Mind-Map vergleichbar ist.

4. Verloren und gefunden – Gegenstände beschreiben (S. 146–149)

Aufgaben 1 bis 5 S. 146 f. Die Behandlung der Gegenstandsbeschreibung geht wiederum von konkreten Verwendungszusammenhängen aus (verlorenes Handy, gestohlenes Fahrrad), damit den Schülern die Bedeutung dieser Textform einsichtig wird. Dabei haben viele Kriterien der behandelten Beschreibungsformen (Personen, Tiere) auch weiterhin Gültigkeit (sachlich, präzise, systematisch ...), sodass auf diese zurückgegriffen werden kann. Falls die Unterrichtseinheit erst mit der Gegenstandsbeschreibung beginnt, bietet es sich an, im Zusammenhang mit Aufgabe 1 verschiedene Tipps sammeln und an der Tafel oder auf einem Lernplakat präsentieren zu lassen.
Die Besonderheiten der Gegenstandsbeschreibung werden dann sukzessive erarbeitet. So geht es bei den Aufgaben 2–4 darum, bei den beschriebenen Dingen auch wichtige Einzelteile zu berücksichtigen, deren Funktion zu verdeutlichen und vor allem bei technischen Geräten die passenden Fachausdrücke zu verwenden. Von Bedeutung sein können auch die Materialien und die Art der Verbindung einzelner Teile. Aufgabe 4 und 5 dienen daher der Erweiterung und Festigung des Wortschatzes in diesen Bereichen.

Aufgaben 6 bis 9 S. 147 f. Hier sollen die Schüler weiter daran arbeiten, die sprachliche Darstellung ihrer Beschreibungen möglichst anschaulich und präzise zu gestalten. Dabei wird bei Aufgabe 6 und 7 zunächst von einem „Fehlertext" ausgegangen, der in seiner kindlichen Unbeholfenheit eher lustig wirkt, um dann zu üben, wie durch wirklich passende, vorstellbare Vergleiche die Anschaulichkeit einer Beschreibung intensiviert werden kann. Der Erweiterung und Differenzierung des Vokabulars im Bereich der Farbbezeichnungen dient Aufgabe 8, während bei Aufgabe 9 durch die Überarbeitung eines Fehlertextes (Aneinanderreihung meist kurzer und unverbundener Hauptsätze, Wortwiederholungen, mehrfache Verwendung des ausdrucksschwachen Verbs „sein") vor allem die Fähigkeit zur sprachlichen Variation geschult werden soll.

Aufgaben 10 bis 13 S. 149 Diese Aufgaben dienen vor allem der Anwendung und damit der Vertiefung des Gelernten. Aufgabe 10 stellt wieder den inhaltlichen Zusammenhang zum übergeordneten Thema des Mexiko-Urlaubs her, wohingegen sich die folgenden Aufgaben eher auf die unmittelbare Lebenswirklichkeit der Schüler beziehen. Dabei werden gezielt auch spielerische und kreative Elemente einbezogen, um den Schülern zur notwendigen Übung abwechslungsreiche und damit motivierende Lernangebote zu machen.

5. Wie man Wasser verschwinden lässt – Vorgänge beschreiben (S. 150–153)

„El Magico"/Der Wassertrick (S. 150–151)

Aufgaben 1 bis 5 S. 150 f. Vorgangsbeschreibungen spielen im Leben der Schüler eine gewisse Rolle, da sie ihnen häufig etwa in Bastelanleitungen, Gebrauchsanweisungen oder Spielregeln begegnen. Im Zusammenhang mit Jules und Finns Urlaubserlebnissen wird dieser Beschreibungstyp am Beispiel eines Zaubertricks vorgestellt, der durch seinen Rätselcharakter die Schüler interessieren und damit motivieren kann. Es wird aber auch gleich sehr deutlich, dass für das Gelingen des Tricks der zu verfassende Text unbedingt einige wichtige Voraussetzungen erfüllen muss: Die einzelnen Schritte des Vorgangs müssen verständlich und leicht nachvollziehbar dargestellt und in genau der richtigen Reihenfolge beschrieben werden, wobei es auch auf die vollständige Berücksichtigung der Einzelhandlungen ankommt. Diese Kriterien können die Schüler bei der vierten Aufgabe erarbeiten und ggf. an der Tafel, auf Folie oder auf einem Lernplakat sammeln. An dieser Stelle kann auch bereits auf Gemeinsamkeiten und Unterschiede im Vergleich mit den anderen Beschreibungsarten eingegangen werden, die vor allem daraus resultieren, dass es sich bei der Vorgangsbeschreibung um einen zeitlichen Ablauf handelt, wodurch eine festgelegte Reihenfolge der einzelnen Elemente bedeutsam wird.
Die vorher bearbeiteten Aufgaben 1 bis 3 thematisieren eine Eigenart speziell des Zaubertricks, dessen Wirkung ja gerade darauf beruht, dass ein und derselbe Vorgang aus zwei verschiedenen Perspektiven wahrgenommen wird: der „wissenden" Sicht des Zauberers, der ja den ihm bekannten Trick gezielt inszeniert, und der „unwissenden" Sicht des getäuschten Zuschauers, der einige entscheidende Vorgänge eben gerade nicht wahrnimmt. Daher ist Jules Beschreibung des Tricks (S. 150) auch unvollständig, während der von Paulina ermittelte Text (S. 151) aus der informierten „Zaubererperspektive" geschrieben ist.

Mangodessert (Crema de Mango)/Guacamole (S. 152–153)

Aufgaben 1 bis 4 S. 152 f. Als zweites Beispiel für Vorgangsbeschreibungen werden hier einfache Kochrezepte besprochen, die auch von den Schülern zuhause ausprobiert werden können. An ihnen lässt sich gut eine Besonderheit vieler Vorgangsbeschreibungen verdeutlichen, nämlich die extreme sprachliche Verknappung, die häufig zu elliptischen Satzkonstruktionen oder sogar einer stichwortartigen Ausdrucksweise führt. Obwohl gerade dieser Stil für die meisten anderen Texte keinesfalls vorbildlich ist, wird er etwa in Kochrezepten, Reparaturanweisungen oder Bastelanleitungen häufig verwendet, da es in diesen Fällen auf schnelle, knappe und übersichtliche Informationen ankommt. Diese sprachlichen Besonderheiten werden bei Aufgabe 1 erarbeitet; ihre Funktion lässt sich aus dem viel zu ausführlichen, unnötige Informationen enthaltenden Text „Guacamole" erschließen (Aufgaben 2 und 3). Da es sich bei Vorgangsbeschreibungen um Abläufe handelt, die häufig innerhalb eines begrenzten Zeitraums stattfinden müssen, sind ihnen oft stichwortartige Angaben zu erforderlichen Vorbereitungen vorangestellt (z. B. Zutaten, benötigte Werkzeuge oder Materialien).

Aufgaben 5 und 6
S. 153

Sowohl die Werkzeugkiste als auch diese beiden Aufgaben verdeutlichen weitere Anwendungsmöglichkeiten für Vorgangsbeschreibungen. Wie schon bei Aufgabe 4 können die Schüler hier die erworbenen Kompetenzen durch eigene Anwendung erweitern, wobei durch die Hinweise auf produktorientierte Arbeitsangebote (Kochbuch, Sammlung von Spielbeschreibungen) sowie durch den spielerischen Charakter von Aufgabe 6 für die Motivation der Schüler gesorgt sein sollte.

Den eigenen Wortschatz erweitern und ordnen

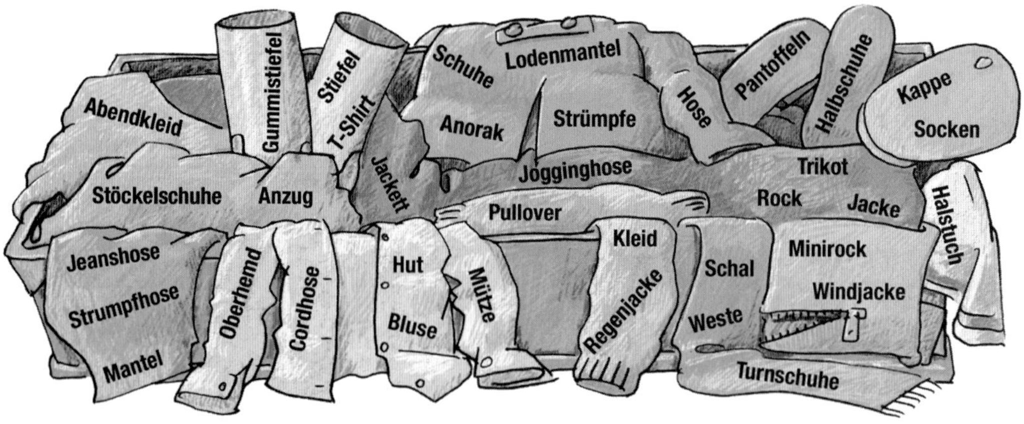

1. Wenn du das Aussehen eines Menschen anschaulich beschreiben willst, solltest du auch auf seine Kleidung eingehen. Ordne die Kleidungsstücke aus der Wörtertruhe in die Tabelle ein.

Kleidungsstücke für ...				
den Kopf	**den Oberkörper**	**den Unterkörper**	**den Ober- und Unterkörper**	**die Füße**

2. Bei der Beschreibung von Kleidungsstücken können auch ihre Farbe, ihre Muster oder die Stoffe, aus denen sie bestehen, wichtig sein. Lege auch für diese Bereiche in deinem Heft Wörtersammlungen an (z. B. Muster: Streifen, Punkte, Karos ...).

Attribute bestimmen

Arbeitsblatt 2

Herr Rechenschieber, mein Klassenlehrer, ist eigentlich ein netter Mensch, der auch mal einen Spaß versteht – nur nicht, wenn es um Mathematik, sein Lieblingsfach, geht. Die Zahlenreihen an der Tafel werden dann immer länger und die armen Schüler, die das alles abschreiben müssen, bekommen langsam Schmerzen im Handgelenk. Meistens muss ich die Patrone meines Füllers noch vor dem Ende der Mathestunde wechseln. Den Gong, der eigentlich den Anfang der Pause anzeigt, überhört er meistens.

1. Umkreist die Bezugsnomen, die in Jules Beschreibung durch die unterstrichenen Attribute näher bestimmt werden.

2. Unterscheidet die Attribute nach den verschiedenen Formen und tragt sie in die richtigen Spalten der Tabelle ein.

3. Macht bei den unterstrichenen Attributen die Weglassprobe. Überprüft dabei, ob jeweils ein grammatisch vollständiger Satz übrig bleibt.

Formen des Attributs				
Adjektivattribut	Genitivattribut	Präpositionales Attribut	Apposition	Relativsatz als Attribut

Das Gürteltier – Eine Mind-Map anlegen

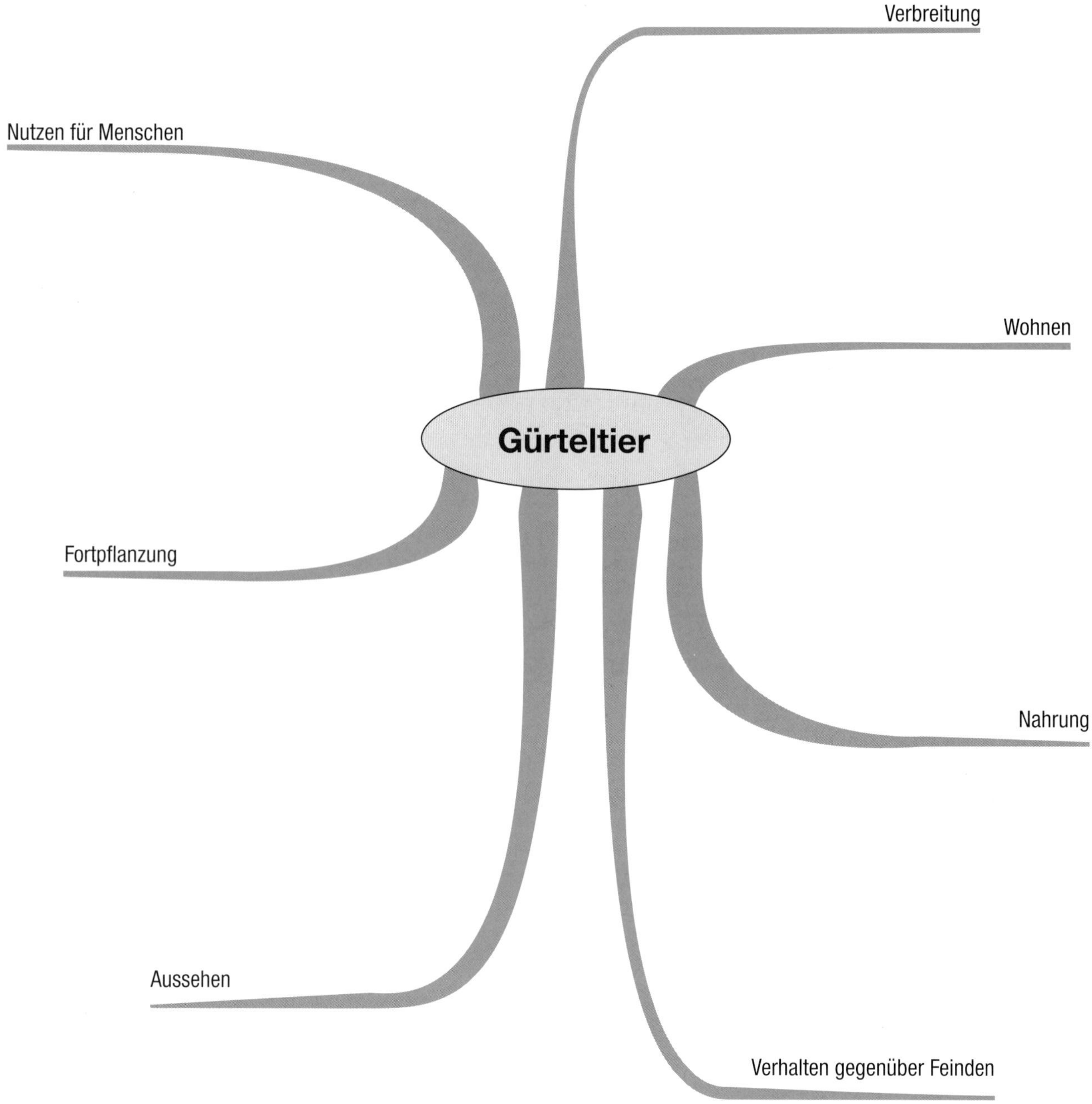

Lege zu dem Text über das Gürteltier (P.A.U.L. *D.* 6, S. 142) eine Mind-Map an. Die Oberbegriffe sind schon vorgegeben. Beachte dabei sorgfältig alle Tipps aus der Werkzeugkiste.

Fantasiegestalten beschreiben

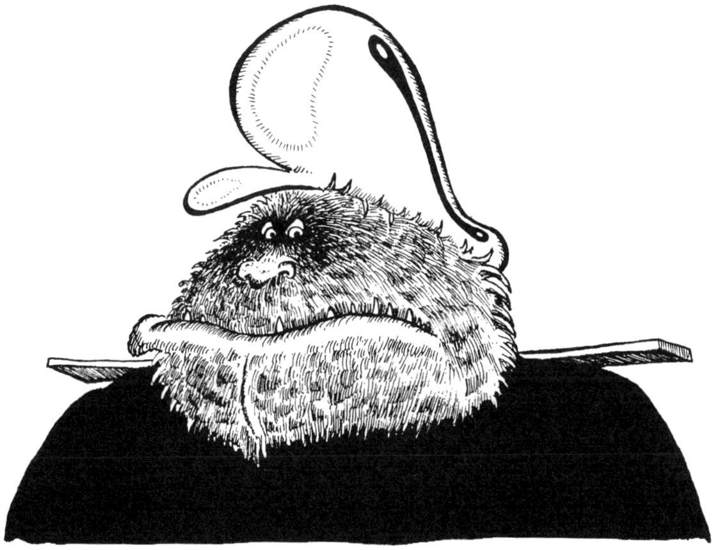

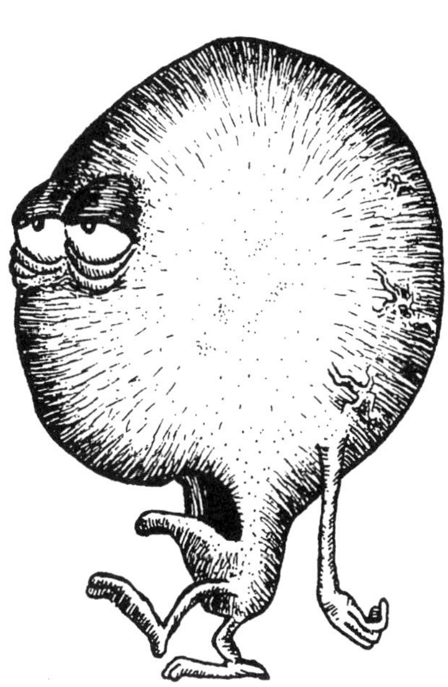

Suche dir eine der Fantasiegestalten auf dieser Seite aus und beschreibe sie möglichst genau. Lies dann deine Beschreibung deinen Mitschülern vor, die das Bild nicht sehen dürfen. Diese hören genau zu und versuchen dann selbst, nach deinen Angaben ein Fantasiewesen zu malen. Danach könnt ihr das Original mit den Bildern deiner Mitschüler vergleichen: War deine „Personenbeschreibung“ genau genug?

Leistungsüberprüfung – Selbstevaluation – Klassenarbeit

Die Frau ist links auf dem Bild und sieht sehr wütend aus. Der Mann ist rechts auf dem Bild und guckt etwas erschrocken. Also sind insgesamt zwei Personen auf dem Bild. Die Frau hat ihre Haare zu einem Knoten zusammengebunden. Aus dem Knoten ragen noch einzelne Zöpfe raus, was ziemlich bescheuert aussieht. Ihre Haarfarbe ist dunkel. Der Mann hat auch eine dunkle Haarfarbe. Seine Haare sind ziemlich lang. Sie fallen ihm auf die Schultern. Er hat auch einen Schnurrbart und eine ziemlich hakige Nase. Die Nase der Frau ist auch ziemlich spitz, das passt aber gut zu ihrem zickigen Gesichtsausdruck. Meine Mutter sieht immer so ähnlich aus, wenn sie sich aufregt. Sie hat merkwürdig geschwungene Augenbrauen (die Frau auf dem Bild, nicht meine Mutter) und einen geöffneten Mund mit Lippen. Das Kinn der Frau ist spitz. Das Kinn des Mannes kann man nicht erkennen, weil die Frau ihm gerade eine Ohrfeige gibt. Seine Augenbrauen kann man nicht sehen, weil sie von einer Mütze verdeckt werden. Überhaupt komme ich jetzt erst mal zu den Klamotten ...

- Erkläre, was alles an dieser Personenbeschreibung nicht gut gelungen ist. Begründe deine Meinung.
- Überarbeite den Text so, dass daraus eine wirklich gute Personenbeschreibung wird, und schreibe ihn dann zu Ende. Verwende dabei mehrere verschiedene Formen des Attributs (z. B. Adjektivattribut ...).
- Schreibe aus deinem verbesserten Text zehn verschiedene Attribute heraus. Gib dann an, welche Bezugsnomen durch sie näher bestimmt werden. Ordne danach die zehn Attribute den verschiedenen Formen zu (du solltest wenigstens vier verschiedene Formen berücksichtigen).

Groß oder klein – Wie schreibt man es? (S. 154–165)

Vorüberlegungen zur Einheit

Die Auseinandersetzung mit der Groß- und Kleinschreibung wird in dieser Unterrichtseinheit im Zusammenhang mit dem Thema Wasser vorgenommen. Bei der Beschäftigung mit der Groß- und Kleinschreibung geht es vor allem darum, dass die Schülerinnen und Schüler für die Verwendung der Großschreibung sensibilisiert werden. Dabei geht es neben einer wiederholenden Sequenz, in der die Übung und die Erkennung der Großschreibung von Nomen im Vordergrund stehen, um Nominalisierungen von Verben und Adjektiven. Mithilfe von Regeln und Tipps sollen die Lernenden im Verlauf zunehmend befähigt werden, Nomen zu erkennen und sich die Schreibweise abzuleiten. Die Übungen ermöglichen es den Schülerinnen und Schülern, ihre erworbenen Kenntnisse anzuwenden, zu überprüfen und zu festigen. Die Übungen sind dabei auf den zunehmenden Lernzuwachs der Schülerinnen und Schüler ausgerichtet und ermöglichen neben intensiven Einzelarbeits- auch Partnerarbeitsphasen, in denen gemeinsames Üben im Vordergrund steht. Diese Übungen wirken motivierend und ermöglichen ein gegenseitiges Helfen.

Kompetenzen, die in dieser Einheit geschult werden, sind:
- Anwenden bereits vorhandener Vorkenntnisse
- Erkennen von Nomen und Nominalisierungen mithilfe von Regeln und Tipps
- Anwenden von Regeln und Tipps in unterschiedlichen Übungen und Texten
- Ableiten von eigenen Regeln und Tipps
- Zusammenarbeit mit anderen

Diese Einheit ist als eigenständige Unterrichtseinheit konzipiert. Dabei wurde bewusst darauf verzichtet, noch weitere Bereiche der Groß- und Kleinschreibung einzubeziehen, um eine Beherrschung der Schreibweise von Nominalisierungen zu ermöglichen.

Didaktische Aufbereitung der Unterkapitel

1. Nomen schreibt man … (S. 155–157)

Die Ozeane (S. 155)

Aufgaben 1 und 2 S. 155 Die Schülerinnen und Schüler tauschen sich kurz über ihre Erfahrungen aus und schreiben danach 15 Nomen aus dem Text heraus, deren Schreibweise sie in einer sich anschließenden Partnerarbeitsphase erläutern und begründen müssen. Dabei greifen die Lernenden auf ihr Wissen zurück und wenden dieses an. Bei der Besprechung kann auf die folgenden Erklärungen (Wortbedeutung, Artikelprobe) Bezug genommen werden.

Aufgaben 3 und 4 S. 155 Im Anschluss an die Besprechung der beiden Merkmale, die einen Hinweis auf ein Nomen geben, sollen unter Rückbezug auf den Text über die Ozeane Konkreta und Abstrakta sowie Beispiele für Nomenbegleiter herausgeschrieben werden.

Konkreta: Erdoberfläche, Wasser; Tisch, Haus, Katze, Tür, Mensch
Abstrakta: Ökosystem, Lebensräume, Liebe, Trauer, Neid, Gefühle, Traum
Nomenbegleiter: mit Wasser, riesige Wassermengen, mikroskopisch kleine Pflanzen und Tiere, verschiedene Lebensräume, das offene Meer

Anschließend kann reflektierend und zusammenfassend auf den Regelkasten Bezug genommen werden.

Aufgaben 5 bis 8 S. 156 f.

Bei diesen Aufgaben geht es um die Schulung der Anwendung des bereits vorhandenen bzw. wieder gefestigten Wissens.

Aufgabe 5 S. 156

vorausgehender Artikel	**Artikel mit verschmolzener Präposition**	**vorangestelltes Adjektiv**	**vorangestelltes Pronomen oder Zahlwort**
die Ferien	ins Kino	ein lustiger Film	zwei Stunden
das Meerwasser	zum Teil	riesige Wassermengen	dieses Buch
das Leben	im Unterricht	ein interessanter Zoobesuch	fünf Minuten
das Plankton	am Meer	eine anstrengende Sportstunde	meine Tasche
die Küste	zum Glück	ein schnelles Auto	eine Woche
das Riff	ins Wasser	ein teures Fahrrad	dein Stift

Aufgabe 6 S. 156

Beispiele: ... mit Wasser ... bedeckt; ... fällt als Regen oder Schnee; So erhalten Gletscher, Bäche, Flüsse ... u. a.
Als Nomen sind sie zu erkennen, weil sie durch einen Begleiter (Adjektiv oder Artikel) ergänzt werden können: ... fällt als heftiger Regen; So erhalten die Gletscher ...

Der Wasserkreislauf (S. 156)

Aufgabe 7 S. 156

Es gibt einen Wasserkreislauf, der durch die Sonne angetrieben wird. Ihr könnt euch den Ablauf dieses Kreislaufes vereinfacht so vorstellen: Die Sonne erwärmt die Oberfläche der Erde. Dabei verdunstet Wasser aus den Pflanzen und aus der Erde und die erwärmte feuchte Luft steigt nach oben. Wenn die Luft schließlich voll von Wassertröpfchen ist, bilden sich Wolken. Diese Wolken aus Wasserdampf steigen immer höher in die Luft, wo es kälter wird. Dadurch wird der Wasserdampf flüssig, die Wassertröpfchen werden größer und schwerer und können sich nicht mehr in der Luft halten. Sie fallen herunter und es regnet aus der Wolke. So kommt das Wasser zurück auf die Erde und die Pflanzen beginnen wieder, wie am Anfang, das Wasser mit ihren Wurzeln aus dem Boden zu saugen. Der Wasserkreislauf schließt sich und beginnt erneut.

In der Seehundstation (S. 157)

Aufgabe 8 S. 157

In der Seehundstation ist immer viel zu tun, sieben Tage in der Woche. Aus allen Schwimmbecken wird früh am Morgen das Wasser abgelassen, um die Kacheln zu reinigen, die die kleinen Robben über Nacht verdreckt haben. Dazu reinigen die Tierpfleger die Gehege mit viel Dampf, Wasser und einem Schrubber. Draußen im Meer erledigen das Ebbe und Flut.
Andere Tierpfleger kochen in der Zwischenzeit das Futter für die Kleinsten und müssen z. B. sehr viele Heringe zerschneiden. Nach der ersten Fütterungszeit wird echtes Nordseewasser in die Schwimmbecken gepumpt, das genauso trüb und salzig ist wie die Wellen vor dem Deich.
Fünfmal am Tag gibt es Futter, und fünfmal am Tag müssen alle Schüsseln, Trichter und Futternäpfe gewaschen werden. Jede kleine Robbe muss außerdem medizinisch versorgt werden und bei Krankheit die passende Medizin erhalten.

Der Krake ist heute schlecht gelaunt (S. 157)

Haben Kraken tatsächlich Gefühle? Es klingt unglaublich, stimmt aber. Achtarmige Kraken sind besonders intelligent und lernfähig. Diese bis zu sechs Meter langen Tiere haben ein gut ausgebildetes Gehirn und besitzen zudem scharfe Augen. Anders als alle anderen Weichtiere sind Kraken sehr verspielt. Dieses Verhalten zeigen sonst nur Säugetiere. Außerdem haben Kraken unterschiedliche Stimmungen: Sie können ängstlich, gereizt, aufgeregt oder übermütig sein. Interessant ist dabei auch, dass sie sogar die Farbe wechseln, wenn sich ihre Stimmung ändert. Sie werden z. B. rot, wenn sie wütend werden, so wie wir Menschen auch. Forscher haben zudem herausgefunden, dass es Kraken gibt, die grundsätzlich feinfühlig, ängstlich, scheu oder eher angriffslustig sind. Wie mag sich wohl ein feinfühliger Krake verhalten?

(Nach: Brockhaus-Kalender für Kinder, Bibliographisches Institut & F. A. Brockhaus, Mannheim)

Haie (S. 157)

Haie gibt es in der Entwicklungsgeschichte der Erde schon sehr lange. Man könnte fast sagen, dass sie zu den Dinosauriern der Meere gehören. Ihr stromlinienförmiger Körper leistet im Wasser kaum Widerstand. Aus diesem Grund können Haie sehr schnell schwimmen. Wie alle Fische legen Haie Eier, die sie auf dem Meeresgrund an Felsen oder Algen befestigen. Es gibt auch Haiarten, bei denen sich die Eier im Mutterleib entwickeln. Diese Jungen sind bei der Geburt bereits vollständig ausgebildet. Zur Familie der Haie gehören sowohl gefährliche, Fleisch fressende Raubfische wie der Blauhai als auch friedliche Plankton fressende Mitglieder wie der riesige Walhai. Dieser kann ungefähr zwölf Meter lang werden und ist damit der größte Fisch der Welt. Trotz seiner riesigen Größe ist er völlig harmlos.

(Nach: Das große Arena Tierlexikon, Arena Verlag, Würzburg 2001, S. 238 f., übersetzt von Anne Emmert)

2. Verwandlungen – Was zu einem Nomen werden kann (S. 158–162)

Aufgabe 1 S. 158

Die Schülerinnen und Schüler sollen vor dem Hintergrund des Textes eigene Überlegungen zu Verdunstungsprozessen anstellen. Auf diese Weise kann das Textverständnis überprüft, gesichert und eine Anwendung des Gelesenen ermöglicht werden.

Das Wasser (S. 158)

Aufgabe 2 S. 158

Der Text enthält einige Nominalisierungen, die von den Schülerinnen und Schülern herausgesucht werden sollen. Zur Erklärung der Schreibweise sollen sie ihr bereits vorhandenes Wissen anwenden. Der sich anschließende Regelkasten greift diese Aspekte auf und erläutert sie.

zum Wachsen und Blühen, das Interessante, beim Atmen, beim genauen Hinsehen

Aufgabe 3 S. 159

Diese Übung dient zur Anwendung des Wissens, dass man Verben und Adjektive zu einem Nomen verwandeln kann. Dabei soll die Umwandlung im Satzkontext erfolgen, um so die Funktion der Nominalisierung besser erkennen zu können.

- **Das laute Schnarchen** meines Opas raubte mir beim Zelten den Schlaf. (nominalisiertes Verb)
- **Das Blaue** des Rahmens kam vor dem weißen Hintergrund besonders gut zur Geltung. (nominalisiertes Adjektiv)
- **Zum Lesen** brauche ich Ruhe. (nominalisiertes Verb)
- **Das Streicheln** der Rochen im Zoo ist erlaubt. (nominalisiertes Verb)
- Der traurige Film brachte viele Zuschauer **zum Weinen**. (nominalisiertes Verb)
- In Märchen siegt fast immer **das Gute**. (nominalisiertes Adjektiv)
  Das konzentrierte Arbeiten fiel den Kindern in der sechsten Stunde sehr schwer. (nominalisiertes Verb)
- Wenn man ein fernes Land bereist, kann man **viel Neues** entdecken. (nominalisiertes Adjektiv)

- Auf einem Flohmarkt kann man manchmal auch **etwas Nützliches** entdecken. (nominalisiertes Adjektiv)

a) Wenn Verben zu Nomen werden (S. 159–160)
In den folgenden Übungen steht die Nominalisierung von Verben im Zentrum. Der vorangestellte Regelkasten greift diesen Aspekt auf und erläutert ihn.

Aufgabe 4
S. 159

Die Lernenden sind hier aufgefordert, aus dem Satzkontext zu entscheiden, ob Verben in ihrer ursprünglichen Form eingesetzt werden oder zu einem Nomen werden und daher nominalisiert werden müssen.
Wenn Menschen **schnarchen**, stören sie oft andere in ihrer Nachtruhe.
Andauerndes **Schnarchen** kann gefährlich sein, da dadurch manchmal die Sauerstoffzufuhr zum Gehirn behindert wird.
Viele Kinder **springen** gerne in Pfützen.
Das **Springen** vom Beckenrand ist verboten.
Im Sommer fahren viele Menschen zum **Baden** an einen See.
Es ist erfrischend, bei großer Hitze in kühlem Wasser zu **baden**.
Bei dem Spiel „Stille Post" müssen sich die Mitspieler etwas ins Ohr **flüstern**.
Das **Flüstern** macht viele Eltern misstrauisch.
Das **Streicheln** von fremden Hunden kann schmerzhaft enden.
Katzen sind sehr eigenwillig und lassen sich nur **streicheln**, wenn sie es wollen.

Aufgabe 5
S. 160

Auch bei dieser Übung geht es darum zu entscheiden, ob ein Verb als Verb oder als Nomen verwendet wird. Dabei sind die Schülerinnen und Schüler jedoch aufgefordert, eigene Sätze zu bilden.
Das **Lesen** im Halbdunkeln ist schädlich für die Augen.
Viele Kinder **lesen** gerne spannende Bücher.
Das **Schreiben** von Postkarten gehört für viele im Urlaub zur Pflicht.
Wenn Schüler Erzählungen **schreiben**, haben sie immer tolle Ideen.
Piets Eltern **bauen** gerade ein neues Haus.
Beim **Bauen** eines Kaninchenstalls hat Asal sich in den Finger gesägt.
Zum **Bemalen** großer Flächen benötigt man einen breiten Pinsel.
Kleine Kinder **malen** gerne mit Wachsmalstiften, weil sie diese gut halten können.
Katzen können besonders gut **sehen**.
Das **Sehen** fällt vielen Autofahrern im Dunkeln schwer.
Beim **Schneiden** mit einem scharfen Messer muss man besonders gut aufpassen.
Bevor der Koch das Fleisch **schneidet**, schärft er das Messer.
Bei kleinen Kindern sollte man schon sehr früh testen, ob sie gut **hören** können, da sie sonst auch das Sprechen nicht richtig erlernen können.
Meine Schwester legt sich beim **Hören** ihrer Lieblingsmusik am liebsten auf das Sofa.
Im Urlaub **steigt** mein Vater gerne auf besonders hohe Berge.
Das **Besteigen** dieser Berge ist jedoch für uns sehr mühsam.
Meine Eltern **fahren** gerne mit dem Wohnmobil in den Urlaub.
Zum **Fahren** eines Motorrads benötigt man einen besonderen Führerschein.
Beim **Einkaufen** habe ich meinen Lehrer getroffen.
Meine kleine Schwester darf noch nicht allein **einkaufen**.

Pinguine (S. 160)

Aufgabe 6
S. 160

Pinguine sind in sehr vielen Zoos zu finden und bei den Besuchern sehr beliebt. Diese seltsamen Vögel leben eigentlich in den Meeren der südlichen Erdhalbkugel. Man schmunzelt immer wieder über ihr komisches Gehen und Stehen. Ihr Körperbau ist jedoch einfach eine Folge ihrer völligen Anpassung an das Leben im Wasser. Ihre Flügel sind zu flossenartigen Rudern geworden. Die kleinen Federn liegen wie Schuppen am Körper. Eine dicke Fettschicht schützt sie vorm Erfrieren in der eisigen Kälte. Die kurzen Beine am Ende des Rumpfes ermöglichen nur ein ungeschicktes Watscheln. Daher gehen die Tiere nur zum Brüten an Land. In Filmen kann man hin und wieder beobachten, wie sie auf dem Bauch über das Eis rutschen und sich so fortbewegen. Das ist anscheinend bequemer als das mühselige Hüpfen. Die meiste Zeit leben die Pinguine im Meer und ernähren sich fast ausschließlich von Fischen. Leider verlieren auch diese Tiere durch das Aufwachsen im Zoo viele ihrer Fähigkeiten und Gewohnheiten.

b) Wenn Adjektive zu Nomen werden (S. 160–162)
In den sich anschließenden Übungen geht es um die Nominalisierung von Adjektiven. Der vorangestellte Regelkasten greift diesen Aspekt wiederum auf und erläutert ihn. Die Aufgaben sind denen aus dem Bereich der nominalisierten Verben sehr ähnlich. Diese bewusste Gestaltung soll die Aufmerksamkeit der Lernenden für die Unterscheidung und korrekte Anwendung der Nominalisierungen fördern.

Aufgabe 7 S. 161

Die Lernenden entscheiden hierbei aus dem Satzkontext, ob Adjektive in ihrer ursprünglichen Form eingesetzt werden oder zu einem Nomen werden und daher nominalisiert werden müssen.
Viele Menschen tragen im Winter **dunkle** Farben.
Katzen können im **Dunkeln** gut sehen.
Jonas erzählte seiner Schwester etwas **Lustiges**. Da konnte sie wieder lachen.
Der Kinofilm war sehr **lustig**.
Jana wünscht sich zum Geburtstag etwas **Nützliches** – eine neue Taucherbrille.
Nach dem starken Unwetter wollten sich auch die Kinder **nützlich** machen und halfen beim Aufräumen mit.
Anna hat sich für ihren Physikversuch etwas **Interessantes** überlegt.
In dem Kinderlexikon stehen viele **interessante** Artikel.
Timo hat im Urlaub etwas **Besonderes** erlebt.
Senta hat für ihre Mutter eine **besondere** Überraschung zum Geburtstag vorbereitet.

Aufgabe 8 S. 161

Auch bei dieser Übung geht es darum zu entscheiden, ob ein Adjektiv als Adjektiv oder als Nomen verwendet werden muss. Dabei sind die Schülerinnen und Schüler aufgefordert, eigene Sätze zu bilden.
Das **Gelb** der Sonnenblume leuchtet besonders intensiv.
Der **gelbe** Pullover gehört zu Pauls Lieblingssachen.
Beim Eintauchen in den See stieß der Taucher auf etwas **Hartes**.
Eis darf nicht zu **hart** sein, sonst kann man es schlecht portionieren.
Mein Pyjama ist **gestreift**.
Das **Gestreifte** des Sofas gefiel meiner Oma gar nicht.
Flöhe sind **kleine** Lebewesen.
In Tims Chaos etwas **Kleines** wie eine Knopfzellenbatterie zu finden, ist schwierig.
Das **Bunte** der Leuchtreklamen fiel mir beim Durchwandern der Innenstadt sofort auf.
Ben benötigt für den Kunstunterricht viele **bunte** Farben.
Eine Spülmaschine ist etwas sehr **Nützliches**.
Alvine machte sich **nützlich** und half ihrem Opa beim Streichen des Gartenzauns.
Kai wünscht sich zum Geburtstag ein **neues** Fahrrad.
Dem Flohmarkthändler kann man Altes und **Neues** zum Kauf anbieten.

Das **Helle** des Schnees blendete den Skifahrer, da er seine Brille vergessen hatte.
Im November wird es draußen nie richtig **hell**.
In der Wüste ist es am Tag sehr **heiß** und in der Nacht oft extrem kalt.
Nach der Schlittenfahrt brauchten alle etwas **Heißes** zu trinken.

Kleine Farbenlehre (S. 161)

Aufgabe 9 S. 161

Während es für euch heute etwas Selbstverständliches ist, zum Malen euren Tuschkasten zu benutzen, hatten es die Maler früher oft sehr schwer, geeignete Farben zu bekommen. Das Gelb gewann man z. B. aus Pflanzen wie Safran. Das Malen und Färben mit Safran war eine sehr mühevolle Angelegenheit, da Safran aus den dünnen Staubfäden einer Krokusart gewonnen wird. Um eine ausreichend große Menge zu erhalten, musste man sehr lange ernten.
Ein Blau, das ihr bestimmt kennt, ist das Jeansblau. Es wird mit dem Farbstoff Indigo hergestellt, der heute synthetisch, also künstlich, erzeugt wird. Früher gewann man ihn aus der in Indien wachsenden Indigopflanze. Weil es nur sehr wenige Möglichkeiten gibt, Blau auf natürlichem Weg herzustellen, war diese Farbe früher etwas sehr Wertvolles und nur Königen vorbehalten.
Rot war früher ebenfalls schwer zu erzeugen. In Europa verwendete man dazu vor allem die Wurzel der Pflanze Färberröte, die schon seit dem Altertum bekannt ist, die man aber heute nur noch sehr selten findet. Man verwendete auch Tiere als Lieferanten für die rote Farbe, die Weibchen der Kermesschildläuse. Diese Läuseart lebt vor allem in Südeuropa und im Nahen Osten, hauptsächlich auf Kermeseichen. Früher trocknete man die Tiere in der Sonne, zerstampfte sie anschließend und gewann somit den leuchtend roten Farbstoff, den Kermes. In Italien trinkt man einen roten Schnaps, der Akermes heißt. Was meint ihr, woraus der wohl hergestellt wird ...?

(Nach: Brockhaus-Kalender für Kinder, Bibliographisches Institut & F. A. Brockhaus, Mannheim)

Aufgabe 10 S. 162

Einige Ausdrücke, die auf den ersten Blick wie ein Nomen erscheinen, werden kleingeschrieben. Dazu zählen Adjektive, die sich auf ein vorhergehendes Nomen beziehen, und Adjektive im Superlativ mit *am*. Diese Aspekte müssen von Nominalisierungen abgegrenzt werden. Die Schülerinnen und Schüler sollen Sätze bilden, in denen sich Adjektive auf ein vorhergehendes Nomen beziehen und in denen Adjektive im Superlativ verwendet werden.

- Stine ist von allen Kindern in ihrer Klasse am größten.
- Von allen Tieren mag Manuel Delphine am liebsten.
- Ich sehe gerne Leichtathletik; am besten gefällt mir der Zehnkampf der Männer.
- Von allen Urlauben war der letzte am schönsten.
- Im Zoo sahen wir viele Tiere; die kleinsten waren Blattschneideameisen.
- Am Himbeerbusch meiner Oma wachsen viele saftige Früchte; die dicksten darf ich zuerst essen.
- Ich esse gerne Bonbons; die sauren mag ich aber lieber als die süßen.
- In der Jugendherberge waren viele Kinder nachts laut; die lautesten wurden vom Herbergsvater ermahnt.
- Durch den Autounfall hatte Maik viele Verletzungen erlitten; die schlimmsten hatte er am Bein.
- Beim Marathonlauf starteten sehr viele Läufer, von denen die meisten im Mittelfeld ins Ziel kamen.

Mithilfe der Diktattexte und der sich anschließenden Übungen auf dem folgenden Arbeitsblatt 1 können die Schüler auf eine Klassenarbeit zum Thema Nominalisierungen vorbereitet werden. Zur Korrektur der Texte bieten sich zwei Möglichkeiten an: Eine Schülerin/ein Schüler schreibt den Text auf eine Folie, die nach dem Diktieren und Bearbeiten der Aufgaben gemeinsam am OHP besprochen und verbessert wird. Eine Alternative ist die Partnerarbeit. bei der die Lernenden ihre Hefte tauschen und ihre Texte und Aufgaben gegenseitig korrigieren.

Nominalisierungen

1. Präriehunde

Präriehunde sind trotz ihres Namens keine Hunde, sondern zählen zu den Nagetieren. Während sie früher zu Milliarden in der nordamerikanischen Prärie lebten, ist ihre Zahl heute stark zurückgegangen. Die Tiere bewohnen in großen Kolonien riesige Höhlensysteme, die von ihnen selbst gegraben werden. Aufgrund der enormen Größe der Höhlen können dort verschiedene Familien einer Kolonie leben, die sich aber aus dem Weg gehen, weil die Familienmitglieder am liebsten unter sich bleiben. Zum Zurückziehen verfügen die Höhlen über Schlupflöcher, die jeweils einige Meter auseinanderliegen. Zum gegenseitigen Erkennen nutzen die Familienmitglieder ihren Geruchssinn. Sie berühren sich häufig mit dem Mund und es scheint fast so, als würden sie sich küssen. Das Annähern und Riechen dient dazu, am Mundgeruch des jeweils anderen Hundes zu erkennen, ob er zu derselben Familie gehört. Das Verweigern des Mundkontaktes wird von den Präriehunden entsprechend gedeutet und das Tier als Fremdling vertrieben.

(Nach: Brockhaus-Kalender für Kinder, Bibliographisches Institut & F. A. Brockhaus, Mannheim)

1. Informiere dich über die Größe und die Fressgewohnheiten der Präriehunde.

2. Kennst du weitere Tiere, die Duftmarken zur Wiedererkennung nutzen?

3. Unterstreiche in dem Text alle Nominalisierungen.

4. Bilde mithilfe der folgenden Adjektive drei Sätze zum Thema Präriehunde, wobei du die Adjektive in Nominalisierungen umformst.

groß, stark, riesig

2. Langhaarige Säugetiere

Die Haare des Moschusochsen sind die längsten aller Säugetiere, sie werden bis zu 90 Zentimeter lang. Zwischen den besonders langen Haaren wachsen kurze Wollhaare. Das Besondere dieser Wolle ist ihre spezielle Wärmefähigkeit. Sie wärmt bis zu sechsmal besser als Schafwolle. Für das ausreichende Gewinnen der Moschusochsenwolle werden diese Tiere auf speziellen Farmen gezüchtet. Das Scheren der Tiere ist jedoch nicht möglich, da sie ihr Fell zum Regulieren ihrer eigenen Körpertemperatur benötigen. Heute leben die Moschusochsen hauptsächlich in Alaska, Nordkanada und auf Grönland. Um in diesen kalten Regionen zu überleben, ist das Fell für die Tiere zu etwas Lebensnotwendigem geworden. Daher kämmt man die Wolle nur aus. Wie andere Tiere wechselt auch der Moschusochse regelmäßig sein Haar. Mit jedem Wechseln des Haares fallen dabei zwei bis drei Kilogramm Rohwolle an. Nach dem Spinnen erreicht die Wolle einen Marktwert von über 500 Euro. Die Inuit, die Einwohner der Arktis, nennen die Moschusochsen entsprechend ihrer haarigen Erscheinung „die Zotteligen."

(Nach: Brockhaus-Kalender für Kinder, Bibliographisches Institut & F. A. Brockhaus, Mannheim)

1. Kennst du noch weitere Wollarten, die zur Herstellung von Kleidung gewonnen werden?

2. Welches ist die am meisten verwendete Wollart? Weißt du, wo und wie sie gewonnen wird?

3. Suche aus dem Text alle Nominalisierungen heraus und erkläre ihre Schreibweise. Bestimme auch die ursprüngliche Wortart der Nominalisierungen.

Leistungsüberprüfung – Selbstevaluation – Klassenarbeit

Diktat

Hat es Hexen wirklich gegeben?

Früher haben die Menschen fest an Hexen geglaubt. Für das vernichten der Ernte durch ein Unwetter oder das erkranken eines Kindes oder einer Kuh gab man oft einer Hexe die schuld. Neben der Furcht vor dem bösen und unheimlichen glaubte man aber auch, dass Hexen in der Lage wären, mit ihren magischen Kräften gutes zu bewirken. Sie kannten geheime Mittel, um Unheil, Krankheiten und Missernten fernzuhalten. Viele der Frauen, die später als Hexen galten, standen zuvor in hohem ansehen, weil die Menschen das besondere ihrer Fähigkeiten schätzten und viele sie um Rat und Hilfe baten. Im Mittelalter fing man an, die Frauen, die sich in irgendeiner Weise verdächtig und unheimlich benahmen, als Hexen zu bezeichnen. Dazu zählten auch Frauen, die heilkundliche Fähigkeiten besaßen. Die Menschen holten diese Frauen bei Geburten zu hilfe oder fragten sie bei Krankheiten um rat, weil sie mit den heilenden Kräften von Kräutern, Früchten und Salben vertraut waren und wussten, wie man sie am besten und sinnvollsten anwendet.

- In diesem Text sind eine Reihe von Wörtern kleingeschrieben, die aber großgeschrieben werden müssen. Finde die falsch geschriebenen Wörter, streiche sie durch und schreibe sie in der richtigen Form darüber.

Fremde Länder entdecken … – Sich informieren (S. 166–179)

Vorüberlegungen zur Einheit

Die Einheit bietet den Schülerinnen und Schülern einerseits konkrete Hilfen zu einer gezielten Suche nach Informationen, gibt andererseits aber auch Hinweise und Hilfen bei der Verarbeitung und Auswertung der gewonnenen Informationen. Dabei werden neben den neuen Medien (Rechner und Internet) auch die alten Medien nicht außer Acht gelassen, da nur eine sinnvoll kombinierte Nutzung aller Informationsquellen ein ausgewogenes Bild liefert.
Im Einzelnen werden folgende Bereiche in der Einheit behandelt:

- Informationen aus Texten entnehmen
- Informationen mithilfe einer Mind-Map ordnen
- ein Diagramm beschreiben
- eine Tabelle beschreiben
- Internet-Recherche mithilfe von Stichworten
- Internet-Recherche mithilfe von Themenkatalogen

Das Angebot wird für die Schülerinnen und Schüler mit einigen Projektideen abgerundet, die das in der Einheit erworbene bzw. aufgefrischte Wissen für Ideen nutzbar machen und über den üblichen Rahmen des Unterrichts hinausgehen sollen sowie auch aufgrund der jeweils angestrebten Präsentation für sie reizvoll sein sollten.

Didaktische Aufbereitung der Unterkapitel

1. Informieren und Recherchieren (S. 167–175)

Informationen aus Texten entnehmen (S. 167)

Tunesien – Eintauchen in die Welt des Orients (S. 167)

Aufgabe 1
S. 167

Die Informationen beziehen sich alle mehr oder weniger auf den Tourismus: Neben den prospekttypischen Angaben zur touristischen Infrastruktur, zur Natur und zum Wetter wird allerdings auch ein Schwerpunkt auf den Umweltschutz gelegt. Das Foto vermittelt zudem einen optischen Eindruck von der im Text geschilderten Schönheit des Landes.

Aufgabe 2
S. 167

Zum einen werden durchweg positive Aspekte des Landes herausgestellt, daneben wird auf die gebotene Vielfalt und die besonderen Leistungen auf dem Gebiet des Umweltschutzes verwiesen. Insgesamt werden vor allem Bereiche genannt, die bei der Auswahl eines Urlaubsziels von entscheidender Bedeutung sind (gutes Wetter, gute Infrastruktur, vielfältige Freizeitmöglichkeiten).
Sprachlich sind vor allem die Adjektive entscheidend für die Werbewirksamkeit des Textes. Sie können zu einem Tafelbild zusammengestellt werden:

Tafelbild

Werbewirksame Adjektive im Reiseprospekt

- *lange Sandstrände*
- *herrliche Golfplätze*
- *aufregende Wochen*
- *gute bis luxuriöse Hotels*
- *buntes Leben*
- *unvergessliches Erlebnis*
- *kinderfreundliche Einrichtungen*
- *erholsame Ruhe*

Aufgabe 3
S. 167

Weitergehende Informationen über das Land und seine Geografie und Geschichte, die dort lebenden Menschen, ihre (Ess-)Kultur, aber auch über Gewerbe, Industrie und Handel fehlen. Ferner wären Informationen über praktische Belange wie besondere kulturelle Gepflogenheiten, die Landeswährung, die Krankenversorgung oder auch einige Hinweise zur Landessprache (inklusive typischer Redewendungen und Fragen) hilfreich.

Informationen ordnen mithilfe einer Mind-Map (S. 168–171)

Aufgabe 1
S. 168

Tunesien (Lexikonartikel) (S. 169)

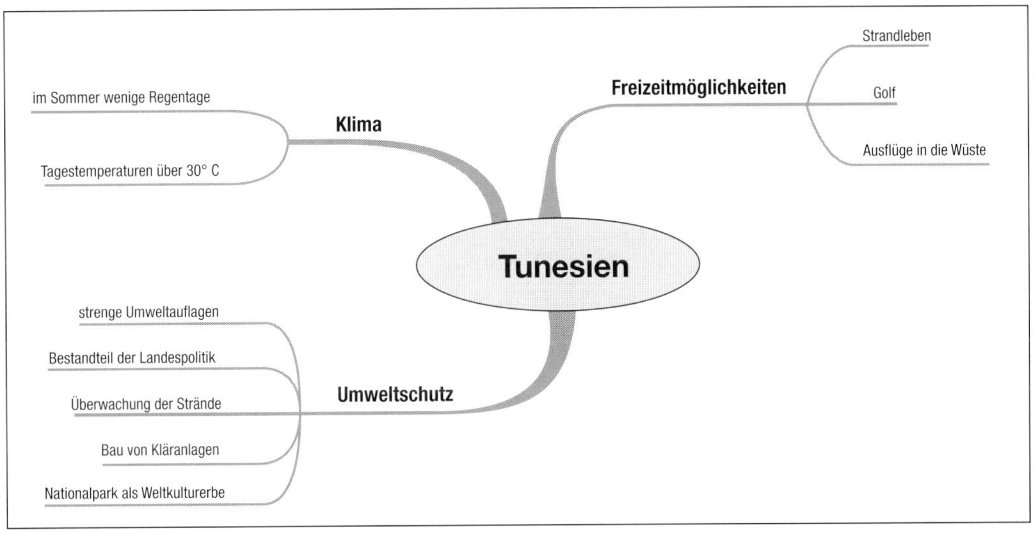

Aufgabe 2
S. 170

Landesgeschichte, Tunesische Küche, Tourismus, Kunst und Handwerk, Landwirtschaft

Aufgabe 3
S. 170

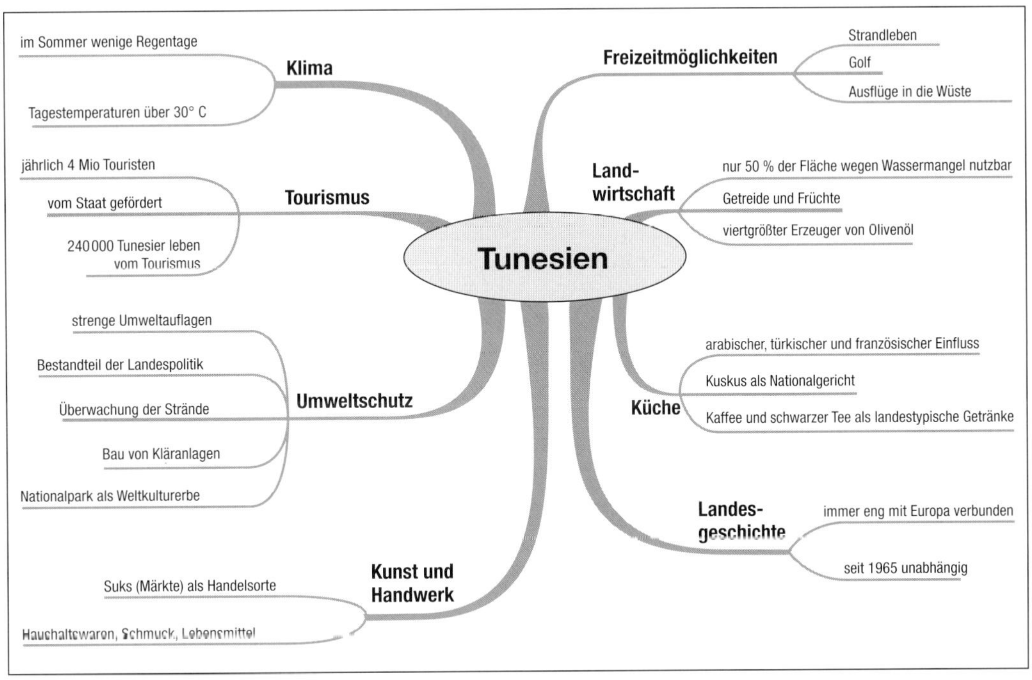

Lettland (Lexikonartikel) (S. 170–171)

Aufgabe 4 S. 170

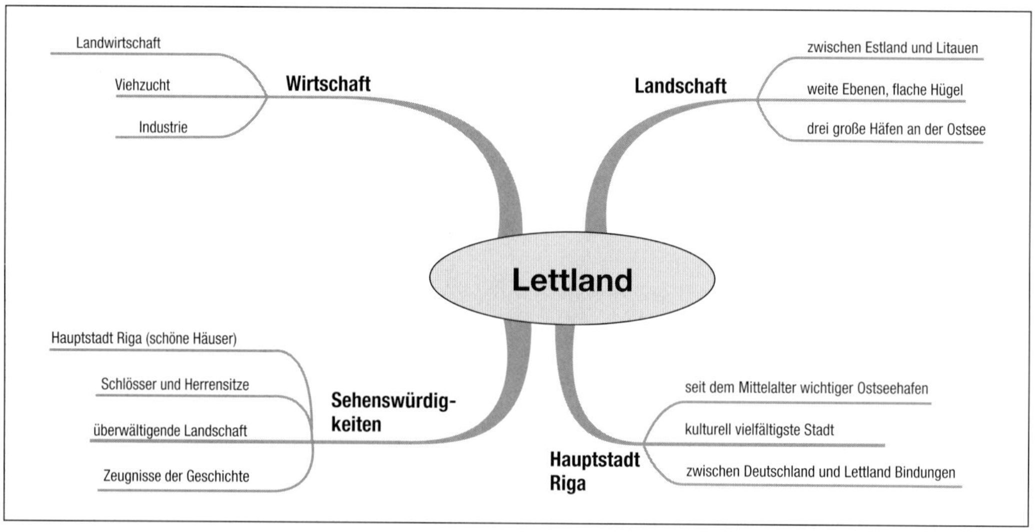

Beschreibung eines Diagramms (S. 172–173)

Aufgabe 1 S. 172
Wie auch der Legende bereits zu entnehmen ist, werden die durchschnittliche Zahl der Tage mit Niederschlägen pro Monat und die durchschnittliche Höchsttemperatur in °C pro Monat dargestellt.

Aufgabe 2 S. 172
Es handelt sich um ein Klimadiagramm, dargestellt als eine Kombination aus Balken- und Kurvendiagramm.

Aufgabe 3 S. 172
Zum einen hat Tristan die einzelnen Elemente des Diagramms benannt, zum anderen aber auch bereits erste Beobachtungen (Verlauf der Temperaturkurve, Zahl der Regentage) festgehalten. Damit bietet der Stichwortzettel die Gewähr, dass bei der Beschreibung und Auswertung nichts Wesentliches vergessen werden kann.

Aufgabe 4 S. 173
Die Beschreibung beginnt mit einer Einzelheit, es fehlt ein einleitender Satz, der über Grundlegendes (Klimadiagramm für Riga, Angaben über Niederschläge und Höchsttemperaturen) informiert.

Aufgabe 5 S. 173
Beispiel:
„Das vorliegende Klimadiagramm zeigt für Riga die Zahl der niederschlagsfreien Tage und der durchschnittlichen Höchsttemperaturen für die einzelnen Monate des Jahres."

Aufgabe 6 S. 173
„Bis zum Juli steigen die Temperaturen kontinuierlich auf über 20° C an und fallen dann bis zum Dezember wieder auf 3° C ab. Die Zahl der Tage mit Niederschlägen pendelt zwischen 8 und 13. Am unteren Ende befinden sich der März und Mai, am oberen Ende die Monate September, November und Dezember. Insgesamt häufen sich die Tage mit Niederschlägen im Herbst und Winter."

Aufgabe 7 S. 173
Tristan äußert eine sehr persönliche Meinung, sie sollte durch eine Zusammenfassung des wesentlichen Befundes ersetzt werden: „Da es im Juli und August am wärmsten ist und am wenigsten Regen fällt, fährt man am besten in diesen Sommermonaten nach Lettland."

Beschreibung einer Tabelle (S. 174–175)

Aufgabe 1 S. 174
Die Tabelle informiert für die Monate April bis Oktober – wie in der ersten Spalte abzulesen ist – über verschiedene Temperaturwerte (Tag-, Nacht- und Wassertemperatur), die Sonnenstunden pro Tag und die Regentage pro Monat in Tunesien.

Aufgabe 2
S. 174

Dies sind die für einen Urlaub in Tunesien wichtigen Monate, da sie z. B. auf Deutschland bezogen die Oster-, Sommer- und Herbstferien einschließen.

Aufgabe 3
S. 174

Die Differenz beider Werte ist z. B. interessant in Bezug auf die Verträglichkeit insbesondere für ältere Menschen, spielt aber auch eine Rolle bei der Frage, in welchem Zeitraum Aktivitäten auch abends/nachts draußen stattfinden können.

Aufgabe 4
S. 175

„Die Tabelle zeigt das Klima von Tunesien für den Zeitraum April bis Oktober. Dabei werden verschiedene Temperaturen, die täglichen Sonnenstunden und die monatlichen Regentage angegeben."

Aufgabe 5
S. 175

„Es folgen in der nächsten Zeile Angaben zu den täglichen Sonnenstunden und zum Schluss zu den monatlichen Regentagen.

Die Temparaturwerte zeigen alle eine ähnliche Entwicklung, da sie jeweils in den Monaten Juli und August ihren höchsten Wert erreichen und jeweils im Frühjahr am niedrigsten liegen. Im Einzelnen steigen die Tagestemperaturen im April von 21° C bis auf 32° C im August/September und fallen dann wieder bis auf 26° C ab. Parallel dazu steigen die Nachttemperaturen von 12° C über 21° C im Juli/August auf 17° C und die Wassertemperaturen von 16° C über 25° C im Juli/August auf 21° C.

Die Entwicklung der täglichen Sonnenstunden verläuft ähnlich. Hier steigen die Werte von neun Stunden im April bis auf 12 Stunden im Juli/August und fallen dann wieder bis auf sieben Stunden ab.

Entsprechend umgekehrt ist die Entwicklung bei den monatlichen Regentagen, da sie von sieben Tagen im April auf einen im Juli abfallen und dann wieder auf sechs im Oktober ansteigen."

Aufgabe 6
S. 175

„Bei der Auswertung der einzelnen Werte für Temperaturen, Sonnenschein und Regen wird deutlich, dass die Monate Juli und August die besten Voraussetzungen bieten, einen Urlaub in Tunesien zu verbringen, da in diesen Monaten die Wahrscheinlichkeit am höchsten ist, gutes Wetter genießen zu können."

2. Mit einem „Klick" zur richtigen Information – Recherchieren im Internet (S. 176–178)

Suche mit Stichworten (S. 176–178)

Aufgaben 1 und 2
S. 176 f.

Die genaue Anzahl der gefundenen Seiten spielt letztlich keine Rolle: Entscheidend ist die Tatsache, dass die Zahl der Internetseiten schier unüberschaubar ist und die Schülerinnen und Schüler diese Fülle an Seiten, d. h. Informationen nicht verarbeiten können.

Aufgabe 3
S. 177

Die Groß- und Kleinschreibung spielt keine Rolle, andere Fehler in der Orthografie führen allerdings zu Fehlern bei der Suche. Moderne Suchmaschinen bieten bei kleineren Verstößen allerdings häufig auch das korrekt geschriebene Wort als Alternative an (z. B. www.google.de fragt bei der Eingabe von „tunnesien" nach: „Meinten Sie: tunesien?")

Aufgabe 4
S. 177

Entscheidend ist die Kombination zentraler Suchbegriffe, die zu einer Einengung der Suchergebnisse führt. Dabei muss den Schülerinnen und Schülern deutlich gemacht werden, dass die Ergebnisse am brauchbarsten sein werden, wenn sie zuvor eine geschickte und zielgenaue Auswahl der Schlagworte vorgenommen haben.

Aufgaben 5 bis 7
S. 177 f.

freie Aufgaben

Suche mit Themenkatalogen (S. 178)

Aufgaben 1 bis 3
S. 178

Die Arbeit mit Themenkatalogen ist immer dann sinnvoll, wenn ein erster Zugriff auf spezielle Themen und Bereiche erfolgen soll. Die Themenkataloge sind natürlich nur von begrenztem Wert, da sie zwangsläufig nur die häufigsten Themenbereiche abdecken können. Je spezieller also das gesuchte Thema ist, desto geringer ist die Chance, mittels eines Themenkatalogs zum gewünschten Erfolg zu gelangen.

Aufgabe 4
S. 178

freie Aufgabe

Einen appellativen Text untersuchen

Fuerteventura

Meilenweite Sandstrände, glutrote Sonnenuntergänge begleitet vom Rauschen der Meeresbrandung – das ist Fuerteventura, der größte „Sandkasten“ der Kanaren[1]. 100 km lang und 30 km breit ist die „Wüste im Atlantik“, wie Fuerteventura oft genannt wird. Auf 300 km Küste kommen 130 km goldgelber Sandstrand mit glasklarem Wasser und traumschönen Dünen, mit wildromantischen Buchten und geheimnisvollen Vulkanlandschaften.

Paradiesisch sind die Strände für Kinder. Am flach abfallenden Sandstrand können sie ungefährdet baden und riesengroße Sandburgen bauen. Hier kann jeder, wie es ihm gefällt, urlaubsglücklich werden.

---

[1] Kanaren: Inselgruppe im Atlantischen Ozean

Woran kannst du erkennen, dass es sich bei dem vorliegenden Text um Werbung für Fuerteventura handelt?

Informationen ordnen mithilfe einer Mind-Map

Fuerteventura

Fuerteventura ist mit ca. 1 660 qkm die zweitgrößte der Kanarischen Inseln und liegt etwa 100 Kilometer westlich der afrikanischen Küste und 15 Kilometer südlich der Insel Lanzarote. Gleichzeitig ist sie aber auch die am dünnsten besiedelte, denn auf der gesamten Insel leben nur ca. 75 000 Einwohner. An ihrer längsten Stelle von Norden nach Süden misst die Insel etwas mehr als 100 Kilometer, an der breitesten Stelle sind es etwa 30 Kilometer. Die Nähe zum afrikanischen Kontinent ist in dem ganzjährig überaus milden Klima mit über 300 Sonnentagen im Jahr ständig zu spüren. Selbst im Winter sinken die Tagestemperaturen selten unter 20° C ab.

Fuerteventura ist ein Paradies für Sonnenanbeter und Wassersportler, insbesondere Windsurfer sind begeistert vom stetigen Wind. Der Nordostpassat sorgt im Sommer für zuverlässig gute Surfbedingungen in den Haupturlaubsregionen im Norden der Insel (Corralejo) und im Süden auf der Halbinsel Jandia. Absolute Profis wagen sich in den Wintermonaten in die stürmische See an den Playas de Barlovento. Aber auch Wellenreiter, Schnorchler und Taucher finden hier ideale Bedingungen. Gerade Taucher freuen sich über einige Schiffswracks, die an verschiedenen Stellen „betaucht" werden können.

Für die meisten Urlauber sind die absoluten Höhepunkte der Insel jedoch die einmalig schönen, kilometerlangen Traumstrände der Insel. Sie zählen zu den schönsten in ganz Europa. Sowohl im Norden als auch im Süden der Insel erstrecken sich die Strände so weit, dass sogar in den Urlaubszentren niemals eine bedrückende Enge aufkommt und man oftmals nur wenige Menschen während eines Strandspazierganges trifft.

Fuerteventura ist sicherlich keine Insel mit einer subtropischen, bunt blühenden Vegetation. Ihr vulkanischer Ursprung ist an vielen Stellen erkennbar und verleiht der Insel einen ganz besonderen Reiz. Im Inselinneren gibt es oftmals kilometerweit durch Trockenheit und Wind ausgedörrte Landstriche, einsame Landschaften und ausgedehnte Felsenplateaus. Auf der anderen Seite tauchen immer wieder kleine verstreute, bezaubernde Dörfer und grüne Oasen auf, die man auf jeden Fall einmal mit dem Mietwagen erkunden sollte. Fuerteventura ist mit Sicherheit die wildeste und unberührteste der Kanarischen Inseln. Über Fuerteventura gibt es daher sehr unterschiedliche Meinungen: entweder Entsetzen über so viel Kargheit und Einöde oder aber Faszination aufgrund der unvergleichlich schönen Sandstrände. Viele Leute sagen, entweder man kommt einmal und nie wieder oder aber immer wieder hierher.

Die wichtigsten Urlaubsregionen auf Fuerteventura sind Corralejo im Norden und Jandia im Süden der Insel.

(Aus: http://urlaub-last-minute.de/fuerteventura.asp)

Erstelle eine Mind-Map mit den wichtigsten Informationen über Fuerteventura als Urlaubsinsel.

Leistungsüberprüfung – Selbstevaluation – Klassenarbeit

Eine Tabelle beschreiben und auswerten

Fuerteventura: Temperaturen und Wetter												
	Jan	Feb	Mär	Apr	Mai	Jun	Jul	Aug	Sept	Okt	Nov	Dez
Temperaturen/Tag	21	21	23	23	24	26	26	27	27	25	22	20
Temperaturen/ Nacht	14	15	16	16	17	19	20	21	21	20	17	16
Temperaturen/ Wasser	20	19	19	19	19	20	20	21	23	23	22	21
Tage mit Niederschlag	8	2	4	4	3	1	0	1	2	4	4	8
Sonnenstunden	7	7	8	9	10	11	10	10	9	8	7	7

- Beschreibe die Tabelle. Gehe zum Schluss darauf ein, für welche unterschiedlichen Personengruppen wann die günstigste Urlaubszeit auf Fuerteventura ist.

Diagramme beschreiben und auswerten

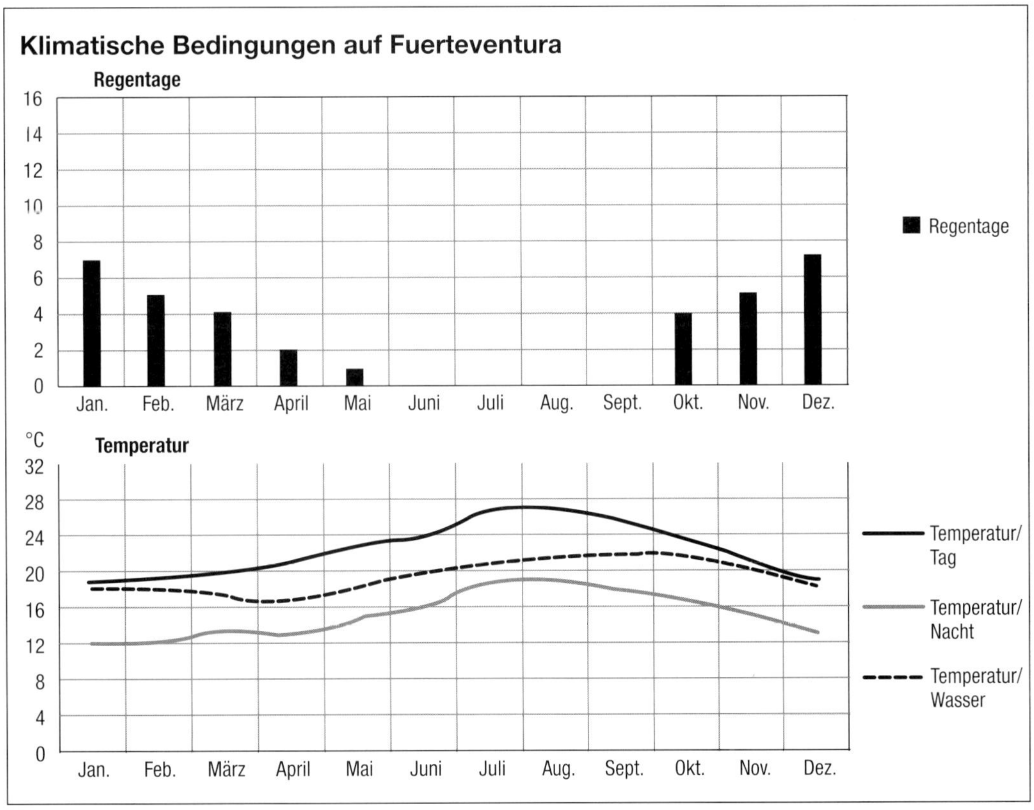

- Beschreibe die beiden Diagramme. Begründe mithilfe der Diagramme, ob du lieber in den Weihnachts-, Oster-, Sommer- oder Herbstferien nach Fuerteventura fahren würdest.

Wer? Was? Wann? … Von einem Ereignis berichten (S. 180–192)

Vorüberlegungen zur Einheit

In dieser Einheit geht es um eine Form des informierenden Schreibens und Sprechens, nämlich um das Berichten. Im Zentrum stehen dabei Ereignisse wie ein Schulunfall, die eine entsprechende Nähe zur Schülerwirklichkeit aufweisen.
Zunächst lernen die Schüler und Schülerinnen, sukzessive einen Bericht zu einem Sportunfall zu verfassen. Wegen ihrer Relevanz für das berichtende Schreiben und im Sinne eines integrativen Grammatikunterrichts werden im weiteren Verlauf die Satzreihe und das Satzgefüge mit den entsprechenden Konjunktionen und den Zeichensetzungsnormen eingeführt. Der Schlussteil enthält Übungs- und Anwendungsmaterial, um das Gelernte zu sichern.

Zentrale Kompetenzen, die in dieser Einheit geschult werden, sind:
- Kriterien eines Berichts kennenlernen
- einen einfachen Unfallbericht entsprechend der W-Fragen verfassen
- die grammatischen Phänomene Satzreihe und Satzgefüge mit den entsprechenden Konjunktionen unterscheiden
- die Zeichensetzung in Satzreihen und Satzgefügen anwenden
- eine Erzählung in einen Bericht umformen

Die Schülerinnen und Schüler können mithilfe der Einstiegsseite und der dort abgedruckten Arbeitsfragen in das Thema eingeführt werden. Das Unterrichtsgespräch sollte ergeben, dass Berichte sich auf tatsächliche Ereignisse beziehen und im Gegensatz zum Erzählen, das z. B. der Unterhaltung oder Belehrung dient, informierenden Charakter haben. Erfragt werden könnte auch, in welchen Alltagssituationen Berichte gefordert sind. In diesem Zusammenhang werden die Schülerinnen und Schüler möglicherweise auch die Medien Zeitung, Fernsehen und Internet erwähnen.

Didaktische Aufbereitung der Unterkapitel

1. Ein Sportunfall (S. 181–183)

Aufgabe 1 S. 181

Als Vorbereitung auf den zu schreibenden Text, und falls von Beginn an sehr systematisch gearbeitet werden soll, können die für den Sportlehrer wichtigen Fakten zunächst stichwortartig an der Tafel gesammelt werden:

Tafelbild

Ein Sportunfall – wichtige Fakten

- *zwei Schülerinnen als Hilfestellung*
- *zwei Sprungbretter übereinander*
- *sehr nahe am Bock*
- *schneller Anlauf*
- *Verfehlen des Bocks nach dem Absprung*
- *Hilfestellung kann nicht zufassen*
- *Landung kopfüber auf der Matte*
- *Versuch der Schülerin, mit der Hand den Sturz abzufangen*

Aufgabe 2
S. 181

Im Unterrichtsgespräch muss deutlich werden, dass der Text zu viele Informationen enthält, die nicht adressatengerecht sind.

Die Unfallmeldung (S. 182)

Aufgabe 3
S. 182

Die Unfallmeldung verdeutlicht zunächst, dass es ganz unterschiedliche Arten der Berichterstattung gibt, deren Gestaltung jeweils vom Verwendungszweck abhängt. Die Fragen ergeben sich aus den auf dem Bogen vermerkten und durchnummerierten Antwortfeldern. Im Wesentlichen geht es dabei um eine Ausdifferenzierung der W-Fragen, wie sie z. B. auch in den zusammenfassenden Informationen auf S. 183 vermerkt sind.

Aufgabe 4
S. 182

Auch wenn in dem Feld eine „ausführliche Schilderung des Unfallhergangs“ eingefordert wird, steht nur relativ wenig Platz zur Verfügung, um das Ereignis wiederzugeben. Daher kommt es darauf an, das Geschehen in kurzer Form zusammenzufassen und dabei die „Art der Veranstaltung“ und auch die „Sportart“ zu nennen, z. B.:
Der Unfall ereignete sich während des Sportunterrichts am Bock. Die Schülerin verfehlte nach einem kräftigen Absprung das Gerät, konnte von der Hilfestellung nicht gehalten werden und landete kopfüber auf der Matte. Dabei versuchte sie, den Sturz mit den Händen abzufangen.

Aufgabe 5
S. 182

Ein derartiger Meldebogen ermöglicht die standardisierte Erfassung des Vorgangs. Eine individuelle Berichterstattung wäre bei der Anzahl an täglichen Unfallmeldungen aus der Schule viel zu aufwendig.

Sportunfall in der Turnhalle (S. 183)

Aufgaben 6 und 7
S. 183

Der Bericht unterscheidet sich in der Länge von dem Kurzbericht auf dem Meldebogen, weil die W-Fragen in einem Text ausformuliert wurden und weitere Einzelheiten des Vorgangs aufgenommen wurden.

Aufgabe 8
S. 183

Der Text orientiert sich im Aufbau an der klassischen Informationspyramide. Im Einleitungsteil werden die wichtigsten W-Fragen für den eiligen Leser in kurzer Form beantwortet („Lead-Teil“). Eine ausführliche Wiedergabe des Geschehens erfolgt im Hauptteil („Body“). Diese typische Struktur dürften die Schülerinnen und Schüler auch aus der Zeitung kennen. Im Unterrichtsgespräch sollte kurz die Funktion dieses Aufbaus (s. o.) thematisiert werden.

Aufgabe 9
S. 183

Diese Aufgabe leitet unmittelbar zu der Zusammenfassung über. Die Schülerinnen und Schüler können auch sofort die Informationen lesen und die dort genannten W-Fragen stichwortartig – bezogen auf den Sportunfall – beantworten.

2. Sätze verbinden – besser schreiben, genauer informieren (S. 184–187)

In diesem Unterkapitel geht es darum, dass die Schülerinnen und Schüler die unterschiedlichen stilistischen Möglichkeiten von Satzreihen und Satzgefügen erkennen und anwenden, um informierende Texte wie Berichte sprachlich angemessener erfassen und gestalten zu können.

Aufgabe 1
S. 184

Den Schülerinnen und Schülern dürfte sehr schnell auffallen, dass der Text ausschließlich aus unverbundenen Hauptsätzen besteht, die ihn monoton klingen lassen. In einem ersten Zugriff auf das Thema sollen intuitiv Verbesserungsmöglichkeiten gesucht werden. Dabei werden die Schülerinnen und Schüler wahrscheinlich automatisch einzelne Hauptsätze verbinden, indem sie nebenordnende Konjunktionen verwenden oder auch schon mit Satzgefügen arbeiten. In Partnerarbeit sollten die entstandenen Texte anschließend verglichen werden, und es sollte versucht werden, die vorgenommenen Verbesserungen alltagssprachlich zu beschreiben.

Aufgabe 2
S. 185

Die Satzreihen stehen zunächst unverbunden nebeneinander. Es folgt jeweils eine Verknüpfung mithilfe einer nebenordnenden Konjunktion. Im Unterrichtsgespräch sollte kurz die Funktion dieser Verknüpfungen thematisiert werden. Das gilt auch für die Tatsache, dass die verbundenen Satzreihen ebenfalls weiterhin aus Hauptsätzen bestehen.

Aufgabe 3
S. 185

Die Sätze können folgendermaßen stärker aufeinander bezogen werden:
- Der Boden war gefroren, deshalb rutschte Martina aus.
- Astrid blieb benommen liegen, jedoch merkte ihr Freund nichts von dem Unfall.
- Die Sportlehrerin hatte die Schwimmstunde bereits beendet und fast alle gingen zum Duschen.
- Anja sprang noch einmal ins Wasser, deshalb musste sie in der nächsten Stunde ein Protokoll schreiben.
- Aysun hielt sich am Seil fest, aber es war vergeblich.

Auch hier sollte die Leistung der nebenordnenden Konjunktionen, welche die Sätze inhaltlich stärker aufeinander beziehen, kurz thematisiert werden.

Aufgabe 4
S. 185

Folgende Möglichkeiten können genannt werden:
- die unverbundene Satzreihe, getrennt durch ein Komma oder einen Punkt
- die mithilfe einer nebenordnenden Konjunktion verbundene Satzreihe, getrennt durch ein Komma oder einen Punkt

Der sich anschließende Regelkasten nennt als weitere Möglichkeit die Trennung der Hauptsätze mittels eines Semikolons, das die Hauptsätze stärker als ein Komma, aber weniger stark als ein Punkt voneinander trennt.

Aufgabe 5
S. 186

Folgende Verknüpfungsmöglichkeiten bieten sich an. Im Einzelfall bleibt es dem Schreiber oder der Schreiberin überlassen, ob er oder sie einen Punkt, ein Semikolon oder ein Komma setzt.
- Die Schülerinnen und Schüler der Klasse 6d hatten gestern in der zweiten Stunde Sport und sie sollten den Weitsprung üben; denn in der folgenden Woche sollten die Bundesjugendspiele stattfinden.
- An der Weitsprunggrube warteten alle auf Frau Müller, doch sie ging zunächst mit ihnen zur Laufbahn.
- Zum Aufwärmen liefen einige ein bisschen auf der Stelle und andere machten Dehnübungen.
- Frau Müller gab noch einige Anweisungen, aber Karsten konnte es nicht abwarten.
- Der Junge sprang aus vollem Lauf in die Sprunggrube und (er) verletzte sich dabei an einer Harke.

Aufgabe 6
S. 186

Die Schüler und Schülerinnen sollen zunächst den ersten Gesamtsatz als Satzreihe identifizieren und dann erkennen, dass im zweiten Satz (Satzgefüge) die unterordnende Konjunktion „weil“ die Aufgabe der nebenordnenden Konjunktion „denn“ übernimmt und damit den kausalen Zusammenhang verdeutlicht.

Aufgabe 7
S. 186

Nun geht es darum, unterschiedliche logische Verknüpfungsmöglichkeiten innerhalb der Satzgefüge induktiv auszuprobieren, ohne dass die konkrete grammatische Kategorie bekannt ist und begrifflich gefasst wird. Vor allem dann, wenn unsinnige Konjunktionen eingesetzt werden, werden die Schülerinnen und Schüler die Leistung der unterordnenden Konjunktionen im Sinne einer sachlogischen Verknüpfung erkennen.

Aufgaben 8 und 9
S. 186f.

Mit diesen Aufgaben lernen die Schüler und Schülerinnen die grammatische Kategorie begrifflich kennen. Wenn ihnen die adverbiale Bestimmung bereits bekannt ist, können sie den Begriff des Gliedsatzes (Stellvertreter für ein Satzglied) relativ leicht verstehen.

Ansonsten sollte im Unterrichtsgespräch der Begriff Nebensatz thematisiert werden. Dadurch, dass der Nebensatz in den Beispielen jeweils hinter dem Hauptsatz steht, dürften sie die Abhängigkeit vom Hauptsatz zumindest im Ansatz nachweisen können. In stärkeren Lerngruppen kann auch differenziert über die Leistung des jeweiligen Nebensatzes/Gliedsatzes gesprochen werden (vgl. Aufgabe 9).
Ein Satzgefüge aus der Beispielreihe sollte grafisch an der Tafel aufbereitet werden. Als zusätzliche Informationsquelle kann der Regelkasten auf S. 187 herangezogen werden. Anschließend können die Schülerinnen und Schüler ein weiteres Beispiel auswählen und in gleicher Weise in Partnerarbeit grafisch aufbereiten.

Tafelbild

Das Satzgefüge

nebenordnende Konjunktion ↑

Jannis holte sich eine Zerrung, | *weil* | *er sich nicht aufgewärmt hatte.*

↓ *Hauptsatz (Ereignis)* — ↓ *Nebensatz/Gliedsatz (Begründung)*

Aufgaben 10 und 11 S. 187

Diese Aufgaben dienen dazu, das Gelernte anzuwenden und zu sichern. Bei der Bearbeitung von Aufgabe 10 sollte auch die unterschiedliche Stellung des Nebensatzes/Gliedsatzes zum Hauptsatz angesprochen werden. Auch hier kann zunächst wieder beispielhaft an der Tafel gearbeitet werden (s. u.). Möglicherweise werden die Schülerinnen und Schüler bei der Überarbeitung des Berichts auch mit Attributsätzen arbeiten, was dann zum Thema gemacht werden sollte, wenn die Attribute bereits eingeführt wurden. Ansonsten reicht bei der Besprechung der Hinweis, dass es neben den durch eine Konjunktion eingeleiteten Gliedsätzen noch weitere gibt, die ebenfalls nicht alleine stehen können und grammatisch vom Hauptsatz (hier einem Nomen des Hauptsatzes) abhängig sind.

Tafelbild

Satzreihe und Satzgefüge

1. Satzreihe

Karsten klagte über starke Schmerzen, *die Harke war ihm vor die Stirn geschlagen.*

↓ *Hauptsatz* — ↓ *Hauptsatz*

2. Satzgefüge

Karsten klagte über starke Schmerzen, | *weil* | *ihm die Harke vor die Stirn geschlagen war.*

↓ *Hauptsatz* — ↓ *Nebensatz/Gliedsatz*

| *Weil* | *ihm die Harke vor die Stirn geschlagen war,* *klagte Karsten über starke Schmerzen.*

↓ *Nebensatz/Gliedsatz* — ↓ *Hauptsatz*

3. Kommasetzung in Satzreihen und Satzgefügen (S. 188–189)

Aufgaben 1 bis 4 S. 188 f.

Die Übungen beinhalten im Wesentlichen das in der Überschrift genannte Zeichensetzungsproblem; gelegentlich sind auch Regelungen eingestreut, welche die Schülerinnen und Schüler bereits aus dem letzten Schuljahr kennen, nämlich die Aufzählungsregeln. Weiteres Übungsmaterial bietet das Arbeitsblatt 1, S. 155–156.

4. Übungen zum Berichten (S. 190–192)

Aufgaben 1 bis 3 S. 190 f.

Dieses Unterkapitel greift die zuvor erworbenen Kompetenzen auf und verknüpft im Sinne eines integrativen Grammatikunterrichts die Bereiche Schreiben und Reflexion über Sprache miteinander. Um den Prozesscharakter des Schreibens in besonderer Weise hervorzuheben, bietet es sich an, die Aufgaben partnerweise oder in Gruppen ausführen zu lassen, da auf diesem Weg ein unmittelbares Korrektiv gegeben ist und die Schüler und Schülerinnen ihre Texte gegenseitig überarbeiten können.
Zu dem abgebildeten Verkehrsunfall sollten die Schüler in jedem Fall, wie auf S. 190 gezeigt, einen Schreibplan erstellen, in dem sie stichwortartig die W-Fragen beantworten. Weiteres Übungsmaterial enthalten die Arbeitsblätter 2–8, S. 157–165, die auch als Klassenarbeiten eingesetzt werden können.

Die Zeichensetzung in Satzgefügen

Dreister Überfall

Paderborn-Schloss Neuhaus. Ein unbekannter Mann beraubte am Dienstag eine Schülerin in einem Linienbus als sich diese auf dem Rückweg von der Schule befand. Die 12-Jährige war mit der Linie 11 unterwegs. Gegen 13.25 Uhr hielt der Bus am Schatenweg an der Haltestelle „Hauptschule Mastbruch". Als sich die Türen öffneten riss der Täter der Schülerin plötzlich die Geldbörse aus der Hand und flüchtete aus dem Bus. Die 12-Jährige fuhr nach Hause und von dort rief ihre Mutter die Polizei. Weil der Tatverdächtige während der sofort eingeleiteten Fahndung nicht festgestellt werden konnte sucht die Polizei Zeugen der Tat. Der Mann war etwa 20 Jahre alt und trug dunkle Kleidung. (3)

Baby sperrt Eltern aus

Gar nicht lustig fanden es die Eltern eines zwanzig Monate alten kleinen Jungen dass sie von ihrem Sprössling ausgesperrt wurden. Vater und Mutter waren gerade auf dem Balkon als der Kleine sich am Griff der Balkontür hochziehen wollte. Dabei verriegelte er die Tür versehentlich. Obwohl sich die Eltern alle Mühe gaben öffnete der Sprössling die Tür nicht.

Sie konnten erst befreit werden nachdem Nachbarn die Feuerwehr gerufen hatten. Der kleine Junge schlummerte derweil friedlich auf dem Sofa. (4)

Mutiger Hund

Ein kleiner Hund rettete seinem Besitzer in Australien das Leben. Er hatte bemerkt dass sich eine Giftschlange dem Jungen näherte. Mutig stürzte er sich vom Balkon auf das Reptil und hielt es mit der Schnauze fest bis der Kleine in Sicherheit war. Weil der Hund mehrmals von der Schlange gebissen worden war wurde er zu einem Tierarzt gebracht und dort versorgt. Junge und Hund kamen letztlich mit dem Schrecken davon. (3)

Musik für Kühe

Forscher fanden heraus dass Kühe klassische Musik ganz besonders mögen. Wenn unsere Milchlieferanten im Stall mit einer derart entspannenden Musik berieselt werden fühlen sie sich offensichtlich besonders wohl. Als Folge davon geben sie bis zu 1 000 Liter Milch im Monat. Außerdem dürfte es auch den Landwirten gefallen wenn sie musikalisch melken können. (3)

Hund meldet sich als vermisst

Eine gute Nase bewies ein Hund in dem ostwestfälischen Städtchen Gütersloh. Weil der Rottweiler-Mischling offensichtlich sein Herrchen verloren hatte begab sich der Vierbeiner direkt zum Kreishaus. Dort ließ sich der Hund vor der Tür des Ordnungsamtsleiters nieder. Da dieser auch für das Tierheim zuständig ist informierte er die entsprechenden Kollegen. Diese mussten jedoch nicht aktiv werden. Der Hundebesitzer hatte sich bereits im Kreishaus gemeldet sodass er seinen „Zögling“ glücklich wieder mit nach Hause nehmen konnte. (3)

Die Berichte enthalten einige Satzgefüge. Unterstreiche die Hauptsätze und versieh die Nebensätze/Gliedsätze mit einer Wellenlinie. Setze die fehlenden Kommas. Wie viele es sind, steht jeweils in den Klammern hinter den Berichten.

Sachlich berichten

Im Folgenden sind einige Auszüge abgedruckt, die eher zu spannenden Erzählungen passen. Schreibe sie so um, dass mit ihnen sachlich berichtet wird.

- Als der Bankangestellte den Einbrecher erspähte, kroch er blitzschnell unter den Schreibtisch und drückte mit klopfendem Herzen den Alarmknopf.

___

___

___

- Der Einbrecher machte ein dummes Gesicht, nahm seine Beine unter den Arm und rannte genau gegen die Glastür, die wie von Geisterhand schon wieder geschlossen war.

___

___

___

- Der Schüler Claudio W. raste mit einem Affenzahn die blitzblank gebohnerte Treppe herunter, blieb mit seiner weißen Jacke, die er gerade erst geschenkt bekommen hatte, an einem Pfosten hängen und knallte auf den harten Steinboden.

___

___

___

- Mit wahnsinnig hoher Geschwindigkeit fuhr das nagelneue Motorrad mit dem blitzenden Chromgestänge in den dampfenden Misthaufen.

___

___

___

- Die völlig verdutzte Bäuerin versorgte naserümpfend die Kopfwunde des weich gelandeten Kradfahrers, der wie ein begossener Pudel aus der Wäsche schaute.

___

___

___

- Die Polizei kam in Windeseile mit Tatü-Tata zur Unfallstelle und sperrte den Ort mit weißrotem Band, das die Beamten aus dem Kofferraum geholt hatten, ab.

___

___

___

Einen Bericht überarbeiten

Küchenbrand durch Überhitzung im Topf

Schloss Neuhaus. Am Mittwochabend kam es in einem Mehrfamilienhaus im Paderborner Stadtteil Schloss Neuhaus zu einem Küchenbrand. Das Haus steht an der Heidestraße. Zwei elfjährige Kinder erhitzten in einer Dachwohnung Fett in einem Topf. Sie wollten Pommes Frites zubereiten. Die Kinder ließen den Topf unbeobachtet. Sie schauten sich eine Fernsehsendung im Wohnzimmer an. Auf dem Herd geriet der Topf mit dem Fett in Brand. Durch den Brandgeruch wurden die Kinder auf das Feuer aufmerksam. Die Flammen griffen bereits auf die Abzugshaube über. Die Kinder benachrichtigten einen Nachbarn. Dem gelang es, die Flammen aus dem Topf mit einer Decke zu ersticken. Das weitere Feuer konnte jedoch nicht gelöscht werden. Die Kinder alarmierten die Feuerwehr. Mehrere Löschzüge rückten aus. Der Brand konnte schnell gelöscht werden. Die Feuerwehrmänner benutzten dazu Pulverlöscher. Es entstand nur geringer Sachschaden. Die beiden Kinder und der Nachbar erlitten leichte Rauchvergiftungen. Vorsichtshalber wurden sie in das Brüder-Krankenhaus gebracht. Sie konnten es jedoch nach kurzer Zeit wieder verlassen. Für die Dauer des Feuerwehreinsatzes musste die Heidestraße gesperrt werden. Es kam zu einem mehrere Kilometer langen Rückstau. Die Polizei leitete den Verkehr über die Schlossstraße um. Die Eltern der Kinder erfuhren erst am späten Abend von dem Brand. Sie hatten eine Theateraufführung besucht.

Der Bericht besteht ausschließlich aus einfachen Hauptsätzen. Überarbeite ihn, indem du

- Satzreihen verwendest und diese durch passende nebenordnende Konjunktionen miteinander verknüpfst,
- mehrere Hauptsätze durch Satzgefüge miteinander verbindest. Achte dabei auf die passenden unterordnenden Konjunktionen,
- den Bericht durch Absätze äußerlich gliederst und somit leserfreundlich gestaltest.

Die W-Fragen eines Berichts

Im Folgenden findest du zwei kürzere Berichte (Nachrichten) und einen längeren Bericht aus verschiedenen Zeitungen abgedruckt.

Bauschutt im Straßengraben

Pb.-Elsen. Wie gefährlich und unberechenbar ein überladener Anhänger hinter einem Pkw reagieren kann, musste am Dienstagnachmittag ein 35-jähriger Passatfahrer erfahren. Glücklicherweise wurde bei dem Unfall am Brokhof niemand verletzt.

Gegen 16:25 Uhr fuhr der Kombifahrer mit seinem Anhänger, auf dem schwerer Bauschutt geladen war, in Richtung Alte Schanze. In einer Kurve geriet der Anhänger ins Schlingern, vermutlich weil ein Reifen geplatzt war. Der Autofahrer konnte das Gespann nicht wieder unter Kontrolle bringen, sodass der Anhänger von der Straße schleuderte und gegen einen Baum stieß. Dabei landete die komplette Ladung im Straßengraben. Am Anhänger entstand Totalschaden.

Das Bergeunternehmen brachte eine Absetzmulde mit, in die der Bauschutt von Polizisten und Angestellten geschaufelt wurde. Den Verdacht der Überladung ließen sich die Polizeibeamten auf einer Lkw-Waage bestätigen. Über 100 Prozent Überladung war das Ergebnis. 2,5 Tonnen wog der verunglückte Anhänger mit Ladung. Erlaubt waren hinter dem Passat lediglich 1,2 Tonnen. Ein Bußgeldbescheid wegen der Überladung wird den Unfallfahrer um mindestens 200 Euro „leichter machen" ...

(Aus: Wochenspiegel vom 13.8.2005)

Oliven kullern auf der Straße

Horn-Bad Meinberg. Statt in hungrigen Mägen landete die Ladung eines Lkw gestern Morgen auf der B 1 bei Horn-Bad Meinberg. In einer Baustelle war der Lkw von der Straße abgekommen und umgekippt. Fahrer und Beifahrer wurden leicht verletzt. Zu spät kam jede Rettung für Oliven und Schafskäse, die auf der Fahrbahn landeten.

(Aus: Neue Westfälische vom 5.8.2005)

„Fritten"-Fettspur durch Paderborns Innenstadt

Paderborn. Eine mehrere Kilometer lange Spur aus altem Pommes-Frites-Fett zog sich am Donnerstagabend durch die Paderborner Innenstadt. Wie sich herausstellte, kam das Öl aus einem auf der Ladefläche eines Entsorgungsfahrzeugs umgestürzten 50-Liter-Fass. Als Polizisten den Fahrer ermittelten, aß dieser gerade – in einer „Frittenbude".

(Aus: Neue Westfälische vom 5.8.2005)

1. Beantworte zu den einzelnen Berichten jeweils stichwortartig die W-Fragen: Wer? Wo? Wann? Was? Wie? Welche Folgen?

2. Stell dir vor, du hättest für den längeren Bericht lediglich so viel Platz, wie für die anderen beiden Berichte zur Verfügung stand. Verfasse diesen Kurzbericht.

Ein Interview zu einem Bericht umschreiben

Maike und Thomas sind am Montag, dem 14. November 2005, auf dem Weg zur Schule Zeugen eines Verkehrsunfalls geworden, bei dem ein zehnjähriger Junge verletzt wurde. Ein Polizist stellt den beiden einige Fragen.

Polizist: Ihr beiden habt den Unfall gesehen?

Maike: Ganz genau sogar. Der Junge fuhr doch nur zehn Meter vor uns.

Thomas: Der wollte bestimmt auch zur Schule. Er befand sich wie wir auf dem Radweg, der neben der Bundesstraße 1 verläuft.

Maike: Das weiß der Polizist doch, Thomas. Auf jeden Fall fuhr er wie wir Richtung Detmolder Tor. Er hatte seine Schultasche auf dem Gepäckträger festgeklemmt.

Polizist: Was ist denn nun genau passiert?

Thomas: Als er auf der Höhe von Blumen Müller war, kam ein Auto vom Parkplatz gefahren und das hat ihn erwischt. Was der um diese Zeit im Blumenladen wollte, weiß ich auch nicht.

Maike: Ich glaube, der Fahrer hat nur auf die Straße geachtet und den Fahrradweg gar nicht gesehen. Dabei hat der Fahrradweg doch extra eine rote Farbe.

Polizist: War es denn noch dunkel? War die Fahrradbeleuchtung eingeschaltet?

Thomas: Es war nicht mehr so richtig dunkel, aber wir hatten noch unser Fahrradlicht an. Wie das bei dem Jungen war, weiß ich nicht mehr. Ich glaube aber, dass das Rücklicht brannte. Auf jeden Fall hatte er Leuchtstreifen auf seiner Jacke

Maike: Klar brannte das Rücklicht, daran erinnere ich mich noch genau. Der Junge hat noch gebremst. Das konnte man richtig hören, aber das hat nichts mehr genutzt.

Thomas: Er ist dann gegen den linken Kotflügel gefahren und auf die Motorhaube geflogen und dann auf den Fahrradweg. Mit dem Kopf zuerst.

Maike: Wir sind sofort hin, der Junge konnte auch aufstehen, hatte aber eine Wunde an der Stirn, die ziemlich blutete. Hoffentlich ist nicht mehr passiert.

Thomas: Der Fahrer des PKW ist sofort ausgestiegen. Der war ganz bleich im Gesicht, hatte wohl einen Schock. Die Sanitäter haben sich auch um ihn gekümmert.

Polizist: Wer hat denn den Rettungsdienst verständigt?

Maike: Das war ich mit meinem neuen Handy. Der Unfallwagen war in fünf Minuten da. Der Junge kriegte einen Kopfverband und wurde dann weggebracht.

Polizist: Trug er einen Fahrradhelm?

Thomas: Ich glaube nicht, zumindest habe ich nirgendwo einen gesehen.

Polizist: Könnt ihr euch denn noch daran erinnern, wann der Unfall genau passiert ist?

Maike: Das war genau um halb acht. Ich habe noch auf meine Uhr geschaut, schließlich wollten wir nicht zu spät zur Schule kommen.

1. Maike und Thomas werden vom Sekretariat ihrer Schule aufgefordert, von dem Unfall zu berichten. Gib aus der Perspektive eines der Kinder das Unfallgeschehen wieder. So kannst du beginnen:
Ich befand mich am Montag, dem 14. November, auf dem Fahrradweg, der parallel zur Bundesstraße 1 verläuft. Vor uns fuhr ein etwa zehnjähriger Junge …

2. Benutze die Informationen aus dem Interview für einen Kurzbericht, wie er auf der ersten Seite einer Tageszeitung stehen könnte.

3. Verfasse einen ausführlichen Bericht für den Innenteil einer Tageszeitung.

Zu einer Bildergeschichte einen Bericht verfassen

e. o. plauen

Schreibe zu der Bildergeschichte einen Bericht, wie er in der Zeitung stehen könnte. Stell dir vor, der Überfall habe sich gestern in deinem Heimatort ereignet. Vergiss die Schlagzeile nicht.

Eine Erzählung in einen Bericht umschreiben

Rettung in höchster Not

Die elfjährige Judith Köster hat zu einem aufregenden Erlebnis folgende Erzählung verfasst:

Die letzten Sommerferien verbrachte ich mit meinen Eltern am Diemelsee. Am vorletzten Tag, es war Freitag, der 13. Juli, ruderte ich mit meinem kleinen Bruder in unserem Schlauchboot auf den See hinaus. Es war herrliches Wetter und wir ahnten nicht, dass uns ein besonderes Erlebnis bevorstand. Mein Bruder konnte, obwohl er erst sieben Jahre alt war, geschickt rudern. Gleichmäßig glitt das Boot über die Wasseroberfläche. Den anderen Urlaubern war es wohl zu heiß auf dem See. Wir waren nämlich weit und breit die Einzigen auf dem Wasser. „Schmierst du mir bitte den Rücken ein?", wollte ich gerade Jonas bitten. Da gab es einen ungeheuer lauten Knall und im Nu verlor die rechte Kammer des Bootes die Luft. Es bekam Schlagseite und mein Bruder fiel ins Wasser. „Hilfe! Hilfe!", rief er und tauchte unter und wieder auf. „Du kannst doch schwimmen!", schrie ich ihn an. Das schien er in seiner Angst ganz vergessen zu haben. „Ruhig bleiben, du darfst jetzt nichts falsch machen!", schoss es mir durch den Kopf und das Herz schlug mir bis zum Hals. Ich musste höllisch aufpassen, um nicht auch ins Wasser zu fallen. „Halt dich an den Außenleinen fest! Das Boot kann nicht untergehen, die andere Kammer hat noch genug Luft!", forderte ich Jonas auf. Der befolgte meinen Rat. Was sollten wir tun? Da hatte Jonas eine Idee. „Ich habe noch die Trillerpfeife von unserem Fußballspiel in der Tasche. Pfeif darauf, vielleicht hört uns jemand!" Umständlich zog er die Pfeife aus der Tasche und ich blies kräftig hinein. Zuerst kam nur ein Wasserspritzer, aber dann war ein greller Ton zu hören. Immer wieder nahm ich die schwarze Pfeife in den Mund und blies mit aller Kraft hinein. Da hörten wir ein Motorboot. Es war der Schwimmmeister des Strandbades. Er zog uns in sein Boot und wir waren gerettet. Später erfuhren wir, dass Spaziergänger uns gehört und den Schwimmmeister informiert hatten. So waren wir noch einmal mit dem Schrecken davongekommen.

Was aus dem Schlauchboot geworden ist? Wir haben es zum Plastikmüll gegeben. Mit einem Boot, das bei Hitze so schnell kaputtgeht, wollten wir nichts mehr zu tun haben.

1. Schreibe für einen Bericht stichwortartig die Antworten auf folgende W-Fragen auf:

Wer war an dem Ereignis beteiligt? ____________________

Wo passierte es? ____________________

Wann geschah es? ____________________

Was passierte? ____________________

____

Wie geschah es? ____________________

Welche Folgen ergaben sich? ____________________

2. Stell dir vor, du hättest als Zeitungsreporter oder Zeitungsreporterin alles mitbekommen. Schreibe einen Kurzbericht für die erste Seite einer Tageszeitung.

3. Verfasse einen ausführlichen Bericht für den Innenteil der Zeitung.

Eine literarische Erzählung in einen Bericht umschreiben

Max von der Grün (1926–2005)
Die Mutprobe

In dem folgenden Auszug aus dem Jugendbuch „Die Vorstadtkrokodile" von Max von der Grün geht es um eine Mutprobe, bei der beinahe etwas Schlimmes passiert wäre.

„Du traust dich ja doch nicht! Du Angsthase!", rief Olaf, ihr Anführer. Und die Krokodiler riefen im Chor: „Traust dich nicht! Traust dich nicht!"

Nur Maria, Olafs Schwester, dreizehn Jahre und damit ein Jahr jünger als ihr Bruder, hatte nicht mitgeschrien, sie hatte so viel Angst um Hannes, dass sie wegsah. Die neun Krokodiler standen in einem Halbkreis am Ende der Leiter, die senkrecht zehn Meter hoch zum Dach führte, und sahen gespannt zu, wie Hannes, den sie Milchstraße nannten, weil er so viele Sommersprossen im Gesicht hatte, langsam die Sprossen hochkletterte, um seine Mutprobe abzulegen. Die war Bedingung für die Aufnahme in die Krokodilbande.

Hannes hatte Angst, das konnte man ihm ansehen, er war zudem nicht schwindelfrei, aber er wollte es den größeren Jungen beweisen, dass er als Zehnjähriger so viel Mut besaß wie sie, die alle schon diese Mutprobe abgelegt hatten.

Hannes hing ängstlich an der verrosteten Feuerleiter und wagte nicht, nach unten zu sehen.

„Komm runter, du schaffst es ja doch nicht, du Schlappschwanz!", rief Olaf wieder, und die anderen Jungen lachten.

Hannes tastete sich langsam und vorsichtig die wackelige Feuerleiter zum Dach hoch. Je höher er kletterte, desto mehr schwankte die Leiter, denn ihre Verankerung war an mehreren Stellen aus der Wand gerissen. Einige Sprossen waren so verrostet, dass Gefahr bestand durchzubrechen, wenn sie belastet wurden. Hannes wagte nicht, nach unten zu sehen, er sah nur nach oben, wo er sein Ziel vor Augen hatte.

Endlich war Hannes am Dach angekommen. Er sah zum ersten Mal nach unten. Ihm wurde schwarz vor Augen, er machte sie sofort wieder zu, zehn Meter sind doch eine ganz schöne Höhe. Damit er nicht vor Angst aufschrie, presste er die Zähne aufeinander, so sehr, dass ihm die Kiefer schmerzten.

Aber er hatte leider nur den ersten Teil der Mutprobe abgelegt, der zweite Teil bestand darin, dass er von der Leiter auf das Dach klettern und oben auf dem First beide Arme heben und „Krokodil" rufen musste, dann durfte er wieder herunterklettern.

„Los! Weiter! Kletter doch auf das Dach", rief Olaf.

„Nur keine Angst haben, Milchstraße", rief Frank.

Maria sagte leise zu ihrem Bruder: „Lass ihn runterkommen. Er wird abstürzen."

Aber Hannes kletterte schon von der Leiter über die Dachrinne auf das Dach, legte sich dort auf den Bauch und kroch langsam zum First hoch, wobei er sich mit den Händen an den Dachziegeln hochzog und mit den Füßen, wenn er einen Halt gefunden hatte, abstützte. Das ging langsam, Zentimeter für Zentimeter nur kam er vorwärts, es war mühsam und kräfteraubend, er musste vorsichtig sein, denn im Laufe der Jahre waren viele Dachziegel morsch geworden, verwittert, sodass seine Kletterei nicht ungefährlich war. Manchmal, wenn er glaubte, einen Halt gefunden zu haben, riss ein Dachziegel unter seinen Händen weg und klatschte unten auf den Hof.

Dann blieb Hannes vor Schreck liegen, ohne sich zu rühren. Endlich war er am First angekommen. Hannes keuchte, er ruhte sich ein paar Minuten auf dem Bauch liegend aus, dann setzte er sich vorsichtig auf, hob beide Arme und rief: „Krokodil! Krokodil! Ich hab es geschafft!"

Die Krokodiler unten auf dem Hof riefen zurück: „Du bist aufgenommen! Hurra! Milchstraße, komm runter! Du bist aufgenommen!"

Und Olaf rief noch: „Das hast du gut gemacht. Prima!"

Aber seine Schwester, die neben ihm stand, sagte wieder leise: „Er wird bestimmt abstürzen."

„Dumme Ziege", zischte ihr Olaf zu, „halt deine Klappe, was verstehst du denn schon davon."

Und Frank sagte zu ihr: „Du hast doch nicht raufklettern müssen, du darfst doch nur bei uns sein, weil Olaf dein Bruder ist.“

Das alte Ziegeleigelände, auf dem sie standen und das seit Jahren verlassen lag und ihnen manchmal als Spielplatz diente – Tafeln warnten zwar vor dem Betreten des Geländes –, war etwa zwei Kilometer von der Papageiensiedlung entfernt, in der sie alle wohnten. [...]

Auf das Dach zu klettern war für Hannes bedeutend leichter gewesen, als wieder herunterzukommen, denn beim Abstieg konnte er nicht sehen, wohin er seine Füße setzte, und zurückzuschauen traute er sich immer noch nicht, weil ihm dann schwindelig wurde. [...]

Da plötzlich, schon im unteren Drittel des Daches, riss ein Ziegel, an dem sich Hannes mit dem Fuß abgestützt hatte, aus seiner Verankerung.

Langsam rutschte er auf dem Bauch abwärts, und ihm war erst gar nicht bewusst, was da passierte, aber als er merkte, dass er sich nirgendwo mehr festklammern konnte, schrie er, so laut er nur konnte: „Hilfe! Hilfe! Ich stürze ab ...“

Im Abrutschen riss er noch ein paar Ziegel heraus, die mit lautem Knall auf den Hof fielen und dort auf dem Betonboden in tausend Stücke zerplatzten.

Die Krokodiler aber konnten ihm nicht helfen. Sie sahen, vor Schreck gelähmt, nur hinauf auf das Dach. Sie mussten ein paar Schritte zurücktreten, sonst wären sie von den herabfallenden Ziegeln getroffen worden.

Maria biss sich vor lauter Aufregung in die Faust.

Olaf sah mit offenem Mund nach oben, auch er brachte kein Wort hervor.

Erst in der Dachrinne fand Hannes mit seinen Füßen wieder einen Halt, seine Hände klammerte er um eine freiliegende Dachlatte.

Endlich schrie Olaf: „Hannes! Halt dich fest, wir holen Hilfe! Halt dich fest!“

Aber als Hannes in seiner Angst und Verzweiflung zu weinen anfing und zu schreien, liefen die Krokodiler plötzlich fort. Hannes, der es nicht sehen konnte, drückte sein Gesicht in das Loch des Daches und schrie weiter aus Leibeskräften um Hilfe.

Maria war hinter den Jungen hergefahren, wollte dann umkehren, besann sich aber und fuhr weiter bis zur Hauptstraße. Dort trat sie in eine Telefonzelle. Sie wählte die Nummer der Feuerwehr und rief aufgeregt in die Muschel: „Sofort kommen ... mit Leiter, auf das Ziegeleigelände an der Papageiensiedlung ... da hängt einer an der Dachrinne ... der stürzt ab ... sofort kommen!“ Dann hängte sie ein. [...]

Als Maria wieder auf die Straße hinausgetreten war, glaubte sie, Hannes schreien zu hören, aber das konnte wohl schlecht möglich sein, denn zur Ziegelei war es mehr als ein Kilometer, und der Verkehrslärm auf der Hauptstraße hätte Hannes‘ Schreien übertönt.

Maria wartete vor dem Telefonhäuschen, und sie wusste nicht, was sie machen sollte. Aber da hörte sie auch schon das Martinshorn der Feuerwehr, und gleich darauf sah sie das große rote Auto um die Kurve verschwinden, von wo aus eine schmale Straße zur Ziegelei führte.

Sie schwang sich auf ihr Fahrrad und fuhr den Weg zurück, den sie gekommen war. Sie kam vor der Ziegelei an, als die Feuerwehrleute schon die lange Leiter ausgefahren hatten und ein Feuerwehrmann sich anschickte, auf der Leiter hinaufzuklettern.

Maria versteckte sich hinter den Sträuchern, damit sie von niemandem gesehen werden konnte, sie hatte Angst, dass es ihr jedermann ansehen könnte, dass auch sie Hannes im Stich gelassen hatte.

Dann sah sie einen zweiten Feuerwehrmann die Leiter hochsteigen, und es schien ihr, es sei nur noch ein Kinderspiel, Hannes vom Dach zu tragen, über die Leiter auf den Hof.

Hannes schrie noch, als er längst wieder auf seinen eigenen Beinen stand.

Dann weinte er.

(© Max von der Grün, Vorstadtkrokodile. Eine Geschichte vom Aufpassen, erschienen im C. Bertelsmann Jugendbuch Verlag, München, einem Unternehmen der Verlagsgruppe Random House GmbH)

1. Beantworte stichwortartig die folgenden Fragen:

a) Wo ereignet sich das Geschehen? ______________________________

b) Wie heißt der Junge, der auf das Dach klettert? ______________________________

c) Warum klettert er auf das Dach? ______

d) Wie gelangt er auf das Dach? ______

e) In welchem Zustand befindet sich das Dach? ______

f) Was muss der Junge auf dem Dachfirst machen? ______

g) Warum rutscht er beim Abstieg ab? ______

h) Woran hält er sich fest? ______

i) Wer ruft die Feuerwehr? ______

j) Mit wem ist diese Person verwandt? ______

k) Womit wird der Junge gerettet? ______

l) Wird jemand verletzt? ______

2. Hannes wird am nächsten Tag aufgefordert, das Geschehen in einem sachlichen Bericht zusammenzufassen. Der Anfang seines Berichts ist schon abgedruckt. Schreibe eine Fortsetzung.

Gestern fuhr ich mit meinen Freunden zum Ziegeleigelände, das etwa zwei Kilometer von der Papageiensiedlung entfernt liegt. Ich wollte in die Krokodilerbande aufgenommen werden ...

3. Die Papageiensiedlung liegt in Dortmund. Eine Dortmunder Tageszeitung berichtet auf ihrer ersten Seite von dem Ereignis. Es stehen nur wenige Zeilen zur Verfügung. Wie könnte eine kurze Nachricht mit Schlagzeile aussehen? Schreibe sie auf.

______

______

______

______

______

______

______

______

______

4. Verfasse für den Innenteil der Tageszeitung einen ausführlichen Bericht.

Leistungsüberprüfung – Selbstevaluation – Klassenarbeit

1. **Einen Bericht überarbeiten**
   (s. Arbeitsblatt 3, S. 158)

2. **Die W-Fragen eines Berichts**
   (s. Arbeitsblatt 4, S. 159)

3. **Ein Interview zu einem Bericht umschreiben**
   (s. Arbeitsblatt 5, S. 160)

4. **Zu einer Bildergeschichte einen Bericht verfassen**
   (s. Arbeitsblatt 6, S. 161)

5. **Eine Erzählung in einen Bericht umschreiben**
   (s. Arbeitsblatt 7, S. 162)

6. **Eine literarische Erzählung in einen Bericht umschreiben**
   (s. Arbeitsblatt 8, S. 163–165)

Hier geht es um Genauigkeit – Die adverbiale Bestimmung (S. 193–207)

Vorüberlegungen zur Einheit

Die adverbiale Bestimmung ist ein Satzglied, das die Schülerinnen und Schüler in ihrem Sprachgebrauch häufig einsetzen, das aber noch nicht explizit Unterrichtsgegenstand war. Die Einheit soll bewusst machen, dass adverbiale Bestimmungen unerlässlich sind, um genauere Angaben zu machen und sich präzise auszudrücken.

Die Einheit soll den Schülerinnen und Schülern deutlich machen,
- woran man adverbiale Bestimmungen erkennt,
- aus welchen Wortarten sie gebildet werden,
- dass sie auch die Form eines Gliedsatzes annehmen können.

Besondere Probleme ergeben sich für die Schüler erfahrungsgemäß vor allem aus der Tatsache, dass eine adverbiale Bestimmung auch aus einem Adverb bestehen kann. Hier muss noch einmal deutlich auf den Unterschied zwischen Satzglied und Wortart hingewiesen werden. Die Wortart „Adverb" wird außerdem gesondert auf den Seiten 294 und 295 besprochen.
Die **Auftaktseite** (S. 193) kann die Schülerinnen und Schüler schon zu der Einsicht führen, dass das neu zu erlernende Satzglied genauere Angaben macht.

Didaktische Aufbereitung der Unterkapitel

1. Mit adverbialen Bestimmungen genauere Angaben machen (S. 194–197)

Aufgabe 1 S. 194 Die Bildunterschrift, die auf die kommende Aufführung hinweisen will, hat den großen Mangel, dass sie weder Zeit noch Ort angibt und damit für potenzielle Besucher untauglich ist.

Aufgabe 2 S. 194 Die Aufgabe reaktiviert zunächst das bisherige Wissen über Satzglieder: Subjekt, Prädikat, Objekt.

Aufgabe 3 S. 195 Philipps neuer Text gibt Antwort auf die Fragen, *wann* und *wo* das Stück aufgeführt wird. Durch die zwei zusätzlichen Satzglieder (Am kommenden Freitag; auf der Studiobühne) wird die Bildunterschrift genauer und informativer.

Aufgaben 4 bis 7 S. 195 f.

adverbiale Bestimmung …	**Frage**	
der Zeit	Wann? Wie lange?	am kommenden Freitag um 19:00 an jedem Donnerstag oft an diesem Donnerstag, dem 35. Mai zunächst

des Ortes	Wo? Wohin? Woher?	auf der Studiobühne bei seinem Onkel im Zirkus
der Art und Weise	Wie?	auf fantasievolle Weise sonderbar
des Grundes	Warum? Weshalb?	wegen der langen Spieldauer wegen seiner hohen Bildung
des Mittels	Womit? Wodurch?	mit der Aufführung mithilfe von Rollschuhen

Aufgabe 8
S. 196

- Schüler entführten das Publikum in die Fantasiewelt.
- Die Aufführung gelang vor allem wegen der Schauspielkunst der Schüler.
- Das Ensemble spielte einfühlsam.
- Die Schüler spielten mit jugendlicher Spielfreude.
- Die Handlung fesselte bis zum Schluss.
- Die Aufführung überzeugte durch große Vielfalt.
- Schüler zauberten die Südsee ins Stadttheater.

Lässt man die adverbialen Bestimmungen weg, werden die Angaben ungenau bzw. unsinnig.

Aufgabe 9
S. 197

Der Text über die Probenarbeiten könnte etwa so lauten:
Die Theater-AG unserer Schule probt einmal in der Woche. Aber kurz vor den Aufführungen treffen sich die Teilnehmer mehrmals pro Woche. Am Anfang bleiben sie in einem Klassenraum. Später gehen sie in unser Forum, weil dort Platz ist, aber die Generalprobe findet immer auf der Studiobühne statt. Am Anfang der Probenarbeit lesen alle zunächst sorgfältig den Text. Dann proben sie ohne Requisiten und der Regisseur achtet darauf, dass sie langsam und deutlich sprechen. Alle sind mit großer Konzentration bei der Sache. Das letzte Stück wurde wegen der Terminschwierigkeiten im Stadttheater nur einmal aufgeführt, es standen keine weiteren freien Abende zur Verfügung. Mit Eintrittsgeldern und Spenden decken die Akteure ihre Kosten für Requisiten und Schminke.

2. Die Wortarten der adverbialen Bestimmungen (S. 198 – 203)

Aufgaben 1 und 2
S. 198

Die im Text unterstrichenen adverbialen Bestimmungen sind als Wortart entweder Adjektive oder Nomen mit dazugehöriger Präposition.

Adjektiv	**Präposition + Nomen**
gut	in der Südsee
schnell	in dieser Gegend
wunderbar	auf Anregung von Negro Kaballo
einfach	durch Onkel Ringelhuths Dielenschrank
bequem	in eine Fantasiewelt
überraschend	am Anfang
	im Schlaraffenland
	im ganzen Land

Aufgaben 3 und 4
S. 199

Die Aufgaben machen die Schülerinnen und Schüler mit der Wortart „Adverb“ bekannt, die auf den Seiten 294 und 295 noch näher erläutert wird. Auf jeden Fall sollte der Unterschied zu den veränderbaren/steigerbaren Adjektiven herausgestellt werden. Die im Text vorkommenden Adverbien sind: hier, mehrmals, danach, morgens, immer, endlich, sofort, anschließend, schließlich.

Aufgabe 5
S. 199

Adverbien des Ortes	Adverbien der Zeit	Adverbien der Art und Weise
draußen hier oben unten rückwärts	neulich demnächst manchmal oft heute	sehr beinahe fast vielleicht gern

Aufgaben 6 und 7
S. 200

Der Gliedsatz *Weil die Zeit schon weit vorangeschritten ist* antwortet auf die Frage *Warum?*
Eine weitere adverbiale Bestimmung in Form eines Gliedsatzes ist:
Nachdem sie endlich den Äquator erreicht haben,

Aufgaben 8 und 9
S. 200

Weil ein Schauspieler krank war, musste ein anderer die Rolle übernehmen.
Wegen der Krankheit eines Schauspielers musste ein anderer die Rolle übernehmen.
Die Schüler waren sehr aufgeregt, bevor die Aufführung begonnen hatte.
Vor Beginn der Aufführung waren die Schüler sehr aufgeregt.
Als das Stück lief, waren sie aber äußerst konzentriert.
Während des Stückes waren sie äußerst konzentriert.
Alle konnten sich entspannen, nachdem der Vorhang gefallen war.
Nach dem Fallen des Vorhangs konnten sich alle entspannen.
Obwohl es schon sehr spät war, wurde noch lange gefeiert.
Trotz der vorangeschrittenen Zeit wurde noch lange gefeiert.

Aufgabe 10
S. 201

Wegen der Länge des Stückes gab es eine Pause nach dem zweiten Akt.
Weil das Stück so lang war, ...
Die Schüler ernteten *am Ende der Aufführung* viel Applaus.
Als die Aufführung zu Ende war, ...
Vor Freude fielen sich die Schauspieler in die Arme.
Weil die Schauspieler sich so freuten, ...
Während der ersten Szene fiel ein Stuhl um.
Als die erste Szene lief, ...
Anke vergaß *vor Schreck* ihren Text.
Weil Anke sich so erschrocken hatte, ...

Aufgabe 11
S. 201

freie Aufgabe

Aufgabe 12
S. 201

– Gegen 19:00 Uhr kommt der Fabrikant Stock in den Raum.	adv. Best. der Zeit adv. Best. des Ortes, der Richtung
– Schon lange sitzen die anderen Gäste am Tisch.	adv. Best. der Zeit adv. Best. des Ortes
– Beim Essen schiebt Frau Kaufmann Herrn Stock auf einer Serviette heimlich eine Nachricht zu.	adv. Best. der Zeit adv. Best. der Art und Weise adv. Best. der Art und Weise
– Nach dem Hauptgericht gibt Herr Stock unauffällig ein Zeichen mit der rechten Hand.	adv. Best. der Zeit adv. Best. der Art und Weise adv. Best. der Art und Weise
– Frau Kaufmann geht anschließend auf die Toilette.	adv. Best. der Zeit adv. Best. des Ortes, der Richtung

– Wegen eines Anrufs geht Herr Stock zur selben Zeit in die Diele.	adv. Best. des Grundes adv. Best. der Zeit adv. Best. des Ortes, der Richtung
– Nach 10 Minuten kehren beide flüsternd an den Tisch zurück.	adv. Best. der Zeit adv. Best. der Art und Weise/adv. Best. des Ortes, der Richtung
– Gegen 22:00 Uhr begibt sich Herr Stock mit seinem Sektglas in den Garten.	adv. Best. der Zeit adv. Best. der Art und Weise adv. Best.des Ortes, der Richtung
– Um Mitternacht steht Frau Schreck totenblass in der Diele.	adv. Best. der Zeit adv. Best. der Art und Weise/adv. Best. des Ortes
– Wegen ihres Zitterns spricht sie undeutlich.	adv. Best. des Grundes adv. Best. der Art und Weise
– Im Gartenhaus hat sie gerade die Leiche eines Mannes entdeckt.	adv. Best. des Ortes/adv. Best. der Zeit

Bankräuber auf der Flucht (S. 202)

Aufgabe 14
S. 202

Zwei maskierte Männer überfielen heute Vormittag in Dortmund eine Bank.
Um nicht erkannt zu werden, hatten sie sich mit Masken getarnt.
Sie liefen blitzschnell durch den Schalterraum und bedrohten mit vorgehaltenen Pistolen den Kassierer, der das gesamte Papiergeld in kürzester Zeit zusammenpacken musste.
Ein Mittäter wartete vor der Bank in einem Fluchtauto.
So entkamen die Täter spurlos mit der gesamten Beute.
Weil zur Tatzeit keine anderen Kunden in der Bank waren, gibt es keine Zeugen für den Überfall.
Die Polizei war trotz einer sofort eingeleiteten Großfahndung bis jetzt erfolglos.

Kamel auf der Motorhaube (S. 202)

Aufgabe 15
S. 202

Adjektiv	Präposition + Nomen	Adverb
überraschend plötzlich leicht rechtzeitig	mit den Vorderhufen auf der Motorhaube seines Kleinwagens vor Schreck bei dem Aufprall	gestern anschließend nachts

3. Zeitangaben – Da nimmt man es genau!

Aufgabe 1
S. 204

Zeitangaben – großgeschrieben	Zeitangaben – kleingeschrieben
Montag am Vormittag am Mittwochnachmittag am Montag der ganze Mittwoch Dienstag und Donnerstag am Wochenende am Freitag der Sonntag am Nachmittag Sonntagnacht	bis mittags nachmittags samstags heute

Zeitangaben, die aus einem Nomen gebildet werden, werden großgeschrieben.

Zeitangaben – großgeschrieben

Aufgabe 1 S. 205

am Montag
der Dienstagvormittag
bis zum späten Nachmittag
am Mittwoch
von Donnerstagabend bis Freitagabend
bis Samstag
der Sonntag

Aufgabe 2 S. 205

gestern Nachmittag: Adverb + Nomen
heute Morgen: Adverb + Nomen

Zeitangaben – kleingeschrieben

Aufgabe 1 S. 205

„Ich kaufe morgen den neuen Harry-Potter-Band." – **Mittwoch, der 17.4.;** „Mein Bruder hatte vorgestern Geburtstag." – **Sonntag, der 14.4.;** „Wir schreiben übermorgen eine Mathearbeit." – **Donnerstag, der 18.4.;** „Ich habe vorgestern beim Pizzaservice angerufen und bei der Bestellung gesagt: „Bitte liefern Sie übermorgen." – **Sonntag, der 14.4.**

Aufgabe 2 S. 205

mittwochs, donnerstags, freitags, samstags, sonntags

Aufgabe 3 S. 205

Den Adverbien liegt als Wortart ein Nomen zugrunde.

Aufgabe 4 S. 206

Jan und seine Freunde gehen am Montag ins Schwimmbad. – Einmaliger Vorgang, der sich nur auf einen Montag bezieht.
Jan und seine Freunde gehen montags ins Schwimmbad. – Der Vorgang findet regelmäßig montags statt.

Aufgabe 5 S. 206

früh, spät, heutige

Groß oder klein?

Ein Tagesbericht (S. 206)

Aufgabe 1 S. 207

Es ist **M**ontag, und das Wochenende liegt hinter uns.
Wie jeden **M**orgen wurden wir um 7.45 Uhr von einem Lehrer aus dem Schlaf gerissen.
Nach dem Frühstück ging es zur Gymnastik auf den Sportplatz – und das am **f**rühen **M**orgen!
Der **M**ontagvormittag bestand aus zwei Unterrichtsstunden und Freizeitprogramm.
Zunächst hatten wir Deutsch: Wir haben ein Kapitel aus „Emil und die Detektive" von Erich Kästner gelesen und als Stück umgeschrieben. Dann wurden die Rollen verteilt. Am **s**päten **V**ormittag hatten wir Englisch. Wir haben Zungenbrecher geübt. Dann war bis **m**ittags Freizeit. Viele Kinder sind ins Dorf gegangen oder mit einem Lehrer zum Strand.
Zum Mittagessen gab es Bratwürstchen mit Kartoffelsalat und Gurkensalat.
Am **N**achmittag wurde eine Inselrallye veranstaltet. Da viele von uns schon sehr **f**rüh wach gewesen waren, waren wir **a**bends ganz schön müde.
Aber es gab ja noch Abendessen; Brötchen mit Käse oder Schinken, Tortellini von **g**estern und Gurkensalat von **h**eute **M**ittag.
Am **A**bend ab 19.30 Uhr standen AGs auf dem Tagesplan. Wir nahmen an der Theater-AG teil, andere an den Sport-AGs oder an dem Singspiel „Zirkus Piccobello".
Um 22.00 Uhr war Bettruhe, doch des **N**achts war noch so manches Flüstern zu hören, denn **m**orgen ist Disko!

Aufgabe 2 S. 207

Annas Text: Probe Montagmorgen nicht möglich.
Jans Text: Probe Montag, morgen nicht möglich.
Die unterschiedliche Schreibweise macht die unterschiedlichen Zeitangaben deutlich.

Adverbiale Bestimmungen erkennen und nutzen

1. Unterstreiche in dem folgenden Wetterbericht alle adverbialen Bestimmungen.

Wetterbericht

Heute ist es den ganzen Tag über stark bewölkt. Außer im Norden kommt es zu schauerartigen und teils auch gewittrigen Regenfällen, die an manchen Orten mit Starkregen einhergehen können. Gelegentlich lässt sich aber auch die Sonne mal blicken. An der Nordsee bleibt es bei einer Mischung aus Sonnenschein und einigen Wolkenfeldern weitgehend trocken. Mit Höchstwerten zwischen 23 und 28 Grad, im Osten örtlich bis zu 30 Grad, bleibt es spätsommerlich warm. An der Ostsee und der deutschdänischen Grenze sowie an den Alpen wird es nicht wärmer als 19 bis 22 Grad. An der See weht ein lebhafter und böiger Nordostwind. In der Nacht zum Sonntag kommt es bei wechselnder Bewölkung zu weiteren, teils gewittrigen Schauern. Dort, wo es aufklart, bildet sich Nebel. Die Tiefsttemperatur liegt tagsüber zwischen 12 und 19 Grad. Auch am Sonntag bleibt es wechselnd wolkig, und es entwickeln sich Schauer und Gewitter, die örtlich auch starken Regen bringen können. Vorübergehend scheint aber auch mal die Sonne.

2. Erfinde einen Wetterbericht, der schönes Wetter und herrliche Aussichten verspricht. Verwende dazu viele adverbiale Bestimmungen.

Einen Bericht über ein Spiel verfassen und dabei adverbiale Bestimmungen benutzen

Verfasse einen kurzen Bericht über ein Spiel, das du gesehen oder im Schulsport gespielt hast. Verwende dazu adverbiale Bestimmungen. Unterstreiche diese anschließend in deinem Text. Dein Bericht sollte Antworten auf folgende Fragen geben:
- Wann fand das Spiel statt?
- Wie lange dauerte es?
- Wo wurde gespielt (z. B. in der Turnhalle ...)?
- Wie war das Spiel (z. B. anstrengend, spannend ...)?
- Weshalb konnte eine Mannschaft gewinnen?

Adverbiale Bestimmungen nutzen

Mein Banknachbar/meine Banknachbarin

1. Fertige mithilfe des Fragebogens ein kleines „Porträt" deines Banknachbarn/deiner Banknachbarin an. Beantworte die Fragen mit adverbialen Bestimmungen.

Wann steht er/sie morgens auf?

____

Warum geht er/sie gerade in diese Schule?

____

Womit kann man ihn/sie ärgern bzw. erfreuen?

____

Wo ist er/sie geboren?

____

Wann macht er/sie seine/ihre Hausaufgaben?

____

Wohin fährt er/sie in den Ferien?

____

Seit wann kennst du ihn/sie?

____

Wo wohnt er/sie?

____

Wie kommt er/sie zur Schule?

____

Wie lange darf er/sie abends aufbleiben?

____

Wie weit ist sein/ihr Schulweg?

____

2. Schreibe das Interview zu einem zusammenhängenden Text um. Dazu musst du die Fragen zunächst sinnvoll ordnen.
So könntest du beginnen:
Mein Banknachbar ist … geboren. Zurzeit wohnt er …

Leistungsüberprüfung – Selbstevaluation – Klassenarbeit

1. **Adverbiale Bestimmungen einsetzen**

- Ergänze die Aussagen in den Sprechblasen an passenden Stellen mit folgenden adverbialen Bestimmungen und schreibe die Aussagen in dein Heft:
heute Morgen, immer, lieber, spät in der Nacht, ins Wasser, nach Hause, im Becken.

- Schreibe auf, was an dem Abend deiner Meinung nach geschehen ist.

2. Trage in die folgenden Sätze die fehlenden Buchstaben ein.

- Marcel geht jeden __ittwoch zum Fußballtraining.
- Die Zeitung berichtet von dem Unfall, der sich __estern ereignet hat.
- Die „Sendung mit der Maus“ wird am __onntagmittag ausgestrahlt.
- Am __ochenende gibt es weniger Staus auf den Autobahnen, weil __amstags und __onntags keine Lastwagen fahren dürfen.
- Die Klasse 7a trifft sich am __achmittag, um für das Theaterstück zu üben.
- Weil Max Angst vor Spinnen hat, schaut er __bends unter sein Bett.
- Die Musiksendung im Fernsehen __estern __bend hat mir sehr gut gefallen.
- Wenn die Temperatur __eute __ormittag noch steigt, dann gibt es hitzefrei.
- Meine Mutter geht __ontagabends zum Badmintontraining.
- Mareike muss am __onnerstagvormittag zum Kieferorthopäden.
- Ich hoffe, dass es __orgen noch mehr schneit.
- Mir fallt das Aufstehen des __orgens immer noch sehr leicht.
- Ich esse __orgens besonders gerne Schokocreme zum Frühstück.
- Ich habe meinen Ohrring __estern __ittag verloren.
- Fledermäuse sind vor allem __bends und in der __acht aktiv.
- Ein Sprichwort sagt: „Spinnen am __orgen – Kummer und Sorgen; Spinnen am __bend – erquickend und labend.“
- Mit dem Sprichwort ist gemeint: Wenn die Frauen früher schon am __orgen mit dem Spinnen, also dem Verarbeiten von Schafswolle, beginnen mussten, dann hatten sie einen harten Arbeitstag vor sich.
- Die Geburtstagsfeier beginnt am __achmittag; __bends wird dann am Lagerfeuer Stockbrot geröstet.
- Die Polizei meldet, dass sich wegen des Glatteises __estern __acht viele Unfälle ereignet haben.
- Es wird auch für __eute und __orgen mit Glatteis gerechnet.
- Die Spagetti __estern __ittag waren erste Klasse.

Spannende, unglaubliche und unheimliche Geschichten – Erzählen

(S. 208–224)

Vorüberlegungen zur Einheit

In dieser Einheit werden die in P.A.U.L. *D.* 5 eingeführten Methoden zum Erzählen (erzählen mithilfe eines Stichwortzettels; die innere Handlung ausgestalten; Einleitung, Hauptteil und Schluss spannend, anschaulich und interessant gestalten) wiederholt. In Erweiterung zu dem in Jahrgang 5 Gelernten werden in P.A.U.L. *D.* 6 die Gestaltung der Atmosphäre und die Erzählperspektive schwerpunktmäßig behandelt. Das Fachvokabular wird wiederholt (z. B. Einleitung, Spannungssteigerung, äußere und innere Handlung) und erweitert (z. B. Atmosphäre, Erzählperspektive, Ich-Erzählung, Er-/Sie-Erzählung).
Der methodische Schwerpunkt liegt auf dem Planen und Überarbeiten einer Erzählung. Die Schüler werden angeleitet, ihre Textentwürfe miteinander systematisch in Gruppen zu besprechen und zu kommentieren, um sie dann auf dieser Grundlage zu überarbeiten.
Zu Beginn der Einheit wird das mündliche Erzählen mithilfe von Stichwortzetteln wiederholt (S. 208–209).
Über die Untersuchung eines Jugendbuchausschnittes wird dann wiederholt, wie eine Erzählung aufgebaut ist und mit welchen Mitteln sie spannend und interessant gestaltet werden kann (S. 210–211).
Im nächsten Teilkapitel (S. 212–214) wird die Gestaltung der inneren Handlung wiederholt und geübt. Die Methoden, wie man eigene Erzählentwürfe plant und überarbeitet, werden hier eingeführt. In den folgenden Teilkapiteln wird auf diese Methoden immer wieder zurückgegriffen.
Die Ausgestaltung der äußeren Handlung steht im Mittelpunkt des nächsten Teilkapitels (S. 215–216). Die Schüler lernen hier die Orte, die Natur und das Verhalten der Figuren so zu beschreiben, dass die Beschreibungen eine zu dem Inhalt passende Atmosphäre aufbauen.
Im nächsten Teilkapitel (S. 217–221) lernen die Schüler anhand verschiedener Erzählanfänge zu einer Bildergeschichte unterschiedliche Erzählperspektiven und ihre Wirkungen zu unterscheiden. Der Begriff der Perspektive wird eingeführt, ebenso die Begriffe Ich-Erzählung und Er-/Sie-Erzählung. Diese Erzählperspektiven und ihre Wirkungen werden dann von den Schülern erprobt, indem sie eine Ballade in eine Erzählung umwandeln.
Um das Gelernte anzuwenden, erhalten die Schüler zum Schluss eine Vielzahl von Erzählanlässen und -ideen (S. 222–223). Aus diesen Anregungen sollten sie frei auswählen und dazu erzählen. Ihre Erzählungen sollten sie mithilfe der eingeführten Methoden überarbeiten. Das Kapitel endet mit dem Projektvorschlag, aus den selbst verfassten Erzählungen ein Hörbuch herzustellen (S. 224).

Zentrale Kompetenzen, die in dieser Einheit geschult werden, sind:

- Geschichten artikuliert, anschaulich und lebendig vortragen,
- aufmerksam zuhören und sachbezogen auf Beiträge anderer reagieren,
- sich Schreibziele setzen und elementare Methoden der Textplanung und -überarbeitung anwenden,

- Begebenheiten frei oder nach Vorlagen erzählen und dabei Erzähltechniken (z. B. einen Erzählkern ausgestalten) anwenden,
- fremde Texte erweitern und umschreiben,
- einfache Verfahren der Textuntersuchung und Grundbegriffe der Textbeschreibung anwenden,
- Geschichten nachgestalten (z. B. nach Bildfolgen) und umformulieren.

Der Einstieg erfolgt über das Erzählen zu Bildern. Alle Bilder zeigen spannende, unheimliche oder unglaubliche Situationen. Die Schüler beschreiben die jeweilige Situation und tauschen Ideen aus, was vorher und nachher jeweils passiert sein könnte. Als Einstieg in das Erzählen suchen sich die Schüler ein Bild aus und erzählen zu ihm. Dazu erstellen die Schüler vorher einen Stichwortzettel, mit dessen Hilfe sie ihre Erzählung vortragen. In der Auswertung der Erzählrunde wird das Vorwissen der Schüler aktiviert und abgerufen. Die Schüler beschreiben, welche Erzählungen oder Teile einer Erzählung besonders anschaulich, interessant und gelungen gewirkt haben, und begründen ihre Einschätzung. Um die Arbeit mit den Stichwortzetteln zu vertiefen, könnte man nach dieser ersten Erzählrunde die Stichwortzettel der Schüler aushängen. Die Schüler sollten dann beurteilen, nach welchen Stichwortzetteln sich ihrer Meinung nach gut oder eher schlecht erzählen lässt.

Didaktische Aufbereitung der Unterkapitel

1. Es spukt ... – Erzählungen spannend gestalten (S. 210–211)

Die Schülerinnen und Schüler untersuchen eine Geschichte daraufhin, mit welchen Mitteln sie spannend und interessant gestaltet ist. Durch diese Textuntersuchung wiederholen sie, was sie darüber im 5. Jahrgang gelernt haben.
Der Textauszug stammt aus dem Kinderbuch „Gespensterjäger“ von Cornelia Funke. Die Hauptfigur ist Tom, der im Keller einem Gespenst begegnet. Mit einer anerkannten Gespensterjägerin, Hedwig Kümmelsaft, will er das Gespenst verjagen. Dabei merkt er, dass sein Gespenst nur ein „Mittelmäßig Unheimliches Gespenst“ (MUG) ist und selbst Hilfe gegen ein „UEG“ (Unglaublich Ekelhaftes Gespenst) braucht. Toms Gespenst heißt Hugo und ist von dem UEG aus seinem alten Spukhaus verjagt worden. Hedwig Kümmelsaft und Tom fangen das UEG und Hugo kann wieder an seine alte Spuk- und Wohnstätte zurückkehren. Der Textauszug, den die Schüler untersuchen, stammt aus dem ersten Kapitel und erzählt, wie sich Tom und Hugo das erste Mal begegnen.

Aufgaben 1 und 2 S. 210 Die Schüler beschreiben das Bild auf S. 210 und sammeln Erzählideen dazu.
Wenn man anhand dieses Bildes das mündliche Erzählen zu Stichwortzetteln üben möchte, sollte das Bild über eine OHP-Folie präsentiert werden. Die Schüler sammeln erst in kleinen Gruppen Erzählideen zu dem Bild, erstellen dann in Einzelarbeit ihre Stichwortzettel und erzählen mündlich zu dem Bild. In der Auswertung tragen die Schüler dann zusammen, welche Erzählungen oder Teile von Erzählungen besonders spannend und anschaulich gestaltet worden sind, und begründen ihre Beurteilungen.

Cornelia Funke: Ein grässlicher Tag (S. 210)
Der Einstieg in die Geschichte ist auch möglich, indem der Lehrer den Text bis Zeile 25: „Tapfer machte er einen Schritt vorwärts ...“ vorliest. Die Schüler sammeln daraufhin Ideen, was weiter passieren könnte. Danach lesen und untersuchen sie den Jugendbuchauszug.

Aufgaben 1 und 2 S. 211 Nach einem offenen Austausch über die Wirkung des Kinderbuchauszuges erfolgt die genauere Untersuchung des Textes. Die Schüler können hier mithilfe des Werkzeugkastens selbstständig und arbeitsteilig zu den Punkten Spannungsaufbau, Beschreibungen der Figuren und Orte und Darstellung der Gefühle und Gedanken Toms arbeiten. Die Bedeutung der wörtlichen Rede und des Schlusses kann dann gemeinsam erarbeitet werden. Die Ergebnisse ihrer Untersuchung sollten die einzelnen Gruppen auf Plakaten präsentieren. Nach der Präsentation können so evtl. fehlende wichtige Punkte im Klassengespräch ergänzt werden. Folgende Ergebnisse sind zu den einzelnen Punkten denkbar:

C. Funke: Ein grässlicher Tag – Aufbau und Spannungskurve

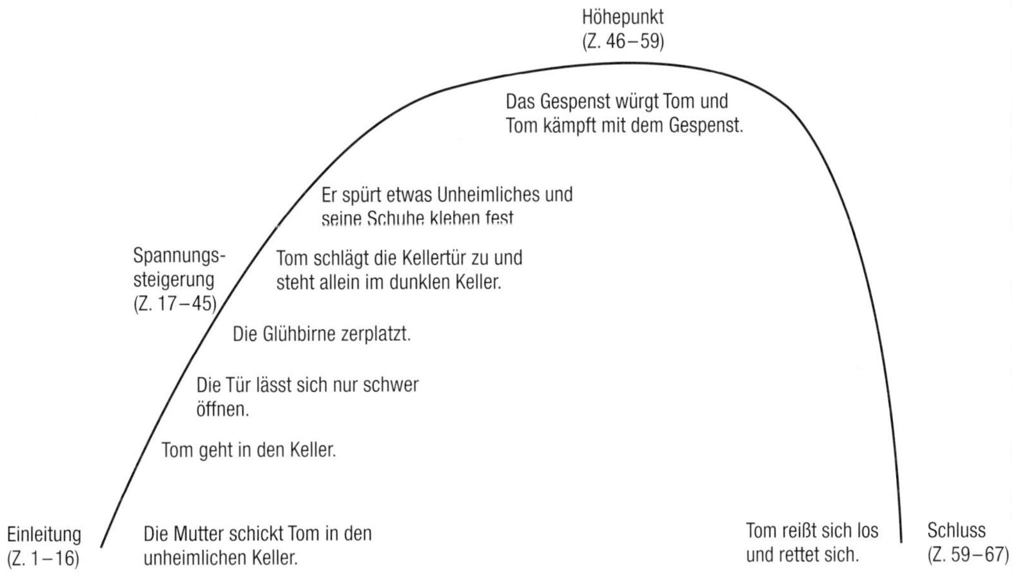

C. Funke: Ein grässlicher Tag – Beschreibungen der Orte und Figuren und ihre Wirkung

Der Keller ...	Das Gespenst ...
– ist für Tom der „dunkelste, unheimlichste und spinnenverseuchteste“ (Z. 16) Ort des ganzen Hauses. – besitzt einen „enge[n], kalte[n] Flur“ (Z. 19). – ist „spärlich beleuchtet“ (Z. 20). – besitzt eine „staubige[.]“ (Z. 17), schwer zu öffnende und „quietsch[ende]“ Tür (Z. 21–23) – ist „pechschwarz[.]“ (Z. 35)	– hat einen „modrig stinkende[n] Atem“ (Z. 48). – besitzt „eisige Finger“ (Z. 49 u. 53), „giftgrüne[.] Augen, flatternde[s] Haar und [ein] höhnische[s] Grinsen“ (Z. 55–56) – „schimmert[.] weißlich in der Dunkelheit“ (Z. 54–55) – wird als unheimliches „Irgendwas“ (Z. 54 u. 55) und „entsetzliche[s] Ding“ (Z. 59) beschrieben. – ...

Die Beschreibungen verdeutlichen dem Leser, wie unheimlich der Keller und das Gespenst sind. Der Leser gruselt sich mit Tom, da er sich den Keller und das Gespenst anschaulich vorstellen kann.

C. Funke: Ein grässlicher Tag – Toms Gedanken und Gefühle

Der Leser erfährt direkt, dass ...	Der Leser erfährt indirekt, dass ...
– Tom Angst vor dem Keller hat (Z. 4–8). – er sich darüber ärgert, dass er den Lichtschalter nicht findet (Z. 26–27). – er versucht, sich selbst zu beruhigen und die aufkommende Angst zu unterdrücken (Z. 36–37).	– das Platzen der Glühbirne für Tom völlig überraschend geschieht (Z. 32: „Erschrocken stolperte Tom zurück“). – er große Angst im dunklen Keller hat, nachdem die Glühbirne geplatzt ist (Z. 39: Sein Mund wurde „trocken wie Schmiergelpapier“). – er sich heftig gegen das Gespenst zur Wehr setzt (Z. 51–52: Tom „schlug wie ein Wilder um sich“). – Tom Todesangst haben muss, weil er am Ende seiner Kräfte ist und nicht weiß, ob er es schafft zu entkommen (Z. 61: „Er taumelte zur Tür und tastete zitternd nach dem Riegel“; Z. 64–65: „Mit letzter Kraft riss Tom die Tür auf“). – er am Ende erschöpft und glücklich ist (Z. 66: „[...] Tom stolperte halb tot vor Schreck auf den Flur hinaus“). – ...

Wirkung: Durch die Gedanken von Tom und die anschaulichen Umschreibungen seiner Gefühle kann sich der Leser in Toms Situation hineinversetzen und nachvollziehen, was in dem Jungen vorgeht.

C. Funke: Ein grässlicher Tag – Die Wirkung der wörtlichen Rede

Der Leser ...
- erfährt, was Tom denkt.
- hört wie Tom das Heulen des Gespenstes.
- erlebt das Geschehen wie im Theater oder Fernsehen (z. B.: Z. 51–52).
- ...

Wirkung: Die Erzählung wirkt lebendiger und der Leser erlebt das Geschehen direkt mit.

C. Funke: Ein grässlicher Tag – Die Wirkung des Schlusses

- Die Spannung wird aufgelöst.
- Das Geschehen in dem Keller erhält einen Abschluss.
- Der Leser wird neugierig gemacht, wie es mit Tom und dem Gespenst weitergeht (= offener Schluss).

Das Untersuchen einer Erzählung kann mit Arbeitsblatt 1 vertiefend geübt werden. Die Erzählung von Manfred Mai ist relativ einfach, sodass das Arbeitsblatt die Schüler in einer Einzelarbeit nicht überfordert. Es kann deshalb auch als Leistungsüberprüfung eingesetzt werden.

Aufgabe 3
S. 211

Aus der Untersuchung des Jugendbuchausschnitts leiten die Schüler Regeln für das eigene Erzählen ab. Diese „Erzähltipps" können im Klassengespräch gesammelt werden. Möglich ist es, diese grundsätzlichen Regeln für die Gestaltung einer Erzählung als Lernplakat in der Klasse auszuhängen. Folgendes Ergebnis ist denkbar:

Erzählungen spannend, lebendig und anschaulich gestalten:
Eine Erzählung wirkt spannend, lebendig und anschaulich, wenn ...
- die Erzählung eine Spannungskurve besitzt (Einleitung, Spannungssteigerung, Höhepunkt und Schluss).
- die Orte und Figuren mithilfe von anschaulichen Beschreibungen dargestellt werden.
- die Gefühle und Gedanken der Figuren erzählt werden (direkt durch wörtliche Rede und indirekt durch anschauliche Umschreibungen).
- wörtliche Rede verwendet wird.
- treffende Verben, Adjektive und Vergleiche benutzt werden, damit der Leser sich die erzählten Ereignisse und Figuren genau vorstellen kann.
- ...

2. Noch mehr Gespenster – Die innere Handlung gestalten (S. 212–214)

Die Schüler üben, die innere Handlung einer Erzählung auszugestalten. Dabei lernen sie verschiedene Methoden kennen, wie sie ihre Erzählentwürfe gemeinsam überarbeiten können, und wenden sie an. Das im Werkzeugkasten auf S. 213 („Eine Erzählung planen und überarbeiten") dargestellte Verfahren orientiert sich an der Methode der Schreibkonferenz. Die Schüler verbessern zuerst eine fiktive Schülererzählung, in der größtenteils nur die äußere Handlung dargelegt wird. Sie sammeln dazu Formulierungen für die Ergänzung der inneren Handlung und verfassen eine verbesserte Erzählung. Diese Erzählentwürfe besprechen sie in kleinen Gruppen. Dabei werden sie genau angeleitet, wie sie bei der Besprechung vorgehen können. Aufgrund der Verbesserungsvorschläge überarbeiten sie dann ihre Entwürfe (S. 212). Das Verfahren, eine Erzählung zu planen und zu überarbeiten, führen sie dann noch einmal durch (S. 213). Abschließend vertiefen sie das Gestalten der inneren Handlung, indem sie zu einem Titelbild eines Jugendbuches erzählen (S. 214).

Kein Entkommen (S. 212–213)

Aufgabe 1
S. 212

Der Leser kann sich bei dieser Erzählung nicht in Toms Situation versetzen, weil sie zu sehr auf die Darstellung der äußeren Handlung beschränkt bleibt. Es fehlen die Wiedergabe der Gedanken Toms in wörtlicher Rede oder die Verdeutlichung seiner Gefühle durch anschauliche Umschreibungen. Außerdem wird der Höhepunkt („Unten jagte ihn das Gespenst hin und her") nicht ausgestaltet.

Aufgabe 2
S. 212

Um den Schülern Anregungen und Formulierungshilfen für die Verbesserung der Erzählung zu geben, werden zuerst konkrete Formulierungsvorschläge für die jeweilige innere Situation Toms gesammelt. Das Sammeln möglicher Formulierungen geschieht in Kleingruppen. Die einzelnen Gruppen stellen dann ihre Ergebnisse der Klasse vor. Jeder Schüler kann so seine Sammlung um Formulierungsvorschläge, die er für die innere Situation

von Tom als treffend beurteilt, ergänzen. Um die Sammlung der Formulierungsvorschläge zu strukturieren, kann das Arbeitsblatt 2 eingesetzt werden.
Auf der Grundlage ihrer Vorarbeiten schreiben die Schüler eine erste Verbesserung der Erzählung „Kein Entkommen". Dieser Entwurf wird dann in Kleingruppen, wie im Werkzeugkasten auf S. 213 beschrieben, gemeinsam besprochen. Anschließend überarbeiten die Schüler mithilfe der Verbesserungsvorschläge ihre Entwürfe. Das gemeinsame Besprechen der Textentwürfe kann eingeführt werden, indem ein Schülertext über eine OHP-Folie präsentiert wird. Der Lehrer führt dann mit einigen Schülern modellhaft vor, wie in der Gruppe gearbeitet werden kann. Auch wie die Verbesserungsvorschläge notiert werden können, wird der Klasse dabei beispielhaft dargelegt.

Aufgabe 3
S. 213

Die Schüler beschreiben zuerst in ihren Worten, was sie unter äußerer und innerer Handlung verstehen. Vertiefend wird dann der Werkzeugkasten auf S. 214 gelesen und von den Schülern gelernt.

Aufgabe 4
S. 213

Die Schülerinnen und Schüler beschreiben die Illustrationen und sammeln dazu möglichst viele Erzählideen. Dabei tauschen sie sich darüber aus, was vor und nach den dargestellten Situationen passieren könnte. Aufgrund dieser Anregungen entwickeln sie einen Erzählplan, in dem sie die Handlung ihrer Erzählung in Stichworten festhalten. Diese Erzählpläne können unter der Fragestellung, welche besonders als Grundlage einer Erzählung geeignet sind, miteinander verglichen werden. Anhand der Erzählpläne schreiben die Schüler einen ersten Entwurf. Diese Entwürfe besprechen sie in kleinen Gruppen (Anleitung dazu im Werkzeugkasten S. 213). Die fertigen Erzählungen lesen sich die Schüler in Kleingruppen vor. Jede Gruppe wählt eine Erzählung aus, die der Klasse vorgestellt wird. Die Gruppe begründet möglichst genau, warum sie die Erzählung für besonders gelungen hält. Den Vortrag der Erzählungen vor der Klasse sollten die Schüler vorher üben, damit sie die Erzählungen betont und sinngestaltend vorlesen. Die einzelnen Gruppen können die Erzählungen auch in verteilten Rollen vortragen. Auch dieses sollten sie vorher einstudieren.

Tormod Haugen: Die Nachtvögel (S. 214)

Aufgaben 1 bis 4
S. 214

Die Schüler wenden das vorher zur Gestaltung der inneren Handlung Gelernte an. Sie beschreiben die auf dem Titelbild dargestellte Situation. Danach sammeln sie in Form von Gedanken in der Ich-Form und anschaulichen Umschreibungen Formulierungsvorschläge für die Gefühle und Gedanken des Jungen. Dies kann in Kleingruppen geschehen. Ebenfalls in kleinen Gruppen sammeln die Schüler Vorschläge zu den Fragen:

- Was könnten die Vögel mit dem Jungen zu tun haben?
- Was könnte vorher passiert sein?
- Wie könnte die Geschichte ausgehen?

Die Gruppen stellen ihre Ideen kurz vor. Auf der Grundlage dieser Vorarbeiten erstellt jeder Schüler einen Erzählplan. Diese Erzählpläne können wieder in den Gruppen besprochen, ergänzt und verbessert werden. Dann schreibt jeder Schüler eine Erzählung zu dem Titelbild. Diese Erzählentwürfe werden wieder mithilfe des Werkzeugkastens auf S. 213 besprochen und überarbeitet. Die überarbeiteten Erzählungen werden in den Kleingruppen vorgelesen. Jede Gruppe wählt eine Erzählung aus, die der Klasse präsentiert wird. Im Klassengespräch wird dann noch einmal herausgearbeitet, was an den jeweiligen Erzählungen besonders gut gelungen ist.
Die Gestaltung der inneren Handlung kann mithilfe des Arbeitsblattes 3 vertiefend geübt werden. Es kann auch zur Leistungsüberprüfung eingesetzt werden.

Aufgabe 5
S. 214

freie Aufgabe

3. Ganz schön gruselig ... auf die Atmosphäre kommt es an – Die äußere Handlung gestalten (S. 215–216)

Die Schüler lernen in diesem Teilkapitel, dass durch Beschreibungen der Umgebung, der Natur und der Figuren eine Erzählung eine besondere Atmosphäre und Stimmung erhält. Sie untersuchen Erzählanfänge daraufhin, wie durch den Einsatz von Adjektiven, Verben und Vergleichen z. B. die Langeweile und Lustlosigkeit einer Figur verdeutlicht werden kann oder eine gruselige Stimmung erzeugt werden kann. Beim Weitererzählen dieser Anfänge beachten sie besonders die Gestaltung der Stimmung und Atmosphäre.

Ein ungewöhnlicher Ferientag (S. 215)

Aufgabe 1
S. 215

Durch die Übung nähern sich die Schüler der Gestaltung der Atmosphäre eher spielerisch an, indem sie verschiedene Formulierungen und ihre Wirkung ausprobieren. Bei dem Gespräch darüber, warum sie welche Formulierungen gewahlt und andere ausgeschlossen haben, erschließen sich die Schüler den Zusammenhang zwischen der inneren Situation des Ich-Erzählers und der Beschreibung der Umgebung. Sie erkennen, dass die Beschreibungen besonders wirkungsvoll sind, die die Langeweile und Lustlosigkeit des Ich-Erzählers widerspiegeln. Folgende Ausdrücke sind deshalb zu wählen:
Z. 5: lustlos; Z. 7: tote; Z. 9: nichtssagenden; Z. 10: Schnecken; Z. 12: unerträglich

Aufgaben 2 und 3
S. 215

Der letzte Satz des Erzählanfangs „Doch da sah ich ...“ (Z. 14) weist auf eine Veränderung der Situation hin. Der Ich-Erzähler sieht z. B. etwas Aufregendes und wird in ein Abenteuer verstrickt. Die Schüler sammeln mögliche Erzählideen, wie die Geschichte weitergehen kann. Dann legen sie sich wieder einen Erzählplan an und schreiben mithilfe dieses Erzählplans eine Erzählung. Diese Entwürfe besprechen und überarbeiten sie mit den im Werkzeugkasten auf S. 213 dargestellten Methoden. Bei der gemeinsamen Besprechung der Erzählentwürfe achten die Schüler besonders darauf, inwiefern die Beschreibungen der Umgebung zur jeweiligen Situation des Ich-Erzählers passen. Hierzu sollten sie bei der gemeinsamen Besprechung der Entwürfe in den Kleingruppen schwerpunktmäßig Verbesserungsvorschläge entwickeln. Sie überarbeiten ihre Entwürfe und tragen ihre Erzählungen in den Kleingruppen vor. Erzählungen, in denen die Atmosphäre besonders gelungen gestaltet ist, werden der ganzen Klasse vorgestellt.

Das Geheimnis des alten Hauses (S. 216)

Aufgaben 1 und 2
S. 216

Der Erzählanfang beantwortet einleitend die wichtigsten W-Fragen (Wo? Wer? Wann? Was?). Er wirkt spannend, weil der Leser im Unklaren darüber gelassen wird, wer das Wesen ist, das plötzlich erscheint, und was es mit dem Paket auf sich hat. Eine gruselige Atmosphäre wird durch mehrere Mittel erzeugt, z. B. durch ...

- typische Motive aus Gespenstergeschichten: einsam gelegenes Haus; Vollmond; Tod der Frau; Licht flackert und erlischt, ...
- die Darstellung der Natur: fahles Licht; Schatten der Bäume, die wie unheimliche Riesen wirken;
- die Beschreibung des Wesens: dunkle Gestalt; funkelnde Augen; aus dem Nichts auftauchend;
- die Eindrücke der Hauptfigur: Mr. Miller hört ein merkwürdiges Schaben; friert trotz des Kaminfeuers; ist starr vor Entsetzen.

Aufgabe 3 S. 216 Die Schüler stellen fest, dass in beiden Erzählanfängen die Beschreibungen der Umgebung und der Figuren sich zu einer Stimmung verdichten, die zu der Situation der Hauptfigur passt. Diese Stimmung nennt man die Atmosphäre einer Erzählung.

Aufgabe 4 S. 216 Die Schüler schreiben die Erzählung weiter und gehen dabei wieder so vor, wie sie es in diesem Kapitel gelernt haben (s. die Kommentare zu Aufgabe 4, S. 213, Aufgaben 1–4, S. 214 und Aufgaben 1–2, S. 215).
Mithilfe des Arbeitsblattes 4 kann die Gestaltung der Atmosphäre weiter geübt werden. Dieses Arbeitsblatt kann auch zur Leistungsüberprüfung eingesetzt werden. Der Lückentext ist dem Jugendbuch „Die Nachtvögel" entnommen. Im Original lautet er folgendermaßen:

Plötzlich war er aufgewacht. Irgendetwas hatte ihn geweckt. Dunkelheit im Zimmer. Dunkelheit auf dem Flur. Das war schlecht. Seine Tür war nur angelehnt, damit ein wenig Licht hereinfiel.
Da hörte er sie! Durch die Luft sausen. Und er sah sie! Wie schwarze Schatten. Noch schwärzer als die Nacht. Sie tauchten einfach aus dem Dunkel auf und waren da. Große flatternde Schwingen mit rauschenden Federn. Augen, rot und starrend, als ob Feuer darin glomm. Und die Schnäbel waren offen, groß, gefährlich aufgerissen. [...] Sie wollten ihn erwischen. Er schrie und verkroch sich unter die Decke. [...] Er hörte sie schreien, heiser und schrill. Lauter als er. Er weinte und rief. Plötzlich war Mama da. Und Papa. „Joachim!", rief Mama aus weiter Ferne. Sie nahmen seine Decke ab. Das Zimmer wurde hell.

(Aus: Tormod Haugen: Die Nachtvögel, © der Übersetzung von Gerda Neumann: Arena Verlag GmbH, Würzburg)

4. Auf den Blickwinkel kommt es an – Erzählperspektiven (S. 217–221)

In diesem Kapitel lernen die Schülerinnen und Schüler, ein Geschehen aus unterschiedlichen Perspektiven zu erzählen und die Wirkung der Erzählperspektive einzuschätzen. Sie arbeiten an einer Bildergeschichte, fiktiven Schülerarbeiten und einer Ballade die grundsätzlichen Möglichkeiten, eine Erzählung als Ich-Erzählung oder als Er-/Sie-Erzählung zu gestalten, heraus. Sie lernen dabei, dass bei einer Ich-Erzählung die Geschichte so erzählt wird, als ob jemand das erzählte Geschehen selbst erlebt hat. Bei der Er-/Sie-Erzählung erkennen sie, dass es hier zwei Möglichkeiten gibt: Der Erzähler kann die Geschichte aus der Sicht einer oder mehrerer Figuren erzählen.
Die Figur des Erzählers als Zwischeninstanz zwischen Autor und Stoff, die den Lesevorgang steuert, wird noch nicht weiter thematisiert. Dies ist für die Schülerinnen und Schüler noch zu abstrakt. Aus demselben Grund werden auch die möglichen Erzählhaltungen des Erzählers (personal, auktorial und neutral) nicht untersucht und die Fachterminologie dafür nicht eingeführt.

Zu einer Bildergeschichte erzählen (S. 217–219)

Aufgaben 1 bis 4 S. 217 Folgenden Überblick über die Handlung können die Schüler erarbeiten. Sie können ihre Ergebnisse in Form einer Spannungskurve festhalten:
Einleitung:
- Bild 1: Der Junge winkt seinem Vater vom Segelboot aus zu.
  Spannungssteigerung:
- Bild 6: Er fällt aus dem Boot.
- Bild 3: Das Boot mit dem Hund treibt von dem um Hilfe schreienden Jungen weg.

Höhepunkt:

- Bild 4: Der Hund springt aus dem Boot, um den ertrinkenden Jungen zu retten.
- Bild 2: Der Junge hält sich an dem Hund fest, der ihn zum Ufer bringt.

Schluss:

Bild 5: Der Vater und der Junge streicheln und loben den Hund.
Alle drei sitzen auf dem Steg.

Aufgabe 5 S. 218

Die Schüler lesen erst alle drei Erzählanfänge. Dann vergleichen sie sie in Partnerarbeit. Im anschließenden Unterrichtsgespräch bestimmen sie die jeweilige Erzählperspektive der fiktiven Schülerarbeiten und belegen ihre Meinungen mithilfe von Textstellen. Zur Sicherung der Ergebnisse kann folgendes Tafelbild erstellt werden:

Tafelbild

Drei Erzählanfänge zu einer Bildergeschichte: Erzählperspektiven untersuchen

Daniel	Anke	Jonas
– *Ich-Form („mein"/„ich")* – *Der Leser sieht, was der Junge sieht („Mein Vater setzte sich …").* – *Man erfährt nur, was der Junge denkt.* – *…*	– *Er-Form („sein"/„er")* – *Der Leser sieht das Geschehen oft von außen („Sie gingen gemeinsam zum Steg").* – *Er erfährt, was in dem Jungen und dem Vater vorgeht.* – *…*	– *Er-Form („sein"/„er")* – *Der Leser sieht das Geschehen oft von außen.* – *Er erlebt mit, was der Vater erlebt, fühlt und denkt.*
⇓	⇓	⇓
Ich-Erzählung aus der Sicht des Jungen	***Er-Erzählung aus der Sicht des Jungen* und *des Vaters***	***Er-Erzählung aus der Sicht des Vaters***

Aufgabe 6 S. 219

- Aufgrund der Ich-Form werden die Schüler leicht erkennen, dass der dritte und fünfte Erzählausschnitt zu Daniels Erzählung gehört.
- Der erste und letzte Erzählausschnitt gehören zu dem Erzählanfang von Anke. Der Leser erfährt, was sowohl in dem Jungen als auch in dem Vater vorgeht.
- Der zweite und der vierte Erzählausschnitt wurden Jonas' Erzählung entnommen. Sie werden in der Er-Form erzählt und informieren den Leser nur über die Gedanken des Vaters. Eventuell haben einige Schüler hier Schwierigkeiten. Wenn der Kontext der Aufgabe nicht beachtet wird, lassen sich die Erzählausschnitte auch Ankes Erzählanfang zuordnen.

Aufgabe 7 S. 219

Die Schüler sammeln Hinweise dazu, was man bei den jeweiligen Erzählperspektiven beachten muss. Dabei könnten sie z. B. folgende Punkte ansprechen:

Zu Daniel (Ich-Erzählung aus der Sicht des Jungen):

- Der Sturz in den See muss besonders anschaulich erzählt werden.
- Die Angst vor dem Ertrinken muss deutlich werden.
- Man muss die Gedanken des Jungen erzählen, als er sieht, dass der Hund aus dem Boot springt.
- Der Junge sieht und hört den Vater. Dies muss man erzählen.
- …

Zu Jonas (Er-Erzählung aus der Sicht des Vaters):

- Wichtig ist, dass man durchgehend in der Er-Form erzählt.

- Der Vater sorgt sich um seinen Jungen.
- Er fühlt sich hilflos, weil er nicht eingreifen kann.
- Die Verzweiflung und Angst um den Jungen muss deutlich werden.
- Er feuert den Hund an und spricht dem Jungen Mut zu.
- ...

Zu Anke (Er-Erzählung aus der Sicht des Jungen und des Vaters):
- Man muss in der Er-Form erzählen.
- Die Gedanken und Gefühle des Jungen müssen wie bei Daniel verdeutlicht werden.
- Dazu muss man, wie bei Jonas, erzählen, was der Vater während des Geschehens fühlt und denkt.
- ...

Aufgabe 8
S. 219

Die Schüler wägen die Vor- und Nachteile der drei vorgegebenen Erzählperspektiven ab. Dabei werden sie der Ich-Erzählung von Daniel den Vorzug geben. Sie sollten z. B. auf folgende Aspekte Bezug nehmen:
- Am schwierigsten ist es, die Geschichte aus der Perspektive zu erzählen, die Anke gewählt hat. Man erzählt das Geschehen aus der Sicht mehrerer Figuren. Es besteht die Gefahr, dass man als Erzähler den Überblick verliert, sich „verzettelt" oder die Erzählung zu langatmig wird.
- In der Bildergeschichte ist der Junge die Hauptfigur. Deshalb bietet es sich an, sie aus der Sicht des Jungen zu erzählen. Zudem ist dies für den Leser spannender.
- Die Ich-Form, die Daniel gewählt hat, besitzt den Vorteil, dass sie den Leser unmittelbarer das Geschehen nacherleben lässt. Die Er-Form schafft eine Distanz, die eher störend ist.
- ...

Aufgabe 9
S. 219

freie Aufgabe

Friedrich Schiller: Der Handschuh (S. 219–221)

Die Schülerinnen und Schüler vertiefen an der Ballade ihre Kompetenzen, ein Geschehen aus unterschiedlichen Perspektive zu erzählen und die Wirkung der jeweiligen Erzählperspektiven zu beurteilen. Das Geschehen spielt in einer Art Arena. Auf dem Balkon sitzen der König und sein Gefolge. Zur Belustigung der Zuschauer werden unten in der Arena Raubtierspiele bzw. -kämpfe vorgeführt. Der Handschuh des Fräuleins Kunigunde fällt in die Arena zwischen die Großkatzen. Sie fordert den Ritter Delorges spöttisch-provozierend auf, als Beweis seiner Liebe in die Arena hinabzusteigen und den Handschuh für sie zurückzuholen. Aus Eitelkeit und Selbstgefälligkeit spielt sie mit dem Leben des Ritters. Delorges begibt sich mutig und tollkühn in die Arena, nimmt den Handschuh zwischen den Raubtieren auf und kehrt mit ihm auf den Balkon zurück. Jetzt empfängt ihn das Fräulein Kunigunde bewundernd mit „zärtlichem Liebesblick" (Z. 62). Delorges aber wirft ihr den Handschuh ins Gesicht und verzichtet auf den Dank des Fräuleins. Der Ritter verurteilt so Kunigunde dafür, dass sie aus Selbstverliebtheit, Eitelkeit und Koketterie seinen Tod in Kauf genommen hat. Gleichzeitig zeigt er ihr, dass sie es deshalb nicht wert ist, von ihm geliebt zu werden. Ihre gedankenlose Forderung und ihr maßloses Verhalten haben die Liebe zerstört, die er ihr gegenüber empfunden hat.

Aufgabe 1
S. 221

Die Ballade ist für die Schülerinnen und Schüler sowohl inhaltlich als auch sprachlich anspruchsvoll. Das Sortieren der Illustrationen hilft ihnen, sich den Text zu erschließen und Verständnisschwierigkeiten zu überwinden. Sie arbeiten dabei zu zweit oder zu dritt, um

gemeinsam mithilfe der Illustrationen den Inhalt der Ballade zu klären. Die Bilder müssen in folgende Reihenfolge gebracht werden:
(1) **A** – (2) **D** – (3) **F** – (4) **B** – (5) **C** – (6) **G** – (7) **E**

Aufgabe 2
S. 221

Die Schüler können zu den ersten drei Punkten in kleinen Gruppen arbeiten. Sie arbeiten die Eigenschaften und das Verhalten Kunigundes und Delorges' heraus. Ihre Ergebnisse halten sie in Form eines Schaubildes fest. Die Schaubilder werden anschließend präsentiert und besprochen. Im Klassengespräch werden dann z. B. falsche Deutungen korrigiert, Unvollständigkeiten der Schaubilder ergänzt oder besonders gute Interpretationen hervorgehoben. Die Charakterisierung der Hauptfiguren und die Deutung des Endes kann auch der Aufgabenstellung Punkt für Punkt folgend im Unterrichtsgespräch erarbeitet werden. Die Ergebnisse könnten dann in folgendem Tafelbild gesichert werden:

Tafelbild

Friedrich Schiller: Der Handschuh – Der Konflikt zwischen Kunigunde und Delorges

Kunigunde …	*Delorges …*
– *wirkt eitel, hochmütig und eingebildet.*	– *ist tapfer, mutig und tollkühn.*
– *versucht, Delorges vor den anderen zu blamieren, da sie annimmt, er traue sich nicht.*	– *nimmt die Herausforderung an.*
– *spielt mit dem Leben Delorges'.*	– *gewinnt die Bewunderung aller anderen für seine Unerschrockenheit.*
– *fordert einen sinnlosen Beweis seiner Liebe.*	– *wirft Kunigunde den Handschuh ins Gesicht und verzichtet auf ihren Dank.*
– *bewundert ihn für die Heldentat.*	– *…*
– *…*	

⇓

Bedeutung des Schlusses:
- *Kunigunde wird für ihren Hochmut und ihre Arroganz bestraft.*
- *Delorges sieht, dass Kunigunde ihn nicht verdient hat, und verlässt sie.*
- *Er ist der Ansicht, dass Kunigunde diese Probe nie gefordert hätte, wenn sie ihn wirklich liebte.*
- *…*

Nach der inhaltlichen Deutung der Ballade wird die Beschreibung der Raubtiere näher untersucht. Dabei wird deutlich, dass die Gefährlichkeit und Kampfbereitschaft der Tiere sich von Strophe zu Strophe steigert. Dies belegen die Schüler an entsprechenden Textstellen. Die Aggression der Tiere erreicht als „Mordsucht" (Z. 42) ihren Höhepunkt, als der Handschuh in die Arena fällt. Dies zeigt, wie gefährlich die Probe für Delorges ist und wie gefühllos Kunigunde sich verhält. Sie nimmt Delorges' Tod billigend in Kauf, nur um sich zu vergewissern, wie sehr er sie liebt. Es schmeichelt ihrer Eitelkeit, zeigen zu können, dass sie alles von dem Ritter verlangen kann.

Aufgabe 3
S. 221

Die Schüler bereiten das Umschreiben der Ballade in eine Erzählung vor, indem sie die im Schülerbuch abgebildete Tabelle in ihr Heft übertragen und vervollständigen. Sie legen damit die Schwerpunkte ihrer Erzählungen fest und entwickeln einen Schreibplan. Die fertige Tabelle könnte z. B. folgendermaßen aussehen:

Sichtweise des Königs	Sichtweise Kunigundes	Sichtweise Delorges'
– ist stolz, seine Raubkatzen zeigen zu können – zittert, dass Delorges nichts passiert – rechnet damit, dass die Raubtiere über ihn herfallen – bewundert ihn am Ende – ist überrascht über Delorges' Verhalten am Ende – versteht ihn/bleibt ratlos – ...	– findet die Raubtiere Furcht erregend – denkt, Delorges habe Angst – provoziert ihn – genießt die Spannung, während er in der Arena ist – ist stolz darauf, so einen tapferen Ritter zu haben – möchte Delorges zum Dank umarmen und küssen – fühlt sich am Ende gedemütigt und erkennt, dass sie alles falsch gemacht hat – ...	– ihm imponieren die Raubtiere, aber er hat keine Angst vor ihnen – fühlt sich durch die Forderung Kunigundes verletzt – erfüllt sie trotzdem, um nicht als feige zu gelten – erlebt die Raubtiere als bedrohlich und weiß um die Gefahr, als er den Handschuh holt – triumphiert über die Raubkatzen und genießt die Bewunderung der Zuschauer – rächt sich am Ende an Kunigunde und zeigt ihr seine Überlegenheit – hat für sich mit Kunigunde abgeschlossen – ...

Die Schülerinnen und Schüler wählen eine Perspektive aus und erzählen aus dieser das Balladengeschehen. Dabei arbeiten sie in Gruppen. Zu folgenden Perspektiven sollten die Gruppen arbeiten:

- Ich-Erzählung aus der Perspektive Delorges',
- Ich-Erzählung aus der Perspektive Kunigundes,
- Er-/Sie-Erzählung aus der Perspektive des Königs,
- Er-/Sie-Erzählung aus der Perspektive Kunigundes und Delorges'.
  (Hieran sollten sich vor allem leistungsstärkere Schülerinnen und Schüler versuchen.)

Aufgabe 4
S. 221

Die Erzählungen werden vorgelesen und daraufhin besprochen, welche Vor- und Nachteile die einzelnen Erzählperspektiven haben. Folgende Punkte könnten die Schüler z. B. dabei ansprechen:

- Bei der Ich-Erzählung aus Delorges' Sicht kann man gut verdeutlichen, welche Gefühle Delorges hat, als er in der Arena bei den Raubtieren ist. Dies lässt die Erzählung spannend wirken.
  Auch die Bedeutung des Schlusses lässt sich gut darstellen. Schwierig ist es zu verdeutlichen, wie Kunigunde die Beendigung der Beziehung aufnimmt. Dies kann nur indirekt durch entsprechende Umschreibungen erzählt werden (z. B.: „Sie starrte ihn fassungslos und beleidigt an.").
- Bei der Ich-Erzählung erfährt der Leser mehr über Kunigundes Gründe, Delorges auf die Probe zu stellen. Auch wie sie ihn als ihren „Helden" wahrnimmt, lässt sich genau ausschmücken. Ihre Demütigung, Enttäuschung oder Einsicht am Ende können ebenfalls durch die Gestaltung der inneren Handlung interessant und anschaulich erzählt werden. Allerdings ist es schwierig, dem Leser zu verdeutlichen, welche Motive Delorges für sein Handeln hat. Er müsste sie Kunigunde in wörtlicher Rede erklären. Dies passt nicht zu der Situation am Ende.

- Aus der Sicht des Königs lässt sich das äußere Geschehen gut beschreiben. Es fehlen hier aber die Innensichten der Hauptfiguren. Zudem erschwert die Er-Form die Identifikation des Lesers.
- Am spannendsten und besonders abwechslungsreich lässt sich die Erzählung sicher gestalten, wenn man sie in der Er/Sie-Form aus der Perspektive Delorges' und Kunigundes auktorial erzählt. Dies stellt aber große Anforderungen an die Fähigkeit des Erzählers, die einzelnen Teile der Erzählung aufeinander abzustimmen und nicht den Überblick über das Erzählte zu verlieren.

Das Erzählen eines Geschehens aus unterschiedlichen Erzählperspektiven kann mithilfe des Arbeitsblattes 5 vertieft werden. Das Arbeitsblatt kann auch zur Leistungskontrolle eingesetzt werden.

5. Erzählanlässe und Erzählideen (S. 222–223)

Auf dieser Doppelseite erhalten die Schüler verschiedenste Anlässe zum Erzählen, um das in dem Kapitel Gelernte anzuwenden. Es wird ihnen auch gezeigt, wie sie selbst Materialien sammeln oder entwickeln können, zu denen sie dann Erzählungen schreiben können. Diese Materialien könnten in einem Ordner „Erzählanlässe und -ideen" gesammelt werden, auf den die Schüler dann im Laufe des Schuljahres immer wieder zurückgreifen könnten, um das Erzählen zu üben.

Projektidee: Ein Hörbuch herstellen (S. 224)

Die Schülerinnen und Schüler erhalten hier Hinweise, wie sie aus ihren Erzählungen ein Hörbuch produzieren können. Dieses Hörbuch kann dann als Erinnerung für die Schüler oder zur Präsentation der Unterrichtsergebnisse in der Schulöffentlichkeit (z. B. als Verkaufsartikel am Tag der offenen Tür) vervielfältigt werden.

Den Aufbau und Spannungsverlauf einer Erzählung ermitteln

Manfred Mai (geb. 1949)

Gespenster auf dem Schulhof

◯ Die Stimmen kommen ihm bekannt vor. Flori bleibt stehen und dreht sich um. Hinter ihm kommen seine Freunde Jan und Kai angeschnauft. [...]

◯ „Das ist nicht geschrieben, das ist gesudelt!“, schimpft Frau Völker. „Du bleibst nach der Schule hier und schreibst deinen Aufsatz noch einmal ab!“ Flori starrt Frau Völker mit offenem Mund an. Dann stottert er: „Ich ... ich ... muss ... aber um halb fünf zum Fußballtraining.“ „Das hättest du dir vorher überlegen sollen.“ Jan und Kai gucken Flori an und ziehen die Schultern hoch.

◯ Dann hört er Schritte. Starr vor Schreck steht Flori mitten auf dem Schulhof. Sein Herz schlägt so heftig, dass es fast wehtut. Die Gedanken schießen nur so durch Floris Kopf: „Gespenster! Räuber! Vampire!“ Die Schritte kommen immer näher und näher. Flori spürt schon, wie jemand nach ihm greift. „Hilfe!“, ruft er plötzlich. Und noch einmal: „Hilfe!“ Gleichzeitig rast er los, quer über den Schulhof.

◯ Zehn Minuten vor vier ist die Stunde zu Ende. Die Kinder laufen hinaus. Nur Flori und Frau Völker bleiben im Klassenzimmer. Flori schreibt so sauber wie noch nie. Nach einer halben Stunde ist er fertig und zeigt seinen Aufsatz Frau Völker. „Siehst du, du kannst es“, lobt sie Flori. „Du musst dir nur Mühe geben. Und jetzt darfst du gehen.“

◯ „Flori, bleib stehen!“, ruft jemand. „Nein, nicht stehen bleiben“, hämmert es in Floris Kopf. „Rennen, rennen bis nach Hause. Sonst haben sie mich.“ Auf einer Treppe stolpert Flori und stürzt. Bevor er sich wieder hochrappeln kann, wird er von hinten an der Schulter gepackt. „Nein!“, schreit Flori. „Bist du verrückt geworden?“ Flori reißt sich los. „Halt ihn fest“, ruft eine andere Stimme.

◯ Flori packt schnell seine Sachen zusammen und läuft hinaus. Draußen ist es schon ziemlich dunkel. Der Schulhof sieht ein wenig unheimlich aus. Flori muss zum Fahrradständer am anderen Ende des Schulhofs. Dort steht sein Rad. Flori schaut sich um, dann geht er langsam los. Seine Augen wandern unruhig über den Schulhof. Da! Da ist etwas! Bei dem Baum hat sich etwas bewegt! Flori bleibt stehen. „Mein Rad! Ich muss zu meinem Rad!“, denkt er und überlegt fieberhaft, wie er zum Fahrradständer kommen könnte, ohne dass er an dem Baum vorbeimuss.

(aus: Manfred Mai, Leselöwen – Schulhofgeschichten © 1995 Loewe Verlag GmbH, Bindlach)

1. Lies die einzelnen Teile der Erzählung und setze sie richtig zusammen. Nummeriere die einzelnen Erzählabschnitte in der richtigen Reihenfolge. Schreibe die entsprechenden Zahlen in die leeren Kreise.

2. Stelle den Aufbau der Erzählung in einer Spannungskurve dar.

3. Erkläre, mit welchen Mitteln Manfred Mai spannend und anschaulich erzählt. Achte dabei besonders auf
- die Beschreibung des Schulhofs,
- die Gedanken und Gefühle Floris,
- die Wirkung der wörtlichen Rede.

4. Die Erzählung ist noch nicht zu Ende. Schreibe einen passenden Schluss.

Die innere Handlung gestalten

Kein Entkommen

Toms Situation	Toms Gedanken	Anschauliche Umschreibungen für Toms Gefühle
Tom wird in den Keller hinabgezogen.		
Das Gespenst jagt Tom.		
Tom entkommt dem Gespenst.		

Zu Bildern eine Geschichte erzählen

1. Wähle eines der beiden Bilder aus, zu dem du eine Geschichte erzählen willst.

2. Bereite deine Erzählung vor, indem du dir einen Erzählplan anlegst. Überlege dir zu jedem Erzählschritt auch, was das Mädchen jeweils denken und fühlen könnte.

3. Schreibe eine Geschichte zu deinem Bild. Achte dabei besonders auf die Gestaltung der inneren Handlung.

Die Atmosphäre einer Erzählung gestalten

Arbeitsblatt 4

Tormod Haugen (geb. 1945)
Die Nachtvögel

____________________ war er aufgewacht. ____________________ hatte ihn geweckt.

Dunkelheit im Zimmer. ____________________ auf dem Flur. Das war schlecht. Seine Tür war nur angelehnt, ____________________ Licht hereinfiel. Da hörte er sie! ____________________ Und er sah sie! Wie ____________________. Noch schwärzer als die ____________________. Sie tauchten einfach aus dem Dunkel auf und waren da.

____________________ Schwingen mit ____________________ Federn. Augen, rot und ____________________, als ob ____________________ ____________________.

Und die Schnäbel waren aufgerissen. [...]

Sie wollten ihn ____________________.

Er ____________________ und verkroch sich unter die Decke.

Die vordersten Vögel ____________________ mit ihren ____________________ ____________________ nach ihm und versuchten, die Decke fortzuziehen. Er hörte sie schreien. ____________________ und schrill. [...] Er weinte und rief.

Plötzlich war Mama da. Und Papa. „Joachim", rief Mama aus weiter Ferne.

Sie nahmen seine Decke ab. Das Zimmer ____________________.

(Aus: Tormod Haugen: Die Nachtvögel, © der Übersetzung von Gerda Neumann: Arena Verlag GmbH, Würzburg)

Vervollständige die Geschichte. Ergänze die Lücken so, dass die Erzählung eine zu der Situation Joachims passende Atmosphäre erhält.

Die Erzählperspektive wählen

1. Du kannst diese Bilderfolge aus der Sicht des Jungen oder des rücksichtslosen Mannes erzählen. Überlege dir, was du bei den beiden Erzählperspektiven jeweils beachten musst. Vervollständige zur Vorbereitung deiner Erzählung die folgende Tabelle:

Sichtweise des Jungen	Sichtweise des Mannes mit dem Hut

2. Verfasse *zwei Erzählanfänge* zu der Bilderfolge. Überlege vorher genau, was du jeweils beachten musst.

3. Wähle einen deiner Erzählanfänge aus und schreibe eine Erzählung zu der Bilderfolge. Vergiss nicht, deiner Erzählung eine passende Überschrift zu geben.

4. Begründe kurz, warum du dich für die Erzählperspektive entschieden hast, aus der du die Bilderfolge erzählt hast.

Leistungsüberprüfung – Selbstevaluation – Klassenarbeit

1. Es spukt ... Erzählungen spannend gestalten

Aufgabentyp: Texte mithilfe von Arbeitsaufträgen untersuchen/Texte fortsetzen
Textgrundlage: Manfred Mai: Gespenster auf dem Schulhof (Arbeitsblatt 1)

- Lies die einzelnen Teile der Erzählung und setze sie richtig zusammen. Nummeriere die einzelnen Erzählabschnitte in der richtigen Reihenfolge. Schreibe die richtige Zahl in die leeren Kreise.
- Stelle den Aufbau der Erzählung in einer Spannungskurve dar.
- Erkläre, mit welchen Mitteln Manfred Mai spannend und anschaulich erzählt. Achte besonders auf:
  - die Beschreibung des Schulhofs,
  - die Gedanken und Gefühle Floris,
  - die Wirkung der wörtlichen Rede.
- Die Erzählung ist noch nicht zu Ende. Schreibe einen passenden Schluss.

2. Noch mehr Gespenster – Die innere Handlung gestalten

Aufgabentyp: Erdachtes erzählen/auf der Basis von Materialien erzählen
Material: Zwei Bilder (Arbeitsblatt 3)

- Wähle eines der beiden Bilder aus, zu dem du eine Geschichte erzählen willst.
- Bereite deine Erzählung vor, indem du dir einen Erzählplan anlegst. Überlege dir dabei zu jedem Erzählschritt, was das Mädchen jeweils denken und fühlen könnte.
- Schreibe eine Geschichte zu deinem Bild. Achte dabei besonders auf die Gestaltung der inneren Handlung.

3. Ganz schön gruselig ... auf die Atmosphäre kommt es an – Die äußere Handlung gestalten

Aufgabentyp: Einen Text nach vorgegebenen Kriterien überarbeiten
Textgrundlage: Unvollständiger Auszug aus einem Jugendbuch (Arbeitsblatt 4)

- Vervollständige die Geschichte. Ergänze die Lücken so, dass die Erzählung eine zu der Situation Joachims passende Atmosphäre erhält.

Aufgabentyp: Texte umschreiben
Text: Das Geheimnis des alten Hauses (Schülerband, S. 216)

- Stell dir vor, der nächtliche Besuch in der Geschichte ist nicht die dunkle Gestalt, sondern eine Fee. Schreibe den Erzählanfang so um, dass er zu dieser Situation passt.

4. Auf den Blickwinkel kommt es an – Erzählperspektiven

Aufgabentyp: Auf der Basis von Materialien erzählen
Textgrundlage: Bildergeschichte „Vater und Sohn" (Arbeitsblatt 5)

- Du kannst diese Bilderfolge aus der Sicht des Jungen oder des rücksichtslosen Mannes erzählen. Überlege dir, was du bei den beiden Erzählperspektiven jeweils beachten musst. Vervollständige zur Vorbereitung deiner Erzählung die folgende Tabelle:

Sichtweise des Jungen	Sichtweise des Mannes mit dem Hut

- Verfasse zwei Erzählanfänge zu der Bilderfolge. Überlege vorher genau, was du jeweils beachten musst.
- Wähle einen deiner Erzählanfänge aus und schreibe eine Erzählung zu der Bilderfolge. Vergiss nicht, deiner Erzählung eine passende Überschrift zu geben.
- Begründe kurz, warum du dich für die Erzählperspektive entschieden hast, aus der du die Bilderfolge erzählt hast.

Richtig zu schreiben kann man lernen
(S. 225–245)

Vorüberlegungen zur Einheit

Die Einheit bietet den Schülerinnen und Schülern zahlreiche Möglichkeiten, an verschiedenen Problemen der Rechtschreibung zu arbeiten. Dabei können die **einzelnen Kapitel unabhängig** voneinander in den Unterricht eingebaut werden und zu speziellen Fehlerschwerpunkten Aufgaben im Unterricht oder auch als Hausaufgabe erledigt werden.

Die in dieser Einheit behandelten Rechtschreib- und Grammatikprobleme sind:
- deutlich sprechen,
- Wörter verlängern,
- verwandte Wörter suchen,
- Wörter bilden,
- grammatisches Wissen anwenden,
- Merkwörter lernen,
- Arbeiten mit dem Wörterbuch.

Die Schülerinnen und Schüler können mithilfe der einzelnen Kapitel selbstständig, in Partnerarbeit oder auch im Rahmen des Unterrichts arbeiten und das Wissen auch spielerisch anwenden.

Didaktische Aufbereitung der Unterkapitel

1. Deutlich sprechen (S. 226–229)

k oder ck (S. 226)

Aufregung im Park (S. 226)

Aufgabe 1
S. 226
Park, tanken, Park, Verstecken, unmerklich, Dackels, vorbeiwackelt, schreckt, Gedanken, Ecke, Parks, schrecklichen, rekelt, Bank, Gurke, winkt, entdeckt, schleckend, zurück

Aufgabe 2
S. 226
Den Schülerinnen und Schülern sollte beim Sprechen der Wörter auffallen, dass nach einem langen Vokal ein einfaches k (z. B. rekeln), bei einem kurzen Vokal hingegen meistens ein ck folgt (z. B. Ecke). Ausnahmen regelt der Merksatz, auf den die Eule hinweist.

Aufgabe 3
S. 226
langer Vokal: Haken, Makel, Vokal, Laken, Ekel; kurzer Vokal: Ecke, wecken, lecken, hacken; auf den Merksatz bezogen: stinken, welken, harken, bewirken, Werk, Bank

Aufgabe 4
S. 226
freie Aufgabe

Aufgabe 5
S. 226
freie Aufgabe

z oder tz (S. 227)

Aufgabe 1 S. 227 spritzen, sitzen, erhitzen, ritzen, spitzen, benutzen, putzen, stutzen, nutzen, platzen, ratzen, brandschatzen, schmatzen, hetzen, petzen, setzen, wetzen, benetzen

Aufgaben 2 bis 4 S. 227 Die Übungen dienen der Festigung der richtigen Schreibweise.

Vorsilbe end-/ent- (S. 228–229)

Aufgabe 1 S. 228 Die Aufgabe verweist auf die auf der gleichen Seite abgedruckten Merksätze bezüglich der Betonungsregel.

Aufgabe 2 S. 228 Entspannung, Entschuldigung, entsetzlich, entlang, entgegen, Entkommen, Entdecken, entzwei, Enttäuschung

Aufgabe 3 S. 228 f. 1) Entscheidung, 2) Enthüllung, 3) endgültig, 4) endlos, 5) Endstation, 6) Endergebnis, 7) endlich, 8) Entfernung, 9) Entgleisung, 10) Entgelt, 11) Endspurt, 12) Endsilbe
Lösungswort: Entschluss

Aufgabe 4 S. 229 freie Aufgabe

Aufgabe 5 S. 229 freie Aufgabe

Aufgabe 6 S. 229 endlich: Etwas hat ein **Ende**. Endergebnis: Das Ergebnis, das am **Ende** vorliegt. Endspurt: Spurt, der am **Ende** eines Laufs eingelegt wird. Endsilbe: Silbe am **Ende** eines Wortes. endlos: Etwas hat kein **Ende**.

2. Wörter verlängern (S. 230)

Gleich und ähnlich klingende Konsonanten (S. 230)

Große Aufregung bei der Jagd (S. 230)

Aufgabe 1 S. 230 Aufregung, Jagd, König, Begleitung, Jagd, treibt, täglich, Burg, Wald, Freitag, unbedingt, Geduld, liebsten, Mittag, steigt, König, Pferd, lang, regt, König, springt, langt, wertvollen, Weg, Kalb, Dankbar, Abend, Empfang

Aufgabe 2 S. 230 Bei den Verlängerungen sollte deutlich werden, dass der betreffende Konsonant deutlich „hörbar“ wird. Beispiele: Jagd – jagen, treibt – treiben, Wald – Wälder

Dinosaurier der Lüfte (S. 230)

Aufgabe 3 S. 230 Die Übung dient zur Festigung der richtigen Schreibweise.

3. Verwandte Wörter suchen (S. 231–232)

e/ä und eu/äu (S. 231–232)

Der Umlaut ä (S. 231)

Aufgabe 1 S. 231 fällig – fallen, jährlich – das Jahr, Rätsel – raten, prächtig – die Pracht, gläsern – das Glas, rächen – die Rache, schädlich – der Schaden, Ärmel – der Arm, wässern – das Wasser, kälter – kalt, quälen – die Qual, eindämmen – der Damm, gefährlich – die Gefahr, erkälten – kalt, hässlich – hassen, anständig – der Anstand, kämpfen – der Kampf

Aufgabe 2 S. 231 der Tag – täglich, die Gefahr – gefährlich, die Schale – schälen, die Naht – nähen, das Mittelmaß – mäßig, der Kampf – kämpfen, der Drang – drängen, der Faden – einfädeln, der Gefallen – gefällig, die Sache – sächlich, der Kranz – bekränzen, das Warme – wärmen, das

Land – ländlich, der Kamm – kämmen, die Stange – der Stängel, der Verstand – verständlich, die Farbe – färben, die Tat – der Täter

Der Doppellaut äu (S. 231)

Aufgabe 3 S. 231 — der Häuptling – das Haupt, ausräuchern – der Rauch, die Bäume – der Baum, geräumig – der Raum, der Verkäufer – kaufen, ungläubig – der Glaube, die Zäune – der Zaun, die Fäulnis – faulen, die Säure – sauer, verträumt – der Traum, sich häuten – die Haut, äußerlich – außen, das Gebäude – bauen, der Wiederkäuer – kauen, der Säugling – saugen, bestäuben – der Staub, das Gesträuch – der Strauch

Aufgabe 4 S. 231 f. — **senkrecht**: Teufel, Freude, teuer, Reue, Treue, Meute
waagerecht: scheuern, Heu, erneuern, heute, Leute, Feuer, Ungeheuer, deutsch

Urlaubspläne (S. 232)

Aufgabe 5 S. 232 — Urlaubspläne, alljährlich, freuen, fremden, Ländern, selten, durchkreuzen, Dauerregen, heftigere, Träume, Verkäufer, Wetter, Kanälen, Ferienhäusern, geschwärmt, Träume, Strandfreuden, Heulen, Verkäufers

Die ersten Schiffe (S. 232)

Aufgabe 6 S. 232 — Die Aufgabe dient der Festigung der richtigen Schreibweise.

4. Wörter bilden (S. 233–237)

Groß- und Kleinschreibung (S. 233–234)

Aufgabe 1 S. 233 — Bei den Erklärungen sollte deutlich werden, dass bei der Wortbildung zum Teil Veränderungen am Ursprungswort vorgenommen werden müssen (Umlautbildung, Streichung von Endbuchstaben), dies in einigen Fällen aber auch entfällt.

Aufgabe 2 S. 233 — freie Aufgabe

Aufgabe 3 S. 233 — die Leidenschaft, die Heizung, das Erlebnis, die Vergangenheit, die Schwierigkeit, die Wohnung, die Richtung, die Bewegung, die Krankheit, das Altertum, das Ereignis, die Dummheit, die Gesundheit, die Bekanntschaft, das Heldentum

Aufgabe 4 S. 234 —
die Möglichkeit – möglich – Adjektiv
die Pünktlichkeit – pünktlich – Adjektiv
die Sicherheit – sicher – Adjektiv
die Begrüßung – begrüßen – Verb
die Sauberkeit – sauber – Adjektiv
die Verwirrung – verwirren – Verb
die Freiheit – frei – Adjektiv
die Heiterkeit – heiter – Adjektiv
die Überraschung – überraschen – Verb
die Achtung – achten – Verb
die Meinung – meinen – Verb
das Gefängnis – gefangen – Adjektiv
die Belohnung – belohnen – Verb

Aufgabe 5 S. 234 — Fortsetzung, Gesundheit, Belohnung, Meisterschaft, Heizung

Zusammengesetzte Wörter – Komposita (S. 234–237)

Wolf Harranth: Zoologie (S. 234)

Aufgaben 1 und 2 S. 235
Die Endstellung der Komposita mit „Tier“ als Grundwort macht deutlich, dass der erste Bestandteil des Kompositums als Bestimmungswort das jeweilige Tier hinsichtlich seiner Eigenschaften näher bestimmt. Am Beispiel „Schnaubtier“: Das Bestimmungswort bestimmt das Tier näher als ein schnaubendes Tier.

Aufgabe 3 S. 235
Elefant – Stampftier, Pferd – Lauftier, Schlange – Schlängeltier, Biene – Summtier, Bär – Brummtier usw.

Aufgabe 4 S. 235
Wasser + Hahn = der Wasserhahn, Fluss + Arm = der Flussarm, Stuhl + Bein = das Stuhlbein

Aufgabe 5 S. 235
freie Aufgabe

Aufgabe 6 S. 235

- das Gartenhaus, das Einfamilienhaus, das Hochhaus, das Ferienhaus, das Geschäftshaus
- der Laufschuh, der Damenschuh, der Sportschuh, der Lederschuh, der Hallenschuh

Aufgabe 7 S. 236
Nomen + Nomen: Sahnetorte, Buchdeckel, Mauerblümchen
Verb + Nomen: Hörspiel, Kehrmaschine, Laufmasche, Stoppschild, Umstellprobe, Lesebuch
Adjektiv + Nomen: Hartgeld, Kurzgeschichte, Kleinvieh, Deutschbuch, Tieflader
Adjektiv + Adjektiv: dunkelgrün, hellgelb

Michael Ende: Schnurpsenzoologie (S. 236)

Aufgabe 8 S. 236
Die ungewöhnlichen Komposita vereinen jeweils zwei gegensätzliche Tiere. Allerdings handelt es sich dabei nicht um gewöhnliche Komposita, da die beiden Wortbestandteile zum Teil ineinander verschmolzen sind. Beispiel: Wanze + Zebra = Wanzebra

Aufgabe 9 S. 237
freie Aufgabe

5. Grammatisches Wissen anwenden (S. 238–240)

das oder dass? (S. 238–240)

Aufgaben 1 und 2 S. 238
Das ist der gesuchte Mann. (Demonstrativpronomen)
Das Haus steht seit Wochen zum Verkauf. (Artikel)
Dass die Mathearbeit nicht leicht ist, habe ich gleich gemerkt. (Konjunktion)
Ein Foto, *das* unscharf ist, kann man im Laden zurückgeben. (Relativpronomen)

Aufgabe 3 S. 238
<u>bestimmter Artikel:</u>
Das Haus muss gestrichen werden. Der Käufer schaut sich das Auto vorher genau an. Das Fahrrad ist nagelneu. Ich wünsche mir das neue Buch des Erfolgsautors zum Geburtstag.
<u>Demonstrativpronomen:</u>
Das ist aber nicht schön. Wenn ich's mir aussuchen darf, nehme ich das. Wie gefällt dir das? Das ist mein neues Auto.
<u>Relativpronomen:</u>
Ich nehme das Brot, das links liegt. Das Heft, das auf den Boden gefallen ist, gehört Hannah. Das schöne Bild, das wir neulich gesehen haben, wurde mittlerweile verkauft. Ich hätte gerne das Menü, das heute im Angebot ist.

Konjunktion:
Ich hoffe, dass es dir gefällt. Dass die Mannschaft den Aufstieg schafft, war nicht vorauszusehen. Ich ahne, dass es noch eine Überraschung geben wird. Dass ich hier heute sein würde, hätte ich nicht gedacht.

Aufgabe 4 S. 238

- Ich konnte nicht ahnen, dass der Film so langweilig sein würde. (Konjunktion)
- Der Verkäufer lobte das Auto ganz besonders für seine Fahrsicherheit. (Artikel)
- Nach der Übung hoffte er, dass er das Gelernte nicht mehr vergessen würde. (Konjunktion/Artikel)
- Das ist die Stelle, an der es passiert ist. (Demonstrativpronomen)
- Ein Geheimnis, das gelüftet wird, verliert seinen Reiz. (Relativpronomen)
- Dass ich bald keine Fehler mehr mache, ist die große Hoffnung meiner Eltern. (Konjunktion)
- Jedes Jahr hoffen wir wieder auf das große Geschenk zu Weihnachten. (Artikel)
- Ich kenne das Mädchen. (Artikel)
- Ich weiß, dass das Mädchen Susanne heißt. (Konjunktion/Artikel)
- Das Buch, das mir mein Freund geliehen hat, ist sehr spannend. (Artikel/Relativpronomen)

Aufgabe 5 S. 239

Die Übung dient der Festigung der richtigen Schreibweise.

6. Merkwörter lernen (S. 241–243)

f-Laute (S. 241)

Aufgabe 1 S. 241

senkrecht: Vater, vorn, Vetter, fehlen, Freude, Futter, Veilchen
waagerecht: Ferien, Vogel, fünf, Vernunft, verkaufen, Frage, Vieh

Aufgabe 2 S. 241

freie Aufgabe

Die Vorsilben vor- und ver- (S. 241)

Aufgabe 3 S. 241

der Verdienst, der Vorhang, vorgestern, die Vorschrift, vorüber, sich verbrennen, der Fußballverein, der Verbraucher, sich verlaufen, die Versicherung, die Vergangenheit, der Kaufvertrag

Aufgabe 4 S. 241

Wortbeispiele:
Ver-: Vergnügen, Vernunft, Verbrechen, Versetzung, Verkäufer
ver-: verbrennen, verlaufen, vernaschen, versetzen, verwehen

Aufgabe 5 S. 241

Wortbeispiele:
Vor-: Vorbehalt, Vorbeugung, Vorbereitung, Vorderseite, Voreinstellung
vor-: vordatieren, vordringen, vorbeischauen, vorerst, vorhängen, vorhersagen

Wörter mit pf (S. 242)

Aufgabe 6 S. 242

1 Pflicht, 2 Pflücken, 3 Pfand, 4 Pflug, 5 Pferde, 6 Pfeil, 7 Pfarrer, 8 Pfusch, 9 Pfennig, 10 Pfund, 11 Pfote, 12 Pflasterstein, 13 Pfeffer, 14 Pfahl, Lösungswort: pfeifen

Weitere Merkwörter (S. 243)

Merkwörter mit b und p (S. 243)

Aufgabe 1 S. 243

b-Wörter: Abt, Erbse, Herbst, Krebs, Obst, obwohl

p-Wörter: Kapsel, Klempner, Mops, Publikum, Raps, Rezept, Schlips, September, überhaupt

Aufgabe 2
S. 243
Die Aufgabe dient der Festigung der richtigen Schreibweise.

Merkwörter mit g (S. 243)

Aufgabe 3
S. 243
freie Aufgabe

Merkwörter mit d und t (S. 243)

Aufgabe 4
S. 243
d-Wörter: bald, irgendwo, jugendlich, Mädchen, niedlich, nirgends, Ordnung, Widmung
t-Wörter: etwas, Gletscher, insgesamt, Lotse, Peitsche, rutschen

Merkwörter mit ä und äu (S. 243)

Aufgabe 5
S. 243
freie Aufgabe

Aufgabe 6
S. 243
freie Aufgabe

7. Arbeiten mit dem Wörterbuch (S. 244–245)

Aufgabe 1
S. 244
Die Übung dient der Beherrschung des Alphabets.

Aufgabe 2
S. 244
Malawi – Malaysia – Malediven – Mali
Für die Reihenfolge sind nach dem ersten Buchstaben die folgenden Buchstaben entscheidend.

Aufgabe 3
S. 244
Radio, Raster, Rat, Ratgeber, Risiko, Schnabel
Beutetier, Esel, Känguru, Löwe, Luchs, Zebra
Nelke, Rose, Schneeglöckchen, Sonnenblume, Tulpe, Veilchen

Aufgabe 4
S. 245
Pons: klare, fachlich unterstützte Struktur, ggf. knappe Worterklärungen u. a. m.
Schülerduden: umfängliche Einträge zu den einzelnen Wörtern, ausführliche Hinweise zur Beugung usw., farbliche Hervorhebung neuer Rechtschreibungen u. a. m.

Aufgabe 5
S. 245
die Süße, die Synagoge, die Symbiose, das Süßholz
Sü-ßig-keit, Sym-p-tom, sym-me-t-risch, sü-ßen
Sweatshirt (engl.), Swing (engl.), Symbol (lat.), Symmetrie (lat.), Symptom (griech.). Sympathie (lat.)
Süßspeisen, Symbole, Symptome, Süßstoffe, Swimming-Pools

Aufgaben 6 und 7
S. 245
das Phänomen, das Phantom, die Philatelie, die Philharmonie, der Philosoph, die Phobie, der Phosphor, die Physik
Es sollte auffallen, dass ein Großteil der Wörter aus der griechischen Sprache stammt. Es gibt nur wenige Ausnahmen: die Phase (franz.), Philippinen (span.)

Aufgabe 8
S. 245
das Theater, das Thema, die Theologie, die Theorie, der Therapeut, die Therme, die These
Auch hier sollte auffallen, dass ein Großteil der Wörter aus der griechischen Sprache stammt und es nur wenige Ausnahmen gibt: die Thora (hebr.), der Thriller (amerikan.)

Leistungsüberprüfung – Selbstevaluation – Klassenarbeit

- In dem folgenden Text sind viele Wörter falsch geschrieben. Streiche die falsch geschriebenen Wörter durch und schreibe sie in der richtigen Schreibweise darüber. Insbesondere wenn es sich um Fremdwörter handelt, solltest du unbedingt mit dem Rechtschreibwörterbuch arbeiten. Die Zahl in der Klammer gibt an, wie viele Fehler in dem Satz zu entdecken sind.

Metoden der Schatzsuche (1)

Von Zufallsfunden abgesehen, ist die bergung eines Schazes meist das ergebnis gründlicher forbereitung und planung. (5) Ein erster Hinweis auf die Existenz von ferschollenen Wertgegenstenden kann aus Erzälungen, Archieven, Büchern und anderen Quellen gewonnen werden. (4) Damit fänkt die arbeit aber erst an, denn es gilt, die meist lükenhaften Informationen zu ergänzen, die Begleitumstende des Ferlustes, weitere Details über den Schatz, den möglichen Funtort und fieles mehr in erfahrung zu bringen. (8)

Es gibt eine Unmenge Archive in jedem Lant der Welt, in denen bei gezielter Nachforschung weiterführende Invormationen zu finden sind. (2) Diese Kwellen gilt es auszumachen und zu erschließen. [...] (1)

Vor allen Dingen sollte eine alte Schatzsucher-Weisheit beachtet werden: Man braucht Silber, um Golt zu finden. (1) Damit soll gesagt werden, dass die Schatzsuche viel Geld kostet. Denn wie soll man zum Beispiel nach Mexiko gelangen, um dort vor Ort zu suchen, von der notwendigen ausrüstung einmal gans abgesehen? (2)

(Text aus WAS IST WAS, Band 96, Schatzsuche, Tessloff Verlag, Nürnberg.)

Wir spielen Theater – Tonnenfieber: Vom Stück zur Aufführung (S. 246–259)

Vorüberlegungen zur Einheit

Diese Einheit versteht sich als Fortsetzung bzw. Vertiefung der Einheit aus Band 5 zum Theaterspielen, kann aber auch durchgeführt werden, falls diese Einheit nicht besprochen wurde. Wiederum geht es darum, dass die Schüler und Schülerinnen über das eigene Tun den Umgang mit dramentechnischen Fachbegriffen vertiefen und weitere Einblicke in die Dialoggestaltung als Vorbereitung zur späteren Dialoganalyse gewinnen. Erste Ansätze zu einer solchen Dialoganalyse werden aber auch schon in dieser Einheit angesprochen, etwa wenn es darum geht, die Komik in einem Dialog zu untersuchen.
Thematischer Gegenstand ist ein Auszug aus einer fertigen Spielvorlage, dem Jugendstück „Tonnenfieber", das von einem Lehrer in Zusammenarbeit mit seiner Theatergruppe verfasst wurde und das der Verfasser dieser Einheit selbst schon mit SchülerInnen gespielt hat. Die SchülerInnen werden aufgefordert, diese Auszüge durch selbst verfasste Szenen zu ergänzen.
Zum Inhalt des Stücks schreibt der Verfasser Hans-Peter Tiemann selbst:
„‚Kinder sind so rätselhaft und unberechenbar!' Diese Zeile aus dem Schlusslied könnte als Überschrift über dem Stück stehen. Eine seltsame ‚Krankheit' breitet sich in der Stadt aus: Kinder kriechen in Mülltonnen, wollen dort leben. Die Erwachsenen sind ratlos. Selbst ‚Fachleute' können keine guten Erklärungen anbieten, und schließlich kann niemand verhindern, dass das Tonnenfieber immer mehr Kinder erfasst. Selbst der Schulunterricht findet bald in der Mülltonne statt."[1]

Zentrale Kompetenzen, die in dieser Einheit geschult werden, sind:

- Dialoge und einfache Szenen untersuchen,
- Komik in einem Text erklären können,
- produktorientiertes Schreiben (Erweiterung einer Textvorlage),
- appellative Texte verfassen,
- deutlich und akzentuiert sprechen,
- gestaltend sprechen (Artikulation, Modulation, Tempo und Intonation, Mimik und Gestik),
- beim szenischen Spiel verbale und nonverbale Mittel bewusst einsetzen und deren Wirkung erproben.

Die Auftaktdoppelseite führt in die Thematik des Theaterstücks „Tonnenfieber" ein. Anhand von Fotos sollen die SchülerInnen Vermutungen über den Inhalt des Stückes anstellen und so eine Erwartungshaltung gegenüber den Geschehnissen aufbauen. Die Fotos erscheinen alle wieder in ihrem Zusammenhang im Stück und können so auch im Nachhinein noch einmal zugeordnet werden.

[1] Hans-Peter Tiemann: Lampenfieber. 6 starke Stücke fürs Kinder- und Jugendtheater, Rüdiger Kohl Verlag, Niederzier [4]1995, S. 50

Didaktische Aufbereitung der Unterkapitel

Theatertexte sind vor allem Sprech- und Spieltexte. Insbesondere Feinheiten der Textgestaltung erschließen sich am besten über das Sprechen und Spielen. Von daher sollte dies der Bearbeitung der Aufgabenstellungen zu den einzelnen Szenen stets vorangehen.

1. Die erste Szene (S. 248)

Aufgaben 1–5 S. 248

Die erste Szene übernimmt insofern die Funktion einer Exposition (der Begriff wird in den Arbeitsaufträgen nicht eingeführt), als sie die Thematik des Stücks anspricht, den Konflikt zwischen Eltern und Kindern, die sich nicht immer so verhalten, wie es den Erwachsenen recht ist.

Die Komik der ersten Szene liegt darin, dass zunächst einmal nicht klar ist, über welchen Forschungsgegenstand der Professor berichtet. Richtig deutlich wird das erst, als von den Zahnlücken (Z. 18), den Kopfhörern (Z. 19 f.) und den Dauerlutschern (Z. 21) die Rede ist. Der Professor berichtet im Stil eines wissenschaftlichen Vortrages über seinen Forschungsgegenstand. Er begrüßt seine Zuhörer sehr förmlich mit „Meine Damen und Herren" und beginnt dann mit der Beschreibung „jener seltsamen Wesen", denen er auf seinen Forschungsreisen begegnet ist. Der Begriff „seltsame Wesen" deutet darauf hin, dass der Forschungsgegenstand außerhalb der Normalität liegt, und dieses außergewöhnliche Verhalten wird ja dann auch von dem Professor beschrieben.

Dem Zuschauer wird mit der ersten Szene, die im Übrigen weiter gar nicht mit dem Gang der Handlung verbunden wird, angedeutet, dass sich das Theaterstück mit den Besonderheiten des Verhaltens der Kinder beschäftigen wird und mit der Reaktion der Erwachsenen darauf.

Für die Regieanweisungen kann es keine allgemein verbindlichen Lösungen geben, hier ist die Fantasie der SchülerInnen gefragt. Der Sprachton kann am besten ermittelt werden durch das laute Sprechen, wie es in Aufgabe 1 vorgesehen ist. Deutlich müsste dabei werden, dass es sich einerseits um einen sehr förmlichen Vortrag handelt (siehe Anrede), dass aber andererseits der Professor auch keinen Hehl macht aus seinem Unverständnis den Kindern gegenüber. Dieses Unverständnis, das besonders ab den Zeilen 13 ff. deutlich wird, könnte durch einen entsprechenden Tonfall und eine entsprechende Mimik verdeutlicht werden.

Als Requisiten eignen sich die Gegenstände, die der Professor den Kindern zuordnet (Speer, Holzlöffel etc.), die dem Publikum gezeigt werden. Weiterhin könnten Fotos gezeigt werden, die den „Aufenthaltsort" der Kinder darstellen (Schneehütte, Zelt etc.).

2. So geht es weiter (S. 249–252)

2. Szene (S. 249–250)

Aufgabe 1 S. 250

Der Vater versucht zunächst, Manfreds Vernunft anzusprechen. Schließlich spricht er Drohungen aus, um Manfred dazu zu bewegen, aus der Mülltonne herauszukommen. Die Mutter will zu diesem Zweck Manfred verwöhnen, indem sie ihm Schokoladenpudding kocht und einen Fernseher aufstellt. Entsprechend sind auch die Kommentare beider Elternteile während ihres Streites: „[...] eine Tracht Prügel braucht er!", so Manfreds Vater; „Er ist doch so ein lieber Junge", so Manfreds Mutter.

Aufgabe 2 S. 250

Gliederungsmöglichkeiten:
Z. 1–4: Der Vater spricht Manfreds Vernunft als 12-jähriger Junge an.
Z. 5–13: Er verspricht Manfred Veränderungen in seinem Zimmer.
Z. 14–16: Er droht, Manfred mit Gewalt aus der Tonne holen zu wollen, als er merkt, dass

seine Appelle an Manfreds Vernunft keinen Erfolg haben.
Die beiden Szenenfotos geben Anhaltspunkte für Manfreds Verhalten, müssen allerdings auch interpretiert werden.

Aufgabe 3 S. 250 Durch Manfreds Reaktion muss deutlich werden, warum sein Vater plötzlich so heftig mit der Gewaltandrohung reagiert. In der Regieanweisung zu Beginn der Szene heißt es, dass Manfred einen Comic liest. Denkbar ist also, dass er von den Äußerungen seines Vaters völlig unbeeindruckt bleibt und seelenruhig weiterliest. Für seine Reaktion auf die Verwöhnangebote seiner Mutter finden sich zwei Regieanweisungen: Dem Angebot des Schokoladenpuddings steht er ablehnend gegenüber, das Angebot des Fernsehers nimmt er gerne an.

Aufgabe 4 S. 250 Das Besondere an den beiden Sprechern ist, dass sie zwar nicht zur Bühnenhandlung gehören, gleichwohl aber Einfluss auf die Bühnenhandlung nehmen. Sie kommentieren das Geschehen, zugleich fungieren sie als eine Art Erzähler, die zum nächsten Handlungsabschnitt überleiten. Ihre Kommentare sind sehr ironisch, was bereits die SchülerInnen der 6. Klasse durchaus erkennen können (z.B. Gewalt darf nicht öffentlich gezeigt werden, wohl aber zu Hause ausgeübt werden).

3. Szene (S. 250–251)

Aufgabe 1 S. 251 Komik entsteht in dieser Szene vor allem durch die klischeehafte Darstellung der beiden Hausfrauen. Zum einen wird gezeigt, wie sie sich beim Einkauf von der Fernsehwerbung beeinflussen lassen. Zum anderen wird ihre Neigung zum Tratschen entlarvt. So regt sich Frau Weber über eine Familie auf, deren Kind in die Mülltonne geklettert ist, und bezeichnet das Verhalten der Eltern als „Skandal", von dem das Jugendamt unterrichtet werden müsse. Unmittelbar darauf erfährt sie dann, dass auch ihr eigener Sohn in die Mülltonne geklettert ist.
Komisch wirkt auch, wie die Entlarvung sprachlich gestaltet wird: Thomas, der Mitschüler von Georg, berichtet nicht direkt, was geschehen ist, sondern äußert nur Andeutungen, die auch der Zuschauer erst nach und nach versteht.

Aufgabe 2 S. 251 Mit dieser Aufgabe kann die Funktion der Komik noch näher erarbeitet werden.
Die SchülerInnen werden sicherlich die Schwächen der beiden Hausfrauen erkennen und ansprechen. Möglicherweise erkennen sie aber auch das Prinzip der Übertreibung, um die Schwächen deutlicher herausstechen zu lassen.

4. Szene (S. 251–252)

Aufgabe 1 S. 252 Das Sprechen der Szene ist ein wichtiger Beitrag zum Aufbau eines eigenen Textverständnisses (siehe Vorbemerkung, S. 204). Hier sollte den Schülern genügend Zeit gegeben werden, den Figuren durch ihre Sprechweise Gestalt zu geben.

Aufgabe 2 S. 252 Die beiden „Fachleute" beurteilen das Verhalten der Kinder von ihrem fachlichen Standpunkt aus, beide können aber keine Lösung gehen. Beide haben im Grunde auch kein Verständnis für die Handlungsweise der Kinder.
Dass der Mediziner keinen Lösungsvorschlag anbieten kann, wird schon dadurch deutlich, dass sein eigener Sohn ebenfalls in einer Mülltonne lebt und er befürchtet, die Müllabfuhr könnte ihn abtransportieren. Er betrachtet das Verhalten der Kinder als eine Art Krankheit und spricht vom „Tonnenfieber". Er vergleicht das Tonnenfieber mit anderen Kinderkrankheiten, weist aber auf den Unterschied hin, dass das Tonnenfieber nicht mehr verschwinde. Seine Hilflosigkeit wird noch einmal dadurch deutlich, dass er den betrof-

fenen Eltern den absurden Ratschlag gibt, den Müll, den sie nun nicht mehr in der Mülltonne unterbringen können, im leeren Kinderzimmer zu deponieren. Der Pädagoge versucht, das Verhalten der Kinder zu erklären, indem er auf deren Vorliebe für Unordnung und Schmutz hinweist und somit das Leben in der Mülltonne als „konsequent" darstellt. Er vermutet, dass auch die Erwachsenen gerne in die Mülltonne kriechen würden.

Aufgabe 3 S. 252 freie Aufgabe

Aufgabe 4 S. 252 Die Komik entsteht hier dadurch, dass die Erwartungshaltung der Zuschauer nicht erfüllt wird. Der Arzt redet zwar wie ein Arzt („so genanntes kindliches Tonnenfieber" (Z. 7f.), „Infektionen" (Z. 15), sein Lösungsvorschlag dagegen ist absurd. Ebenso komisch wirkt es, wenn der Pädagoge eine psychologische Erklärung des Verhaltens der Kinder versucht.

3. Und so endet das Stück (S. 253–254)

Aufgaben 1 und 2 S. 254 „Wer den Pfennig nicht ehrt, ist des Talers nicht wert"; „Jeder ist seines Glückes Schmied"; „Wer anderen eine Grube gräbt, fällt selbst hinein".
Zur Umformung eignen sich: „Eine Tonne kommt selten allein", „Sich in eine gemachte Tonne setzen" u.a.

Aufgabe 3 S. 254 Mit dem Lied wird ein Erklärungsangebot für das Verhalten der Kinder gegeben. Es geht gar nicht um das Leben in der Tonne, sondern darum, etwas zu machen, was nicht der Norm der Erwachsenenwelt entspricht. Insofern sind Kinder wirklich „Störenfriede", weil sie die Normalität durchkreuzen.

Aufgabe 4 S. 254 freie Aufgabe

4. Eigene Spielszenen erfinden (S. 255)

Aufgabe 1 S. 255 Hans-Peter Tiemann verfolgt einen theaterdidaktischen Ansatz, nach dem der wichtigste Punkt der Theaterarbeit nicht das Nachspielen fertiger Szenen darstellt, sondern die Förderung der kindlichen Fantasie durch Umändern und Neuerfinden der Szenen. Er verdeutlicht seine Ansicht mit Metaphern aus dem Bereich des Kochens: „Fertiggerichte" sind zwar schnell hergestellt, aber sie schmecken auch nicht so gut; entsprechend kostet es zwar Zeit, eigene Szenen zu erfinden, aber dies stellt auch eine besondere Leistung dar. Theaterstücke sind wie Menüs, die an einem Herd gekocht werden, die Zutaten müssen selbst zusammengestellt werden. Die Metapher des „Giftmischers" deutet an, dass es auch um das Bloßlegen von Missständen geht.

Aufgaben 2 bis 4 S. 255 Das Erfinden eigener Szenen macht den SchülerInnen aller Erfahrung nach viel Spaß und sie kommen auch in der Regel zu guten Ergebnissen. Die Arbeitsblätter 1 und 2 (S. 209, 210) sollten nur zur Not eingebracht werden, wenn der Lerngruppe nichts einfallen will. Sie sind eher als Anhaltspunkte für die Lehrkraft gedacht, um gegebenenfalls Ideen einzubringen.

5. Und nun geht's an die Proben (S. 256–258)

Will man die SchülerInnen mit dem Umgang mit dramatischen Texten vertraut machen, ist es von großer Bedeutung, sie auch vor Publikum (die Parallelklasse oder die Eltern) zu spielen.

Aufgabe 1 S. 256 Das Verfahren des Erstellens eines Regiebuches ist den SchülerInnen vielleicht schon aus der 5. Klasse bekannt (siehe P.A.U.L. *D.* 5, S. 25, 49, 207, 212f.).

Optimal ist es, wenn die SchülerInnen dazu mit einem Textverarbeitungssystem arbeiten. Sie nutzen dabei die Tabellenfunktion: In die linke Spalte schreiben sie den Text, in die rechte Spalte die Regieanweisungen.

Aufgaben 2 bis 10
S. 256 ff.

Die Übungen, die leicht variiert und erweitert werden können, dienen nicht nur dem „Aufwärmen", sondern leisten auch einen wichtigen Beitrag für das deutliche und lebendige, d.h. ein durch entsprechende Gestik und Mimik unterstütztes Sprechen.

Aufgaben 11 bis 14
S. 258

Für das Gelingen einer Aufführung sind nicht nur gute Schauspieler wichtig, sondern auch das „Drumherum": Bühnenbild, Umbau der Bühne, Lichtregie. Hierfür sollte eine eigene Schülergruppe verantwortlich zeichnen.

6. Letzte Vorbereitungen für die Aufführung (S. 259)

Aufgaben 1 bis 3
S. 259

Hier geht es um ein adressatengerechtes appellatives Verfassen von Texten. Die abgedruckte Einladung ist natürlich nicht nur ungenau (wann und wo wird gespielt?), sondern auch wenig ansprechend gestaltet.

Aufgabe 4
S. 259

In einem solchen Programmheft könnten neben dem Verzeichnis der Rollen und der Schauspieler auch ein Bericht über die Probenarbeit und die Äußerungen der SchülerInnen zu dem Stück stehen. Möglich ist auch ein Interview mit der Lehrkraft über das Stück oder die Probenarbeit.

Szenenergänzung zu „Tonnenfieber“ 1

Ein Vater (Wolfgang) in einer Tonne. Nebenan sein Sohn (Peter), ebenfalls in der Tonne. Mutter (Beate) daneben.

Beate (zum Vater):	Überleg’ es dir bitte noch einmal, Wolfgang!
Wolfgang:	Da gibt es nichts zu überlegen. Ich fühle mich hier sehr wohl.
Beate:	Genügt es nicht, dass unser Sohn in einer Tonne haust, kannst du nicht wenigstens vernünftig sein?
Wolfgang:	Gibt es etwas Vernünftigeres, als in einer Tonne zu leben? – Mein Sohn wird mir Recht geben!
Peter (gelangweilt):	Du sagst es, Vati.
Beate:	Wolfgang, bitte sei dem Jungen ein Vorbild!
Wolfgang:	Es gibt Dinge zwischen Vater und Sohn, davon verstehen Frauen einfach nichts.
Beate:	Von mir aus spielt zusammen Modelleisenbahn oder geht zusammen zum Sportplatz, aber kommt bitte da heraus! (*Sie weint.*)
Wolfgang:	Ich lasse mich nicht erpressen, Beate, niemals!
Beate:	Dann werde ich ebenfalls ausziehen!
Peter:	Im Hof steht noch ein Tönnchen für Mutti!
Beate:	Wenn ihr mich wiedersehen wollt, dann müsst ihr zur Oma kommen.

(Aus: Hans-Peter Tiemann: Lampenfieber. 6 starke Stücke fürs Kinder- und Jugendtheater, Rüdiger Kohl Verlag, Niederzier [4]1995, S. 60f.)

Szenenergänzung zu „Tonnenfieber“ 2

1. Sprecher:	Hier sind sich wenigstens Vater und Sohn einig.
2. Sprecher:	Woanders reagiert man viel energischer ...

Herr Menzel neben einer Tonne. Zwei Müllmänner kommen hinzu.

Menzel:	Ich gehe nicht eher, bis Sie diese Tonne hier mitgenommen haben, einschließlich meiner Tochter.
1 . Müllmann:	Mein Herr, das geht nicht.
2. Müllmann:	Das dürfen wir nicht.
Menzel:	Und warum dürfen Sie das nicht?
1. Müllmann:	Es handelt sich hier weder um Hausmüll noch um Sperrmüll.
2. Müllmann:	Vielleicht fällt Ihre Tochter unter die Sondermüllbestimmung?
Menzel:	Es ist mir egal, unter welche Bestimmung sie fällt. Ich möchte sie hier nicht mehr sehen.
2. Müllmann (blättert in einem Heft):	Mmh, Sondermüll, ... der Sondermüll umfasst Gegenstände, die nicht normal sind.
Menzel:	Da sehen Sie‘s. Wollen Sie etwa behaupten, meine Tochter sei normal?
1. Müllmann:	Das kommt ganz darauf an.
Menzel:	Worauf?
1. Müllmann:	Unnormal ist, was nicht normal ist ...
2. Müllmann:	Und nicht normal ist es, wenn Kinder nicht in Mülltonnen sitzen.
1. Müllmann:	Säße Ihre Tochter also nicht in dieser Tonne, sondern, sagen wir, in einem Pappkarton, dann würden wir selbstverständlich für den Abtransport sorgen.

(Aus: Hans-Peter Tiemann: Lampenfieber. 6 starke Stücke fürs Kinder- und Jugendtheater, Rüdiger Kohl Verlag, Niederzier [4]1995, S. 61 f.)

Leistungsüberprüfung – Selbstevaluation – Klassenarbeit

Sprecher	Text	Regieanweisung
Menzel:	Ich gehe nicht eher, bis Sie diese Tonne hier mitgenommen haben, einschließlich meiner Tochter.	
1. Müllmann:	Mein Herr, das geht nicht.	
2. Müllmann:	Das dürfen wir nicht.	
Menzel:	Und warum dürfen Sie das nicht?	
1. Müllmann:	Es handelt sich hier weder um Hausmüll noch um Sperrmüll.	
2. Müllmann:	Vielleicht fällt Ihre Tochter unter die Sondermüllbestimmung?	
Menzel:	Es ist mir egal, unter welche Bestimmung sie fällt. Ich möchte sie hier nicht mehr sehen.	
2. Müllmann:	Mmh, Sondermüll, ... der Sondermüll umfasst Gegenstände, die nicht normal sind.	
Menzel:	Da sehen Sie's. Wollen Sie etwa behaupten, meine Tochter sei normal?	
1. Müllmann:	Das kommt ganz darauf an.	
Menzel:	Worauf?	
1. Müllmann:	Unnormal ist, was nicht normal ist ...	
2. Müllmann:	Und nicht normal ist es, wenn Kinder nicht in Mülltonnen sitzen.	
1. Müllmann:	Säße Ihre Tochter also nicht in dieser Tonne, sondern, sagen wir, in einem Pappkarton, dann würden wir selbstverständlich für den Abtransport sorgen.	

(Aus: Hans-Peter Tiemann: Lampenfieber. 6 starke Stücke fürs Kinder- und Jugendtheater, Rüdiger Kohl Verlag, Niederzier [4]1995, S. 61 f.)

- Vervollständige das Regiebuch für die Szene, indem du in der rechten Seite mögliche Regieanweisungen einträgst.

Unendliche Geschichten – Wir untersuchen eine TV-Serie (S. 260–273)

Vorüberlegungen zur Einheit

Das Thema „TV-Serien" kann in dieser Unterrichtseinheit aus zwei verschiedenen Perspektiven betrachtet werden. Zunächst sollen den Schülerinnen und Schülern mithilfe der exemplarischen Untersuchung der Fernsehwerbung, der Figuren sowie des Handlungsablaufs der TV-Serie „Schloss Einstein" die theoretischen Grundlagen des Genres nähergebracht werden. Darauf aufbauend und vertiefend können die Jugendlichen zusätzlich die Rolle des „Medienproduzenten" annehmen, eine kurze Erzählung von Paul Maar zu einem Drehbuch umformen und in der Theorie filmsprachlich umsetzen. Die Unterrichtsreihe kann schließlich in einer tatsächlichen medialen Umsetzung des erarbeiteten Drehbuchs, sei es nun als Fotostory, Film oder in einer Theaterbearbeitung, münden.
Der theoretische und praktische Umgang mit dem TV-Format soll die Jugendlichen im Sinne der Schülerorientierung motivieren, zu einem reflektierteren Umgang mit dem Medium Fernsehen anregen und damit Medienkompetenz fördern.

Zentrale Kompetenzen, die in dieser Einheit geschult werden, sind:
- das Erkennen und Beschreiben appellativer Texte,
- die Charakterisierung von Serien-Figuren,
- die Darstellung von Personenkonstellationen,
- die Untersuchung des Handlungsaufbaus einer TV-Serie,
- das Verfassen eines Drehbuchs zu einer Folge einer TV-Serie,
- die Einführung in die filmsprachlichen Elemente der Einstellungsgröße und Perspektive,
- das Übertragen eines Drehbuchs in Filmsprache.

Eine Möglichkeit der Einführung in das Thema bietet der Einstieg über die Abbildungen auf den Seiten 260–261. Die Schülerinnen und Schüler erhalten hier die Gelegenheit, ihre Vorkenntnisse zu den dargestellten Fernsehsendungen zu präsentieren sowie über die eigenen Sehgewohnheiten zu berichten. Die Ordnung der Abbildungen zu verschiedenen Gruppen gibt einen ersten Einblick in die verschiedenen Fernsehgenres, wie Seifenoper bzw. TV-Serie („Gute Zeiten, schlechte Zeiten"), Unterhaltungsshows („Wetten dass ... ?", „Wer wird Millionär?"), Talkshows („Vera am Mittag") und informative Formate („heute", „Aktuelles Sportstudio"). Die Zuordnung ist dabei bewusst nicht immer eindeutig vorzunehmen, sodass die Verwischung der Grenzen der unterschiedlichen Fernsehformate hier diskutiert werden kann. Alternativ ist natürlich auch ein Einstieg über die Fernsehvorlieben und die unterschiedlichen Arten der Information über das aktuelle Programm möglich (s. Aufgabe 1, S. 262).

Didaktische Aufbereitung der Unterkapitel

1. Schalt ein!? – Die Darstellung von TV-Sendungen in Fernsehzeitschriften (S. 262–263)

Aufgaben 1 und 2 S. 262–263

Jugendliche informieren sich auf den unterschiedlichsten Wegen über sie interessierende Fernsehprogramme. Genannt werden können hier die klassischen Fernsehzeitschriften, Plakat- oder Printwerbung der unterschiedlichen Fernsehsender, sogenannte „Teaser" oder „Trailer", d. h. kurze Werbefilme für ein Programm, die in den Werbepausen gesendet werden, das Internet, Empfehlungen Gleichaltriger o. Ä. Interessant sind die Entscheidungskriterien der Schülerinnen und Schüler für ein Programm. Eine Rolle spielen hierbei Aspekte wie der Unterhaltungswert, der Nervenkitzel, die Sensation, die Nähe zu der Lebenswelt der Jugendlichen, die Schauspieler usw.

Diese Entscheidungskriterien der Zielgruppe sollten dann wiederum im Zusammenhang mit der Analyse der appellativen Texte aufgenommen werden, nutzen die Fernsehsender doch bewusst die Vorlieben der Zuschauer, um ihre Formate zu bewerben. Die Werbetexte für die Doku-Spieleshow „Big Brother" sowie in abgeschwächter Form für die Serie „Duck Tales" versprechen in diesem Sinne einen hohen Unterhaltungswert, Abenteuer, Nervenkitzel mit Emotionen. Die Beschreibung der Jugendserie „Schloss Einstein" setzt dagegen auf die Identifikation der Jugendlichen mit den dargestellten Situationen bzw. die Nähe zu der Lebenswelt der Zielgruppe.

Aufgaben 2 bis 6 S. 263

Bei den auf S. 262 abgedruckten Beschreibungen der unterschiedlichen Fernsehformate handelt es sich eindeutig um appellative Texte im Sinne des nachfolgenden Werkzeugkastens (S. 263). Alle drei Texte verfolgen so die Absicht, die Leserinnen und Leser für die jeweilige TV-Sendung zu begeistern und sie zum Einschalten des entsprechenden Programms zu bewegen.

Hierzu fordern die Texte die Rezipienten direkt (z. B. Text 2, Z. 9) oder indirekt durch Fragen (z. B. Text 1, Z. 31 f.) auf, die jeweilige Sendung zu schauen. Der Einsatz von Superlativen (z. B. Text 1, Z. 14 ff.) sowie die Häufung positiv besetzter Adjektive (z. B. Text 3, Z. 10) schüren die Neugier der Leserinnen und Leser. Auffällig ist zudem das Auftreten von Jugendsprache (Text 3, Z. 2: „cool") bzw. Umgangssprache (z. B. Text 1, Z. 12) sowie die Verwendung von Anglizismen (Text 3, Z. 8).

Die erworbenen Analysefähigkeiten können die Jugendlichen anschließend an mitgebrachten appellativen Texten etwa aus Fernsehzeitschriften oder aus dem Internet einüben. Möglich wäre hier etwa, dass einige Schülerinnen und Schüler ihre Ergebnisse in Kurzvorträgen vor der Klasse präsentieren. Darüber hinaus bietet das Arbeitsblatt 1 (S. 220) weiteres Übungsmaterial.

Im Sinne einer weiteren Vertiefung und Festigung ist ferner vorgesehen, dass die Kinder zu ihren Lieblingssendungen eigene appellative Texte verfassen. Die entstandenen Texte können mithilfe des Computers gestaltet und in der Klasse in Form einer Ausstellung präsentiert oder zu einer „Klassenfernsehzeitschrift" zusammengestellt werden.

2. Coole Typen? – Figuren in TV-Serien (S. 264–265)

Einige Hauptfiguren der Serie „Schloss Einstein" (S. 264–265)

Aufgaben 1 und 2 S. 265

Nach (gemeinsamem) Lesen der Rollenbeschreibungen aus der Serie „Schloss Einstein" (S. 264–265) und einer ersten Einschätzung der Figuren durch die Schülerinnen und Schüler sollen alle genannten Charaktere mithilfe des Werkzeugkastens auf S. 265 in einer

Personenkonstellation dargestellt werden. Aufgrund der relativ hohen Anzahl der Figuren sowie zur besseren Vergleichbarkeit der Untersuchungsergebnisse bietet sich hier die Arbeit in Gruppen sowie die Sicherung auf Plakaten an. Folgende Personenkonstellation stellt dabei eine Lösungsmöglichkeit dar:

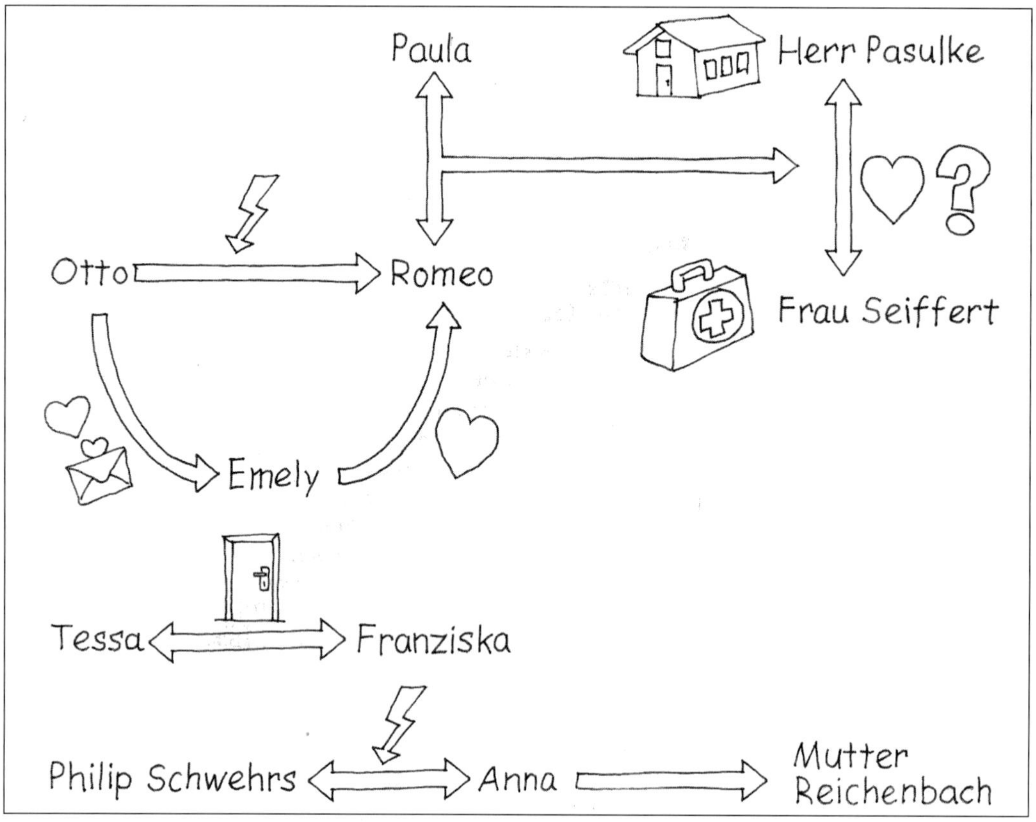

Aufgaben 3 bis 6 S. 266

Vertiefend gilt es hier noch einmal die Hauptfiguren in Form eines Steckbriefs zu charakterisieren. Als Hilfestellung kann hierfür u.a. auch der Werkzeugkasten „Eine literarische Figur charakterisieren" auf S. 31 herangezogen werden. Folgende Beobachtungen können herausgearbeitet und auf einem Plakat festgehalten werden:

Otto	Emely	Romeo	Tessa	Anna
– Beziehung zu anderen Personen: geselig-aktiv, keine Führungspersönlichkeit, unglückliche Liebe zu Emely – Charaktereigenschaften: leichtgläubig, bescheiden, zuverlässig, aktiv	– Aussehen: klein, zart – Beziehung zu anderen Personen: zuverlässige Freundin – Charaktereigenschaften: optimistisch, selbstbewusst, furchtlos, kreativ, großer Gerechtigkeitssinn	– Abstammung/Familie: geboren in Frankreich; Waise – Aussehen: hübsch – Beziehung zu anderen Personen: Mädchenschwarm, z.T. aber auch gerne allein – Charaktereigenschaften: romantisch, hilfsbereit – Hobbys: Lesen, Zauberei/Magie	– Beziehung zu anderen Personen: Jungenschwarm – Charaktereigenschaften: chaotisch, vorlaut, unordentlich, unpünktlich, schlagfertig, selbstbewusst	– Abstammung/Familie: Schauspielerin als Mutter – Aussehen: rothaarig – Beziehung zu anderen Personen: macht sich Feinde – Charaktereigenschaften: selbstbewusst, vorlaut, prahlerisch, modebewusst, arrogant, übertrieben selbstständig, kritisch, gemein

Die Schülerinnen und Schüler erkennen so, dass der Schwerpunkt der Figurenbeschreibung eindeutig auf den Charaktereigenschaften liegt. Die anschließende Vergabe bzw. die Gegenüberstellung der Spitznamen und damit die Reduktion der Figuren auf ein bestimmtes Muster dient der Erkenntnis, dass in einer Fernsehserie oftmals relativ eindimensionale Typen gegenübergestellt werden. Otto verkörpert dabei den naiven und schüchternen „Kumpeltyp", Emely die kleine Pfiffige, Romeo den geheimnisvollen Romantiker, Tessa die Chaos-Queen und Anna das arrogante Biest. Die eindimensionalen, leicht einzuschätzenden Figuren ohne Ecken und Kanten eröffnen dem meist jungen Publikum der TV-Serien vielfältige Möglichkeiten der Identifikation.
In der Festlegung der Figuren auf bestimmte, scharf umrissene Charaktereigenschaften, und damit auf ein bestimmtes Klischee, finden die Autoren klare Vorgaben und auf diese Weise ein Stück Sicherheit für den Einsatz der Personen in den Serienfolgen. Andererseits sind die Autoren in den Reaktions- und Handlungsmöglichkeiten ihrer Akteure stark eingeschränkt. Diesem Nachteil versucht man in der Konzeption einer TV-Serie entgegenzuwirken, indem man eine relativ hohe Anzahl an Typen auftreten lässt. Es ergeben sich so für die Autoren leichter neue Ideen, um die Handlung in den einzelnen Folgen voranzutreiben. Darüber hinaus findet jeder Zuschauer bei einer größeren Anzahl an Figuren eine Person, mit der er oder sie sich identifizieren kann.
Die erworbenen Kenntnisse können die Schülerinnen und Schüler abschließend durch die Anfertigung eigener Rollenbeschreibungen zu ihren Lieblingsserien oder mithilfe des Arbeitsblattes 2 (S. 221 f.) auf motivierende Art und Weise vertiefen.

Aufgabe 7
S. 266

freie Aufgabe

Paul Maar: Die sind alle gemein (S. 266–267)

Der Autor Paul Maar thematisiert in seiner kurzen Erzählung typische Probleme Jugendlicher, wie das Gefühl der Zurückweisung bzw. Kränkung, Hilflosigkeit, die Behauptung gegenüber vermeintlich stärkeren Mitschülern, den Umgang mit Hierarchien unter Gleichaltrigen usw.
Robert, der sich seit einigen Wochen bemüht, sich in seiner neuen Klasse zu integrieren, nähert sich Simone an. Der Klassenstärkste, Frank, unterbricht das Gespräch der beiden und demütigt Robert vor Simone und den Klassenkameraden. Enttäuscht und gekränkt zieht sich Robert zurück.

Aufgaben 1 und 2
S. 267

Als Einstieg sollten die Schülerinnen und Schüler zunächst Gelegenheit bekommen, die Situation aus der Erzählung auf ihre eigene Lebenswelt zu projizieren und alternative Handlungsmöglichkeiten zu entwerfen. Dies hat den Sinn, zunächst das allgemeine Textverständnis zu sichern und darüber hinaus die Figuren der Geschichte bereits indirekt zu charakterisieren. Die Klasse wird so etwa den schnellen Rückzug Roberts kritisieren oder auch Simones Verhalten unmittelbar nach der Kränkung.

Aufgaben 3 bis 5
S. 267

In Anknüpfung an die Lernergebnisse der vorangegangenen Seiten 264–266 sollen die Schülerinnen und Schüler überprüfen, ob sich die Figuren in der Erzählung Paul Maars für die Umsetzung in eine Fernsehserie eignen. In diesem Sinne sollen die Jugendlichen zunächst die Figuren der Geschichte im Stil einer Rollenbeschreibung näher charakterisieren.

Folgende Ergebnisse können im Zuge des Vortrags der verschiedenen Schülertexte von der Lehrkraft zusammengefasst und an der Tafel gesichert werden:

Tafelbild

Die Figuren in Paul Maars Erzählung „Die sind alle gemein" – Typen für eine TV-Serie?

Robert	Simone	Frank
– *Beziehung zu anderen Personen:* *keine Freunde (Zeile 2 ff.)* – *Charaktereigenschaften:* *einsam (Z. 2 ff.), schüchtern (Z. 4 f.), humorvoll (Z. 7 ff.), kein Angeber (Z. 12 ff.), romantisch (Z. 17 ff.), verletzlich (Z. 50 und Z. 55 f.), stolz (Z. 52 ff.)*	– *Aussehen:* *dunkle, kurze Haare (Z. 6)* – *Beziehung zu anderen Personen:* *Freundin von Frank? (Z. 11 f., Z. 24)* – *Charaktereigenschaften:* *humorvoll (Z. 8 f.), freundlich (Z. 20 ff.), friedfertig (Z. 25 f.), selbstbewusst (Z. 60 ff.) und mutig (Z. 68 f.)*	– *Beziehung zu anderen Personen:* *regelmäßige Schlägereien mit seinen Klassenkameraden (Z. 13 f., Z. 17 f.)* – *Charaktereigenschaften:* *stark (Z. 13), Angeber (Z. 13 f.), gemein (Z. 38 ff.)*

Die Schülerinnen und Schüler können nun den Schluss ziehen, dass sich auch in der Erzählung die Angaben zu den Figuren vor allem auf die Charaktereigenschaften konzentrieren. Die Reduktion der Figuren auf Spitznamen lässt ferner auch hier erkennen, dass uns Paul Maar ähnliche Typen wie in der TV-Serie „Schloss Einstein" präsentiert. Robert verkörpert wiederum den etwas schüchternen, netten, jedoch wenig durchsetzungsfähigen „Kumpeltyp", Simone erscheint als netter, schlagfertiger Jungenschwarm und Frank gibt sich als klassischer, übermächtiger „Bösewicht".
Die sich anschließende Diskussion der Unterschiede zu den Rollenbeschreibungen der Fernsehserie dient der Vorbereitung der praktischen Umsetzung der Geschichte in ein Serien-Drehbuch. Die Schülerinnen und Schüler sollen so erkennen, dass die Charakterisierungen der Hauptfiguren aus der Geschichte auch für eine TV-Serie noch zu undifferenziert erscheinen. Die Rollenbeschreibungen müssten also für ein Seriendrehbuch ergänzt werden. Ein wesentlicher Unterschied zwischen der Erzählung und „Schloss Einstein" liegt ferner in der Anzahl der auftretenden Figuren. Für eine Umsetzung in ein Drehbuch müsste man die Anzahl der Personen erhöhen, um die Handlung abwechslungsreich gestalten zu können und breite Identifikationsmöglichkeiten zu bieten.
Betrachtet man abschließend allein die grundlegende Anlage der Figuren, eignet sich die Erzählung Paul Maars also durchaus für eine Umsetzung in eine Folge einer Fernsehsendung, Ergänzungen müssten jedoch noch vorgenommen werden.

3. Unendliche Geschichten – Der Aufbau der Handlung in TV-Serien (S. 268–269)

Inhaltsangabe von Folge 283 der Serie „Schloss Einstein" (S. 268)

Aufgaben 1 und 2 S. 269

In der Inhaltsangabe der 289. Folge von „Schloss Einstein" werden im Gegensatz zu dem Text von Paul Maar drei Geschichten erzählt, die an unterschiedlichen Orten in der Umgebung der Schule, jedoch ungefähr zur selben Zeit spielen. Die Geschichten werden jeweils unterbrochen und die einzelnen Teile abwechselnd gezeigt. Zum einen wird in der Folge so der Abschied von Anna und Doro sowie das Abschiedsgeschenk ihrer Freundinnen Paula und Thekla thematisiert (Szene 1 und 4). Darüber hinaus zieht auch Franziska aus

dem Internat aus und wird in ihrem Abschiedsschmerz von ihrer Mitbewohnerin getröstet (Szene 2 und 5). Zu guter Letzt verlässt auch Romeo die Schule und plant einen spektakulären letzten Auftritt als Zauberer. Vor den Augen seiner Schulkameraden lässt er den Internatsdirektor verschwinden, der jedoch nicht wieder auftaucht (Szene 3 und 6).
Auf die Einteilung der Handlung angesprochen, können die Schülerinnen und Schüler abschließend schnell erkennen, dass man mit der Veränderung des Ortes (oder der Zeit) von einer neuen „Szene" spricht.

Aufgaben 3 und 4 S. 269 Die Folgen einer TV-Serie enden häufig mit einer offenen Frage bzw. der spannendsten Stelle der Handlung. In unserem Beispiel stellt sich so der Zuschauer die Frage, wo der Internatsdirektor geblieben ist, ob er für immer verschwunden ist und wie Romeo sein Verschwinden bewerkstelligt hat. Die Zuschauerinnen und Zuschauer werden somit animiert, auch die nächste Folge der Serie zu sehen, um die Auflösung der offenen Fragen nicht zu verpassen. Man spricht in diesem Zusammenhang von dem sogenannten „cliffhanger" (engl. „cliff": Klippe; „to hang": hängen) einer Serienfolge und spielt dabei symbolisch auf die Situation eines Serienprotagonisten an, der am Ende einer Folge über dem Abgrund „hängt" und auf dessen Schicksal die Zuschauer bis zur nächsten Sendung gebannt warten müssen.
Das Prinzip des „cliffhangers" wird oftmals auch auf den Verlauf einer Serienfolge übertragen. Die einzelnen dargestellten Geschichten werden an spannenden Stellen unterbrochen und zu einem späteren Zeitpunkt der Folge fortgesetzt. In unserem Beispiel fragt sich der Zuschauer so am Ende der Szene 1, was Paula und Thekla wohl vorhaben. Die Auflösung erfolgt erst in Szene 4. Die Spannung wird so über den ganzen Verlauf einer Serienfolge aufrechterhalten, die Zuschauer sollen am Umschalten gehindert werden.

Aufgaben 5 und 6 S. 269 Die Schülerinnen und Schüler werden auch hier wieder aufgefordert, ihre neu erworbenen Kenntnisse über den Aufbau von Fernsehserien auf weitere Beispiele zu übertragen. Die Jugendlichen können dabei sinnvollerweise als Hausaufgabe eine Folge ihrer Lieblingssendung untersuchen und ihre Ergebnisse in einem Kurzvortrag vor der Klasse präsentieren. Ferner besteht auch die Möglichkeit einer Internetrecherche: Hier findet man Inhaltsangaben zu unterschiedlichen Serienformaten, die in Gruppen oder gemeinsam analysiert werden können.

Aufgabe 7 S. 269 Ein möglicher Spannungshöhepunkt in der Erzählung von Paul Maar wäre z.B. Zeile 50. Frank hat Robert provoziert, die Zuschauer wären gespannt auf die Reaktion des Opfers sowie von Simone.

4. Von der Erzählung zum Drehbuch einer TV-Serie (S. 270–271)

Im vorliegenden Kapitel sollen nun die theoretischen Unterrichtsergebnisse in die Praxis umgesetzt und auf der Basis der Erzählung ein Seriendrehbuch verfasst werden. Dies erfolgt grob in zwei Schritten: In einem ersten Teil (Aufgabe 1–4, S. 270) geht es zunächst um notwendige Erweiterungen des Figurenensembles und des Handlungsablaufs der Erzählung von Paul Maar. In einem zweiten Schritt (Aufgaben 5–10, S. 271) rückt dann die konkrete Arbeit an einem Drehbuch in den Mittelpunkt des Unterrichtsgeschehens.

Aufgaben 1 bis 4 S. 270 Die bisherigen Unterrichtsergebnisse aufgreifend sollen die Schülerinnen und Schüler hier zunächst zusammentragen, welche Veränderungen an der Erzählung Paul Maars vorgenommen werden müssen bzw. welche Zusatzinformationen benötigt werden, um ein erstes Drehbuch für eine TV-Serie zu entwerfen.

Im Unterrichtsgespräch ließe sich so folgender Arbeitsplan aufstellen und an der Tafel festhalten:

Tafelbild

Von der Erzählung zum Drehbuch einer TV-Serie? – Arbeitsplan

1. Figuren in der TV-Serie
- *Erweiterung der Rollenbeschreibung der Hauptfiguren – Entwurf weiterer Figuren in Form von Steckbriefen*

2. Der Aufbau der Handlung der TV-Serie
- *Entwurf einer weiteren Geschichte rund um die Schule mit den neuen Figuren*
- *Einteilung der Geschichte in jeweils zwei Szenen mit „cliffhanger" als Abschluss*

3. Drehbuchentwurf für die TV-Serie

4. Umsetzung des Drehbuchs als Theaterstück, Fotostory, Videofilm, …

Erster Drehbuchentwurf für die TV-Serie „Die sind alle gemein" (S. 270–271)

Aufgaben 5 und 6 S. 271 Nach einer ersten Annäherung an den vorgegebenen Drehbuchentwurf durch das Spielen in verteilten Rollen sollen die Schülerinnen und Schüler das Drehbuch bewerten. Neben der gewünschten Sicherung des Textverständnisses ergeben sich so im Unterrichtsgespräch die weiteren Untersuchungskriterien, nämlich die Fragen, aus welchen Bestandteilen sich ein Drehbuch zusammensetzt und welche Gemeinsamkeiten und Unterschiede des Drehbuchs zu der ursprünglichen Erzählung den Schülerinnen und Schülern auffallen.

Aufgabe 7 S. 271 In dem Drehbuch werden zum einen in der linken Spalte die Nummer der Szene, die Sprecher und der Text festgehalten. Auf der rechten Seite wird festgelegt, an welchem Ort das Geschehen stattfindet und welche Requisiten gebraucht werden, aber auch wie der Text gesprochen werden soll und wie die Figuren agieren.

Aufgaben 8 bis 10 S. 271 Wenn man eine Erzählung in ein Drehbuch umschreibt, muss man darauf achten, dass den Zuschauern möglichst alle Informationen der Geschichte durch die Handlungen der Figuren, durch ihre Gespräche sowie durch ihr Auftreten vermittelt werden. Dies spielt insbesondere eine Rolle, wenn in einer Geschichte keine konkrete Handlung vorangetrieben wird bzw. kein Dialog enthalten ist, sondern ein Erzähler auftritt, der die Handlung kommentiert oder Gedanken der unterschiedlichen Figuren wiedergibt. In dem Text von Paul Maar führt so in den Zeilen 1–16, S. 266 ein Erzähler in die Situation der Protagonisten ein. Für die Umsetzung in ein Drehbuch ergeben sich damit zwei Möglichkeiten: Zum einen könnte man ebenfalls einen Erzähler die ersten Bilder aus dem „Off" kommentieren lassen. Eine wesentlich elegantere Lösung wird in dem Drehbuch präsentiert: Robert wird durch seine Sitzposition in der Klasse und seine langsame Annäherung an Simone als schüchterner Außenseiter, Frank durch sein extrovertiertes Auftreten, sein zweifaches Kräftemessen mit Klassenkameraden, den gesprochenen Text und die Sprechweise als Angeber, Raufbold und Freund von Simone charakterisiert. Sobald mit dem Kontakt zwischen Robert und Simone die Handlung und der Dialog wieder dominiert, ist es dagegen möglich, die Erzählung relativ textnah in das Drehbuch zu übernehmen. Vertiefend können die Schülerinnen und Schüler eine alternative Umsetzung der Zeilen 1–16 der Erzählung Paul Maars entwickeln, bevor sie sich an die Fortsetzung des Drehbuchs unter Einbezug des neu entworfenen Handlungsstrangs bzw. der neuen Figuren machen.

5. Vorsicht Kamera – Das kleine 1 x 1 der Filmsprache (S. 272–273)

Aufgaben 1 und 2 S. 272 Die vier Fotos sollen chronologisch die Szene vorstellen, in der der etwa zwölfjährige Frank dem gleichaltrigen Robert die Bonbons aus der Hand schlägt. Man sieht von links nach rechts Roberts Hand mit den Pfefferminzbonbons im Detail, Franks zorniges Gesicht in einer Großaufnahme, Frank, Robert und Simone in einer Totalen und Roberts traurige und enttäuschte Körperhaltung in einer Naheinstellung. Ebenso wichtig wie die korrekte Verwendung der Fachbegriffe ist in diesem Zusammenhang die Einschätzung und Diskussion der Wirkung der einzelnen Einstellungsgrößen. Die Detailaufnahme vermittelt so einen deutlichen Eindruck von den Bonbons, die Großeinstellung des Kopfes von Frank betont seine aggressive Mimik und erhöht somit die Spannung, die Totale ermöglicht dem Zuschauer noch einmal eine Einschätzung der Figurenanordnung bzw. des Ortes, an dem die Handlung spielt, und die Naheinstellung lenkt das Augenmerk der Rezipienten schließlich auf die Gestik und Mimik des fassungslosen Opfers und fordert somit das Einfühlen in die Figur. Wesentlich ist hierbei, deutlich zu machen, dass Regisseure ganz bewusst die Einstellungsgrößen wählen, um bei den Zuschauern eine bestimmte Wirkung zu erzielen. Zusätzlich könnte an dieser Stelle auch die Wahl der Schauspieler für die unterschiedlichen Rollen diskutiert werden.

Aufgaben 3 bis 5
S. 272

Die Bilder A–C unterscheiden sich durch die Position der Kamera, mit der Frank aufgenommen wurde. In Bild A ist die Kamera in Bodennähe positioniert und filmt die Figur von unten. Man spricht in diesem Zusammenhang von „Froschperspektive" oder „Untersicht", die oftmals eingesetzt wird, um eine Person größer, überlegen, mächtig und bedrohlich wirken zu lassen. In Bild B steht die Kamera in etwa auf Augenhöhe der Figur. Man spricht hier von der „Normalperspektive". Sie wird eingesetzt, um einen möglichst unverfälschten und neutralen Blick auf das Geschehen zu bieten. In Bild C ist Frank von einer erhöhten Position, d. h. aus der sogenannten „Vogelperspektive" oder „Aufsicht" aufgenommen. Die Personen bzw. Gegenstände werden als untergeordnet, schwach und verloren erlebt. Die Zuschauer fühlen sich überlegen, können aber auch die angstvolle Situation der Filmfigur miterleben. Zur Vertiefung der fachsprachlichen Kenntnisse bietet sich an dieser Stelle der zusätzliche Einsatz von Arbeitsblatt 3 (S. 223) an.

Aufgaben 6 und 7
S. 272 f.

Die Schülerinnen und Schüler haben hier die Möglichkeit, anhand begrenzter fiktiver Situationen aus ihrer Lebenswelt vertiefend die Wirkungsweise der filmsprachlichen Mittel „Einstellungsgröße" und „Perspektive" zu erproben bzw. die entsprechenden Fachbegriffe einzuüben. Für die Darstellung eines Schülers, der seine Hausaufgaben vergessen hat, bietet sich so sicherlich die Vogelperspektive an. Die Person wird dem wütenden Lehrer untergeordnet, als schwach und verloren erlebt, die angstvolle Situation der Filmfigur überträgt sich auf den Zuschauer. Um die Gefühle des Schülers durch eine deutliche Darstellung der Mimik noch hervorzuheben, kann darüber hinaus die Großaufnahme Anwendung finden. Für den Dialog zweier gleichgestellter Schüler bietet sich dagegen die neutrale Normalperspektive sowie die Verwendung einer Totalen an. Um schließlich die Angst des Schülers vor einer hohen Kletterwand und die drohende Gefahr zu unterstreichen, könnte man die Vogelperspektive und die Einstellungsgrößen Total oder Groß einsetzen. Wenn man genügend Zeit zur Verfügung hat, ist es für die Schülerinnen und Schüler sehr reizvoll und motivierend, ihre filmsprachlichen Überlegungen mithilfe einer digitalen Fotokamera in die Praxis umzusetzen und der Klasse zu präsentieren.

Aufgabe 8
S. 273

Ist geplant, die Unterrichtseinheit in ein Projekt in Form einer praktischen Umsetzung des Drehbuchs in einen Fotoroman oder einen kleinen Videofilm münden zu lassen, ist es ratsam, das Drehbuch um eine dritte Spalte für die verwendete Filmsprache zu ergänzen. Um sicherzugehen, dass die Schülerinnen und Schüler die Einstellungsgrößen und Perspektiven dabei bewusst einsetzen, kann darauf bestanden werden, dass die Jugendlichen die jeweils intendierte Wirkung stichwortartig in Klammern notieren.

Appellative Texte untersuchen

Text 1

Codename: The Boy

26-teilige kanadische Zeichentrickserie 2003

Sein Name ist Goodwin, Toby Goodwin. Sein Codename: The Boy. Sein Alter: streng geheim. Sein Sicherheitsstatus: nicht spezifiziert. Seine Tarnung: normaler Schuljunge. Seine Mission: die Welt retten! Toby Goodwin führt ein Leben, von dem fast alle Kinder in seinem Alter träumen: Er ist der jüngste und vor allem der beste Geheimagent, den die International Federation for Peace (IFP) zu bieten hat. Während andere Kinder zur Schule gehen, rettet Toby gemeinsam mit seinem erwachsenen Partner Bob St. Vincent die Menschheit vor wahnsinnigen Bösewichten und verrückten Wissenschaftlern.

(Aus: www.kika.de)

Text 2

Cosmic Cowboys

52-teilige französisch-kanadische Zeichentrickserie 2003

Willkommen im Jahr 3000. Noch immer ist das Universum ungeheuer groß und ungeheuer unsicher. Doch ein leichtsinniger Kater und ein maulfaules Maultier schwingen sich immer dann auf ihre Space-Mopeds, wenn es gilt, Recht und Ordnung aufrechtzuerhalten: Dirk und Kurti sind die Cosmic Cowboys!
Es ist ein Tag wie jeder andere auf dem Planeten der Cosmic Cowboys. In der Wüste gackern die Hühner, im Saloon läuft der Fernseher. Kurti futtert Pizza und daddelt. Dirk schmeißt den Haushalt und doziert über Gesetz und Ordnung. Da meldet sich Polizeichefin „Omma“: Müsli-Bob treibt wieder einmal sein Unwesen. Und wieder einmal starten die Cosmics durch, um das gefährliche rosa Kaninchen zu fangen.

(Aus: www.kika.de)

1. Auf diesem Arbeitsblatt findest du Texte, die zwei unterschiedliche Fernsehserien vorstellen. Für welche der TV-Sendungen würdest du dich aufgrund der Beschreibungen entscheiden? Begründe deine Meinung.

2. Welche Absichten verfolgen die Texte?

3. Wie versuchen die Texte, ihre Absichten durchzusetzen? Wähle einen der appellativen Texte aus und untersuche ihn genauer.

Hauptfiguren der TV-Serie „Die Pfefferkörner" untersuchen

„Die Pfefferkörner" sind fünf Freunde auf Abenteuerkurs: Johanna, Panda, Vivi, Katja und Paul. Nach der Schule treffen sich die Nachwuchsdetektive auf dem Boden des Gewürzlagers der Firma „Overbeck & Consorten". Hier in der Hamburger Speicherstadt, wo im Hafengebiet hinter historischen Backsteinmauern Millionen Kilo Kaffee, Tee und Gewürze lagern, haben die fünf Freunde ihr Hauptquartier. Zwischen Säcken mit Pfeffer und Paprika, Majoran und Salbei ermitteln sie mit Pfiffigkeit, Kombinationsgabe und Unterstützung des Internets ihre Fälle. Die Spürnasen überführen Umweltsünder, Tierhändler und Drogenschmuggler. Sie helfen sich aber auch gegenseitig bei persönlichen Problemen, die sie manchmal bedrücken.

Panda

Panda (11) ist ein richtig verwöhntes Einzelkind. Seine Eltern Peter und XingXing Weidtmann besitzen das Teehandelsgeschäft „Weidtmann" und schenken Panda alles, was cool ist: Handy, Alu-Roller und Computerspiele. Trotzdem kann sich Panda nicht alles erlauben. Die Eltern sind sehr streng mit ihm und erziehen Panda zu Höflichkeit und guten Leistungen. Da hat es Pandas bester Freund Paul schon besser: Er darf auch mal lautstark werden und Blödsinn anstellen. Manchmal beneidet Panda seinen Freund Paul, weil der so viele Freiheiten genießt. Vielleicht passen die beiden auch gerade deswegen so gut zusammen. Schließlich ziehen sich Gegensätze an.

Als sprachliches Multitalent kann es Panda mit fast jedem Touristen aufnehmen: Er spricht Englisch, Deutsch und Chinesisch. Doch wie macht sich Panda bei den Pfefferkörnern? Als Pandas Eltern ihr neues Büro in das Gebäude verlegen, in dem auch Vivis Eltern arbeiten, werden Panda und Vivi sozusagen „Nachbarn". Natürlich entdeckt Panda das Quartier der Pfefferkörner. Vivi mag den Neuling überhaupt nicht, und es braucht seine Zeit und so manches Abenteuer, bis die beiden miteinander klarkommen. Dafür verstehen sich Panda und die Russin Katja ganz toll.

Vivi

Als junges Küken hatte es Vivi (9) anfangs gar nicht so leicht, von den anderen Pfefferkörnern ernst genommen zu werden. Sie erfindet Geschichten und arbeitet an ihrer Karriere als Schriftstellerin. Vivi ist zwar noch kein Teenager, aber sie möchte unbedingt zu den anderen Pfefferkörnern aufs Erich-Kästner-Gymnasium. Schließlich schreibt sie schon lange für die Schülerzeitung „Die Feder". Jedes Mal, wenn Vivi ihren Namen gedruckt sieht, fühlt sie sich geschmeichelt. Das geht den anderen manchmal auf die Nerven. Aber eigentlich mögen alle Vivi und ihre Spürnase, der niemand ein X für ein U vormachen kann. Immer wenn jemand lügt, beginnt nämlich Vivis Feuermal auf der Stirn zu jucken. Mit Panda, dem neuen Nachbarsjungen, kann sich Vivi gar nicht anfreunden. Zwei Dickschädel treffen aufeinander und konkurrieren um die Wette.

Katja

Ganz alleine kommt Katja (11) aus dem russischen St. Petersburg nach Deutschland. Ihre Eltern hatten sich immer nur gestritten. Als wäre das nicht schlimm genug, erleidet Katja auch noch einen schweren Autounfall und ihr Traum von einer Karriere als Superballerina zerplatzt in tausend Stücke. Katja schreibt einen Brief an ihren Onkel Andrej. Bei Andrej läuten alle Alarmglocken und er holt Katja kurzerhand für ein Jahr nach Hamburg. In Deutschland angekommen fühlt sich Katja sehr alleine und fremd. Hilfe und Freundschaft könnte Cousine Natascha bieten, doch die ist vom Familienzuwachs wenig angetan und zeigt Katja vorerst die kalte Schulter. Paul, der beliebteste Junge der Klasse, hat es ebenfalls auf Katja abgesehen: Andauernd pöbelt er die Neue an. So hatte sich das Katja nicht vorgestellt, doch Rettung naht. Vivi wird Katjas neue beste Freundin. Außerdem gibt Katja nicht so schnell klein bei. Dank ihrer Computerkenntnisse und ihrem Schauspieltalent kann sie sogar die Jungen beeindrucken, und stark wie eine Eiche setzt sie sich für die Probleme der Pfefferkörner ein.

Paul

Paul (11) ist ein richtiger „Hamburger Jung“: blonde Haare, kräftig gebaut und hart im Nehmen. Pauls Vater Matten besitzt einen Barkassenbetrieb im Hamburger Hafen. Klar kennt sich Paul hier super aus. Schon von klein auf kann er die Schiffsknoten, weiß, wie der Wind weht, und an den rauen Ton der Hafenleute hat sich Paul eh gewöhnt – er kennt es ja nicht anders. Alleine mit seinem Vater bestreitet Paul das Leben. Tamara ist Pauls Mutter. Sie hat die Familie schon vor vielen Jahren verlassen und wohnt jetzt auf Ibiza. Sollte Paul die Decke mal wieder auf den Kopf fallen, dann nimmt er sich einfach eine „Auszeit“ und komponiert irgendwo am Hafen ein paar neue Songs. Und wehe, er wird dabei gestört. Dann kann Paul ganz schön ruppig werden. Hilfe in jeder Lebenslage bekommt Paul von Panda, seinem besten Freund. Mädchen sind nix für Paul, bis er Katja aus St. Petersburg kennenlernt. Zum Entsetzen von Panda und Klassenkameradin Vivi verhält sich Paul wie ein Vollidiot und ist richtig fies gegenüber Katja. Warum? Wie es so schön heißt: harter Kern, weiche Schale. Paul entdeckt die Liebe.

(Aus: www.pfefferkoerner.de)

1. Auf diesem Arbeitsblatt findet ihr Rollenbeschreibungen zu einigen Hauptpersonen der Fernsehserie „Die Pfefferkörner“. Stellt alle erwähnten Figuren in einer Personenkonstellation dar.

2. Beschreibt die Hauptfiguren in Form von Steckbriefen und versucht, sie durch passende Spitznamen zu kennzeichnen. Kann man eurer Meinung nach in diesem Zusammenhang von „Serientypen“ sprechen?

Kameraperspektiven untersuchen

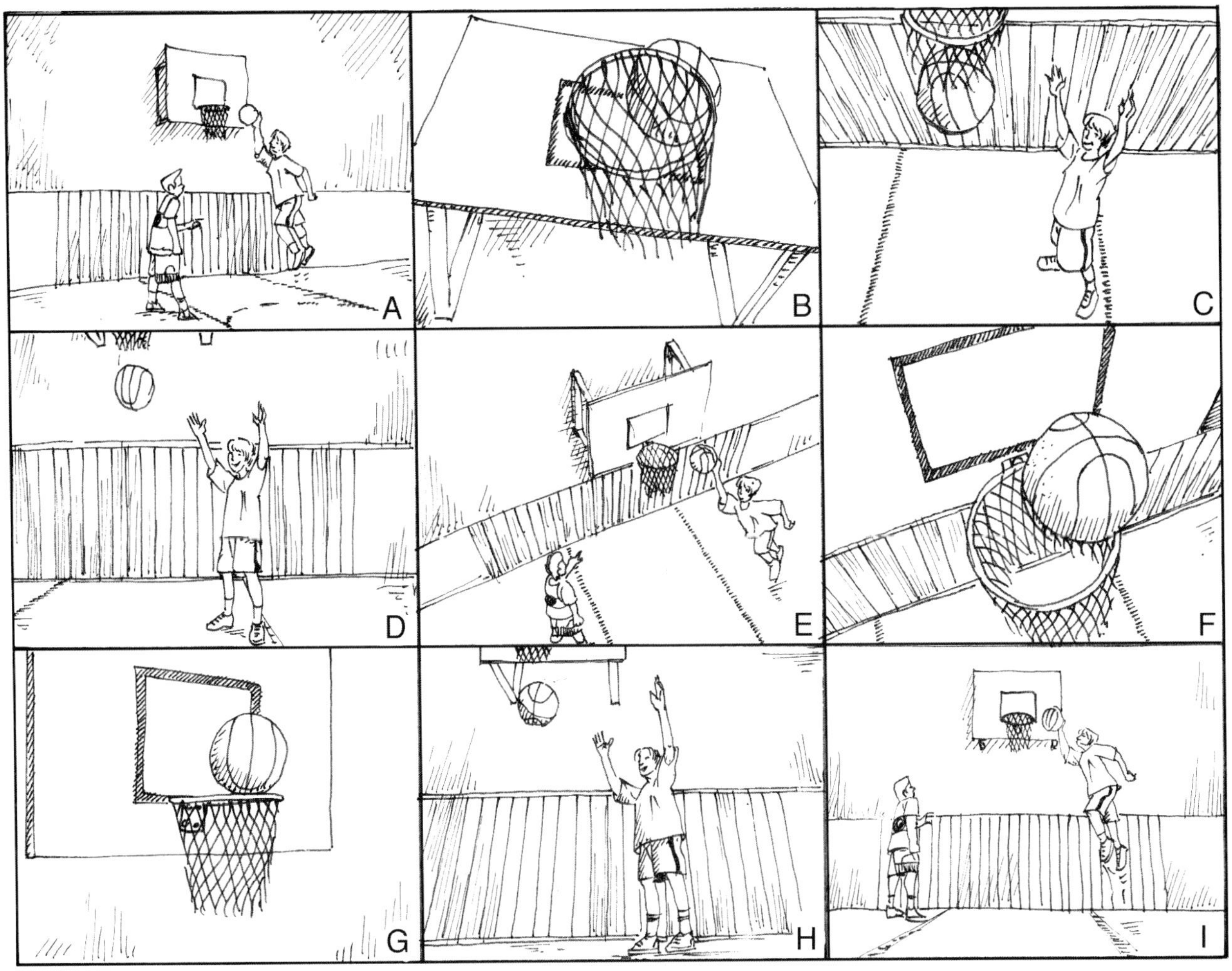

1. Ordnet die Bilder nach den unterschiedlichen Kameraperspektiven.

2. Vergleicht die entstandenen Gruppen und beschreibt ihre Wirkung.

3. Erfindet zu den Bildern eine kurze Handlung mit einer Vor- und Nachgeschichte und entwerft ein entsprechendes Drehbuch.

Leistungsüberprüfung – Selbstevaluation – Klassenarbeit

1. Appellative Texte untersuchen

Breakdance

Toprocking, Floorrocking oder Swipes. Nein, das sind keine neuen Musiktrends. Es geht um Breakdance. NGK LIVE gibt heute einen fetten Beat vor, zu dem sich coole Breakdancer bewegen, dass dir „hören und sehen" vergeht. Zehn internationale Kids stellen sich dem ultimativen Wettkampf um die Breakdance-Krone und ihr seid die Jury! Die Zuschauer können aus der Gruppe der Kandidaten den besten Tänzer per Telefon auswählen. Superspannung zu Supersounds garantiert! Und mitmachen lohnt sich: Es warten wertvolle Preise auf euch! Also, wer morgen cool sein will, muss heute NGK LIVE schauen. 20 Uhr geht es ab! Und wer heute schon mehr über Breakdance wissen will, muss bei uns weiter im Internet lesen oder im Videotext nachschauen! Hast du selber schon mal ein paar Breakdance-Moves ausprobiert? Wir sind gespannt auf deine Meinung. Also schalt ein!

- Welche Absichten verfolgt der Text über eine Fernsehsendung?
- Wie versucht der Text, seine Absicht durchzusetzen? Untersucht ihn hierfür genau.
- Versucht, den Text abschließend so umzuschreiben, dass er sachlicher wirkt.

2. Figuren in TV-Serien untersuchen (Arbeitsblatt 2, S. 221f.)

- Auf diesem Arbeitsblatt findest du Rollenbeschreibungen zu einigen Hauptpersonen der Fernsehserie „Die Pfefferkörner". Stellt die vier Hauptfiguren in einer Personenkonstellation dar und erläutert eure Anordnungen anschließend in einem zusammenhängenden Text.
- Kann man im Zusammenhang mit den Hauptfiguren der Serie von „Typen" sprechen? Wähle eine der Personen aus und begründe deine Meinung.

Klassenarbeiten – kein Problem
(S. 274–282)

Vorüberlegungen zur Einheit

Die Einheit versteht sich als Fortsetzung zu der Einheit aus Band 5: „Lernen ... und wie?!" Der Schwerpunkt in Band 6 liegt dabei auf der sinnvollen Vorbereitung auf eine Klassenarbeit. Hierbei werden verschiedene Techniken der Stoffaneignung und des Memorierens vorgeführt. Das Kapitel ist untergliedert in die Schritte: „Vorbereitung, aber wie?" (Der Arbeitsplan – Wie du dir wichtige Informationen merken kannst) und „Während der Arbeit". Von zentraler Bedeutung sind die Strategien, sich Informationen zu merken. Im Einzelnen werden angeboten: „Einen Stichwortzettel anfertigen" – „Fragen an einen Text richten", „Eine Mind-Map anfertigen", „Informationen verdeutlichen – ein Schaubild erstellen", „Lernplakate erstellen" und „Eine Probearbeit zusammenstellen". Die Vielfalt dieser methodischen Möglichkeiten macht schon deutlich, dass es angebracht ist, die Einheit nicht „an einem Stück" durchzuführen, sondern verteilt über das Schuljahr immer wieder bestimmte Techniken zu üben.

Zentrale Kompetenzen, die in dieser Einheit geschult werden, sind:
- die Organisation der eigenen Arbeitszeit,
- Anwendung unterschiedlicher Strategien zum Merken wichtiger Informationen,
- Anwendung unterschiedlicher Strategien zur Vorbereitung auf eine Klassenarbeit,
- Entwicklung eines gelassenen Verhaltens während der Klassenarbeit.

Üben, wiederholen und mehr …

(S. 283–308)

Vorüberlegungen zur Einheit

Dieses Schlusskapitel des Schülerbuches greift Themen aus dem vorliegenden und vor allem auch aus dem vorhergehenden Band wieder auf, differenziert und vertieft sie und bietet auf diesem Weg die Möglichkeit, individuelle Defizite zu kompensieren und Lernergebnisse dauerhaft zu sichern. Im Einzelnen geht es um folgende Bereiche:

1. **Wortarten (S. 284–295)**
   die Grundwortarten Nomen, Verb und Adjektiv
   die Pronomen Personalpronomen, Possessivpronomen und Demonstrativpronomen
   die Präposition
   das Adverb
2. **Satzglieder (S. 296–303)**
   das Subjekt
   das Prädikat
   die Objekte
3. **Rechtschreibung (S. 304–308)**
   s-Laute

Die einzelnen Übungen können im Unterricht besprochen werden oder aber je nach Bedarf von den Schülerinnen und Schülern selbstständig und unterrichtsbegleitend zu Hause ausgeführt werden und anschließend in Partnerarbeit abgeglichen werden. Die Aufgaben zum Adverb, das in der Einheit „Hier geht es um Genauigkeit – Die adverbiale Bestimmung“ (S. 193 ff.) eingeführt wird, sollten in jedem Fall begleitend zu dieser Einheit ausgeführt werden.

Didaktische Aufbereitung der Unterkapitel

1. Wortarten (S. 284–295)

Das Kapitel dient in erster Linie der Wiederholung und Festigung von bereits Erlerntem. Am Anfang steht die Wiederholung der sogenannten Grundwortarten Nomen, Verb und Adjektiv. Bei den Pronomen werden das Personalpronomen und das Possessivpronomen wiederholt, das Demonstrativpronomen wird neu eingeführt.
Auch die Präpositionen sind aus der Klasse 5 bekannt. Neu eingeführt wird die Wortart „Adverb“.

Zentrale Kompetenzen:
- Wortarten voneinander unterscheiden
- die Zeitformen des Verbs unterscheiden und situationsangemessen einsetzen
- die Funktion verschiedener Pronomen kennen
- Kennzeichen und Funktion des Adverbs kennen

Mit der ersten Seite (S. 284) knüpft die Einheit an Erlerntes aus Klasse 5 bzw. aus der Grundschule an. Die „Erkennungsmerkmale“ von Nomen, Verben und Adjektiven sind den Schülerinnen und Schülern gewiss bekannt.

Die Grundwortarten Nomen, Verben, Adjektive

Aufgabe 1
S. 284

Otfried Preußler (geb. 1923)

Die schwarze Mühle

Krabat tappt ein Stück durch den dunklen Wald wie ein Blinder im Nebel, dann stößt er auf eine Lichtung. Der Mond erscheint am Himmel, alles ist plötzlich in kaltes Licht getaucht. Jetzt sieht Krabat die schwarze Mühle. Sie liegt vor ihm wie ein mächtiges, böses Tier, dunkel und bedrohlich. Er nimmt seinen Mut zusammen, tritt aus dem Waldesschatten ins Freie und klopft an der Haustür. Er klopft einmal, er klopft zweimal; aber im Inneren rührt sich nichts. Dann drückt er die Klinke nieder. Die Tür lässt sich öffnen, er tritt in den Hausflur ein. Grabesstille empfängt ihn und tiefe Finsternis. Aber am Ende des langen Ganges ist ein schwacher Lichtschein. Das Licht dringt durch einen winzigen Spalt in der Tür; Neugier ergreift ihn, auf Zehenspitzen schleicht er zu der schmalen Ritze und späht hindurch.

Die Zeitformen beim Verb (S. 285–288)

Aufgabe 1
S. 285

Otfried Preußler (geb. 1923)

Die schwarze Mühle

Krabat tappte ein Stück durch den dunklen Wald wie ein Blinder im Nebel, dann stieß er auf eine Lichtung. Der Mond erschien am Himmel, alles war plötzlich in kaltes Licht getaucht. Jetzt sah Krabat die schwarze Mühle. Sie lag vor ihm wie ein mächtiges, böses Tier, dunkel und bedrohlich. Er nahm seinen Mut zusammen, trat aus dem Waldesschatten ins Freie und klopfte an der Haustür. Er klopfte einmal, er klopfte zweimal; aber im Inneren rührte sich nichts. Dann drückte er die Klinke nieder. Die Tür ließ sich öffnen, er trat in den Hausflur ein. Grabesstille empfing ihn und tiefe Finsternis. Aber am Ende des langen Ganges war ein schwacher Lichtschein. Das Licht drang durch einen winzigen Spalt in der Tür; Neugier ergriff ihn, auf Zehenspitzen schlich er zu der schmalen Ritze und spähte hindurch.

Aufgabe 2
S. 286

Sven hat das Ereignis im Perfekt erzählt, um deutlich zu machen, dass das Geschehen in die Gegenwart hineinreicht und noch auf ihn wirkt. Eine probeweise Umformung ins Präteritum macht die starke Distanz deutlich, die dabei entsteht.

Aufgabe 3
S. 286

Form der Hilfsverben *haben* oder *sein*	Partizip II	Infinitiv
hat	gegeben	geben
hat	gerufen	rufen
ist	losgerannt	losrennen
hat	versucht	versuchen
ist	gestolpert	stolpern
ist	gefallen	fallen
hat	geweint	weinen
ist	gewesen	sein
hat	geführt	führen
ist	gekommen	kommen
hat	gestellt	stellen
haben	gegeben	geben
sind	gegangen	gehen

Aufgabe 4
S. 286

Die Aufgabe macht deutlich, dass das Erzählte durch den Gebrauch des Perfekts noch in die Gegenwart hineinwirkt, während das Präteritum ein Geschehen bezeichnet, das zum Sprechzeitpunkt vergangen und abgeschlossen ist.

Aufgabe 5
S. 286

Gestern im Chemieunterricht ***hat*** mal wieder gar nichts geklappt. Zuerst ***hat*** unser Lehrer ein Reagenzglas umgeworfen und dann ***ist*** ihm auch noch der Bunsenbrenner hingefallen. Einige von uns ***haben*** gelacht, aber Herr Meyer ***ist*** ganz ruhig geblieben. Er ***hat*** den Versuch neu aufgebaut und uns erklärt, wie alles funktioniert. Danach ***haben*** wir eigene Versuche durchgeführt. In unserer Gruppe ***ist*** aber das Wasser im Becken übergelaufen und ***hat*** die halbe Klasse überschwemmt. Daraufhin ***hat*** Herr Meyer die Versuche abgebrochen und den Unterrichtsstoff an die Tafel geschrieben. Er ***ist*** am Ende der Stunde sehr ärgerlich aus unserer Klasse gegangen.

Aufgaben 6 und 7
S. 287

Bei den Verben der Bewegung (laufen, klettern, fahren, liegen, springen) wird das Perfekt mit dem Hilfsverb *sein* gebildet.

Aufgabe 8
S. 287

Die Aufgabe soll noch einmal den grundsätzlichen Unterschied deutlich machen: Der noch unter dem Eindruck des Geschehens stehende Schüler gibt den Unfall mündlich im Perfekt wieder; der aus der Distanz formulierende Lehrer benutzt im schriftlichen Bericht das Präteritum.

Marder startete Auto – Blechschaden (S. 287)

Aufgaben 9 und 10
S. 287

Die Ereignisse in zeitlicher Reihenfolge:
- ein Marder knabbert das Anlasserkabel an,
- der Motor wird dadurch gestartet,
- das Auto fährt ohne Insassen los,
- es rammt drei abgestellte Fahrzeuge,
- danach kommt es zum Stehen.

Der Bericht gibt die Geschehnisse in anderer Reihenfolge wieder. Um deutlich zu machen, dass das Anknabbern des Anlasserkabels vor dem eigentlich erzählten Geschehen liegt, wird hierfür das Plusquamperfekt benutzt.

Aufgabe 11
S. 288

- Die Jäger gaben die Jagd auf, nachdem ihnen der Hase ***entkommen war.***
- Als der Lehrer noch einen Text diktieren wollte, ***hatten*** die Schüler ihre Hefte schon ***eingepackt***.
- Bevor sie sich trafen, ***hatten*** sie noch einige Unterlagen ***geholt***.
- Der Junge fiel hin, nachdem er ***versucht hatte***, den Zaun zu überspringen.
- Er schrieb uns einen freundlichen Dankesbrief, weil wir ihm zwei Wochen zuvor ein Paket ***geschickt hatten***.
- Sie erreichte eine gute Note, weil sie in den Wochen vor der Prüfung sehr fleißig ***gewesen war***.
- Da niemand außer uns ***gekommen war***, gingen wir auch nach Hause.
- Wir mussten die Party beenden, weil wir zu viel Lärm ***gemacht hatten***.

Pronomen (S. 289–292)

Das Personalpronomen (S. 289)

Aufgabe 1
S. 289

- Der Absatz meines Schuhs muss erneuert werden. ***Er*** ist abgelaufen.
- Hast du schon das neue Buch gelesen? ***Es*** soll sehr gut sein.
- Paul hat Probleme mit seinen Deutschaufgaben. Lisa erklärt ***sie*** noch einmal.
- Ich suche meinen Füller. Hast ***du ihn*** irgendwo gesehen?

- Gestern war ich beim Arzt. ***Er*** hat ***mich*** krankgeschrieben.
- Damit unser Hund nicht wegläuft, nehmen ***wir ihn*** an die Leine.
- Hast du schon den neuen Schüler gesehen? ***Ich*** finde ***ihn*** sehr nett.

Aufgabe 2
S. 289

- Peter leiht Maria ein Buch. *Er leiht ihr es.*
- Mein Bruder und ich spielen mit den Nachbarskindern. *Wir spielen mit ihnen.*
- Der Lehrer gibt den Schülern Tipps. *Er gibt ihnen Tipps.*
- Die Schüler haben dem Polizisten von dem Einbrecher berichtet. *Sie haben ihm von ihm berichtet.*
- Die Zoobesucher lachen über die Affen. *Sie lachen über sie.*

Aufgabe 3
S. 289

Wenn nicht mehr klar ist, welches Nomen das Personalpronomen ersetzt, kommt es leicht zu Missverständnissen.

Aufgabe 4
S. 289

Mögliche Umformung:
- Die Zoobesucher beobachten die Lamas, die sich gegenseitig bespucken.
- Frank und Stephan gehen zu den Seehunden. Die sollen um 12 Uhr gefüttert werden.

Das Possessivpronomen (S. 289–291)

Aufgabe 1
S. 290

- Franz sucht ***seine*** Aktentasche.
- Laura widerspricht ständig ***ihrem*** Lehrer.
- Heute möchte ich lieber mit ***meinem*** Auto zur Arbeit fahren.
- Hast du ***deine*** Strümpfe jetzt endlich gefunden?
- ***Euer*** Hund hat ***unsere*** Katze durch den Garten gejagt.
- Die Fußballer achten nicht auf die Anweisungen ***ihres*** Trainers.
- Das ist ganz allein ***deine*** Sache.
- Im Sommer fahren wir wieder in ***unser*** Ferienhaus.

Aufgabe 2
S. 290

	Personalpronomen	**Possessivpronomen**
Mein Vater hat mir das Taschengeld gekürzt.	mir	mein (Vater)
Kannst du dein Radio leiser stellen?	du	dein (Radio)
Eure Meinung ist uns wichtig.	uns	eure (Meinung)
Sie hat seine Wange geküsst.	sie	seine (Wange)
Ich habe meinen Schlüssel verloren.	ich	meinen (Schlüssel)
Ihr könnt euer Geld behalten!	ihr	euer (Geld)

Aufgabe 3
S. 290

- Das Buch gehört mir. → Es ist mein Buch.
- Das Fahrrad gehört dir. → Es ist dein Fahrrad.
- Der Vorschlag kommt von ihm. → Es ist sein Vorschlag.
- Die Idee stammt von ihr. → Es ist ihre Idee.
- Der Garten gehört uns. → Es ist unser Garten.
- Ihr habt den Verdienst. → Es ist euer Verdienst.
- Ihnen gehört das Grundstück. → Es ist ihr Grundstück.

Zwei Flöhe (S. 291) (Personalpronomen; Possessivpronomen)

Aufgabe 4 (oben)
S. 291

Zwei junge Flöhe kommen aus dem Kino. „Wie kommen wir denn jetzt nach Hause?“, fragt der eine. Darauf antwortet der andere: „Wie du willst, entweder wir gehen zu Fuß oder wir nehmen uns den Hund da.“

Unsere Flöhe treffen sich am nächsten Tag wieder. „Du“, sagt der eine, „ich habe gestern mein Glück gemacht, ich habe tausend Euro im Lotto gewonnen.“ „Was machst du jetzt mit deinem vielen Geld?“, fragt der andere. „Ich kaufe mir jetzt einen Hund, einen für mich ganz allein.“

Das Demonstrativpronomen (S. 291–292)

Wilhelm Busch: Geschmacksache (S. 291)

Aufgaben 1 bis 4 S. 291 Ein betonter Vortrag des Busch-Gedichtes wird die Demonstrativpronomen des ersten Verses besonders hervorheben.
Hinweisende Gesten können das Gesagte noch unterstützen. Der erste Vers könnte folgendermaßen „ausformuliert“ werden: Das Gericht schmeckt der Person, dies Gericht schmeckt jener Person.

Aufgabe 5 S. 292

- Er bewohnt dasselbe Zimmer wie sein Bruder.
- Das hatte ich von ihm nicht erwartet.
- Ein solches Unwetter haben wir noch nie erlebt.
- Das Schicksal trifft oft denjenigen, der nicht damit rechnet.
- Auf jenem Berg ist er abgestürzt.
- Diese Reise wird uns in Erinnerung bleiben.
- Der kommt so schnell nicht wieder.
- Diese Verkäuferin hat mich bedient.
- Von einem solchen Geschenk habe ich immer geträumt.
- Sie wurde in jenem Haus geboren.
- Dasselbe ist mir auch schon passiert.
- Derjenige, der das getan hat, wird bestraft werden.

Präpositionen (S. 293)

Aufgabe 1 S. 293

- Das Grundstück liegt ***an*** einer großen Gartenmauer.
- ***Bei*** der großen Hitze soll es schulfrei geben.
- Die Brücke spannt sich ***über*** den Fluss.
- Das Buch liegt ***auf*** dem Fußboden.
- Sie hat sich ***vor*** einem Jahr ein neues Fahrrad gekauft.
- Zum Spielen gehen sie ***nach*** draußen.
- Er ist ***ohne*** unsere Erlaubnis weggefahren.
- Aus lauter Wut trat er ***gegen*** die Tür.
- Das Auto muss ***vor*** der Ampel anhalten.
- Sie bemüht sich ***seit*** einem Jahr um eine Stelle.

Aufgabe 2 S. 293

- Um Federball zu spielen, gehen sie ins (*in das*) Freie.
- Er möchte mit seiner Familie aufs (*auf das*) Land ziehen.
- Mit kräftigen Zügen schwamm sie ans (*an das*) andere Ufer.
- Leider kam er nicht zur (*zu der*) Verabredung.
- Obwohl er große Schmerzen hat, geht er nicht zum (*zu dem*) Arzt.
- Sie hat sich frische Blumen vom (*von dem*) Markt mitgebracht.
- Heute läuft ein toller Film im (*in dem*) Kino.
- Franz war seit sechs Wochen nicht mehr beim (*bei dem*) Friseur.
- Der Bergsteiger hielt sich am (*an dem*) Seil seines Freundes fest.

Jagd auf Jäger (S. 293)

Aufgabe 3
S. 293

Zwei Jäger ***auf*** einem Hochsitz wurden ***bei*** Bad Münstereifel **von** einem Landwirt kräftig durchgeschüttelt. Die Männer wollten ***auf*** Wildschweinjagd gehen, als der 25-jährige Angreifer **mit** seinem Traktor den Hochsitz erfasste und drohte, ihn umzukippen. ***Während*** des Vorfalls saßen die Jäger **in** vier Meter Höhe fest. Anschließend verschwand der Landwirt ***unter*** wüsten Beschimpfungen. ***Trotz*** der heftigen Auseinandersetzung wollen die Jäger keine Anzeige erstatten.

Adverbien (S. 294–295)

Eine Woche im Zeltlager (S. 294)

Aufgaben 1 und 2
S. 294

Die im Text unterstrichenen Wörter erläutern den Sachverhalt genauer, machen Angaben zu den näheren Umständen des Geschehens.

Angaben des Ortes	Angaben der Zeit	Angaben der Art und Weise
bergauf	neulich	sehr
unterwegs	morgens	leider
dorthin	dann	ziemlich
draußen	immer	wieder
heimwärts	mehrmals	
bergab	zunächst	
	sofort	
	abends	
	oft	
	tagsüber	
	demnächst	

Aufgabe 3
S. 295

Peter geht ***aufwärts***.	Paul geht ***abwärts***.
Peter joggt ***morgens***.	Paul joggt ***abends***.
Peter übt ***selten***.	Paul übt ***oft***.
Peter läuft nach ***links***.	Paul läuft nach ***rechts***.
Peter schaut nach ***vorn***.	Paul schaut nach ***hinten***.
Peter lernt ***hier***.	Paul lernt ***dort***.
Peter spielt ***überall***.	Paul spielt ***nirgends***.
Peter geht die Treppe ***hinauf***.	Paul geht die Treppe ***hinunter***.
Peter kommt ***heute***.	Paul kommt ***morgen***.
Peter bleibt ***drinnen***.	Paul bleibt ***draußen***.
Peter weint ***oft***.	Paul weint ***selten***.

Plastiktüte mit Geldscheinen gefunden (S. 295)

Aufgabe 4
S. 295

Die Schülerin eines hiesigen Gymnasiums machte *gestern* einen Rundgang durch den Zoo. *Unterwegs* entdeckte sie eine abgestellte Plastiktüte, die *fast* bis zum Rand mit Geldscheinen gefüllt war. Wer die Tüte *dort* abgestellt hat, ist *bislang noch* unklar. Die Polizei nahm *zunächst* an, dass das Geld aus einem Überfall stammt, der *vorgestern* auf die Filiale der Südbank verübt worden war. *Dafür* gibt es *vorerst* keine Beweise. Die Polizei fahndet *sehr* intensiv nach den Tätern. Hinweise sollten *sofort* an eine Polizeidienststelle weitergegeben werden.

Aufgabe 5
S. 295

Adverb	Adjektiv
sofort	geschickt
immer	gründlich
fast	überragende
sehr	hart
	unermüdlich

Aufgabe 6
S. 295

Die Unterscheidung zwischen *adjectiv* („The **slow** car") und *adverb of manner* („The car drives **slowly**") im Englischen wird im Deutschen so nicht getroffen. Wir unterscheiden zwar einen attributiven („Das schnelle Auto") und einen adverbialen Gebrauch („Das Auto fährt schnell"), die Form des Adjektivs ist aber in beiden Fällen gleich. Dem attributiven Gebrauch des Adjektivs entspricht das englische *adjective*, dem adverbialen Gebrauch das *adverb of manner* (gekennzeichnet in den meisten Fällen durch den Wortbaustein *-ly*). Dem *adverb of indefinite time* entspricht das deutsche Temporaladverb. Wie im Deutschen so sind auch im Englischen das *adjective* und das *adverb of manner* steigerbar.

2. Satzglieder, die du bereits kennst

Das Kapitel dient – wie auch das Unterkapitel „Wortarten" – in erster Linie der Wiederholung und Festigung. Da die adverbiale Bestimmung in einem Kapitel ausführlich behandelt wird (S. 193–203), geht es hier um die Satzglieder Subjekt, Prädikat und Objekt.

Zentrale Kompetenzen:
- Satzglieder mithilfe von Umstellprobe und Ersatzprobe ermitteln
- Subjekt, Prädikat und Objekte aus Texten sicher ermitteln
- die verschiedenen Objekte voneinander unterscheiden

Das Subjekt (S. 297–298)

Ägypten, das Land am Nil (S. 297)

Aufgabe 1
S. 297

Vor 5 000 Jahren entstand eine der größten Kulturen der Antike. Die antike Geschichte Ägyptens erstreckt sich von ca. 3050 bis 332 v. Chr., also über einen Zeitraum von fast 3 000 Jahren. Der Nil war die Lebensader des alten Ägypten. Neunzig Prozent des Landes waren Wüste; die Menschen waren daher gezwungen, an den beiden Ufern des Flusses zu leben. Die alljährlichen Überschwemmungen trugen den fruchtbaren Nilschlamm auf die Felder. Große, mit Granitblöcken beladene Frachtschiffe segelten den Fluss hinab. Kaufleute brachten Getreide und andere Produkte aus dem Süden bis nach Giseh am Nildelta. Für ihre „Dienstreisen" wählten selbst der König und seine Beamten den Wasserweg.

Der Bau der Pyramiden (S. 298)

Aufgabe 2
S. 298

- Die Ägypter (a)
- sie (b)
- Schriftliche Berichte (a)
- Untersuchungen an fertigen Pyramiden (a)
- Das Erbauen einer Pyramide (c)
- Sie (b)
- der Pharao (a)
- die Sonne (a)
- die Pyramide (a)
- das Baumaterial (a)

- Die Größe der Steine (d)
- die Festigkeit des Bodens (a)
- Er (b)
- die Pyramide (a)
- Er (b)

Aufgabe 3 S. 298

Wir werden im nächsten Jahr die Pyramiden besichtigen.
Im nächsten Jahr werden wir die Pyramiden besichtigen.
Die Pyramiden werden wir im nächsten Jahr besichtigen.
Wir werden die Pyramiden im nächsten Jahr besichtigen.
Besichtigen werden wir die Pyramiden im nächsten Jahr.

Ich sprach mit meinen Freunden über meine Reise nach Ägypten.
Mit meinen Freunden sprach ich über meine Reise nach Ägypten.
Über meine Reise nach Ägypten sprach ich mit meinen Freunden.
Ich sprach über meine Reise nach Ägypten mit meinen Freunden.

Aufgabe 4 S. 298

- Das Subjekt muss im Deutschen nicht an erster Satzgliedstelle stehen.
- Mit der Umstellung kann man im Satz unterschiedliche Akzente setzen, je nachdem, welches Satzglied an erster Satzgliedstelle steht.
- Im Gegensatz zum Englischen verändern sich die Nomen im Deutschen, wenn sie als unterschiedliche Objekte erscheinen.

Das Prädikat (S. 299–300)

Hieroglyphen (S. 299)

Aufgabe 1 S. 299

erfanden – erfinden
benutzten – benutzen
schrieben – schreiben
herstellten – herstellen
schälten – schälen
schnitten – schneiden
bedeckten – bedecken
plätteten – plätten
trockneten – trocknen
schrieben – schreiben
faszinieren – faszinieren
gelang – gelingen

Aufgabe 2 S. 299

Die Bauern **haben** beim Bau der Pyramiden **geholfen**.

Bei den Bauarbeiten **sind** viele Arbeiter **umgekommen**.

Grabräuber **brachen** die Grabkammern **auf**.

Konstruktionszeichnungen der Pyramiden **liegen** nicht **vor**.

Ortsbestimmung für eine Pyramide (S. 300)

Aufgabe 3 S. 300

Wenn die Arbeiter einen Platz für den Bau gefunden hatten, entfernten sie die Sandschicht über dem festen Gestein und planierten den Untergrund. Dazu bauten sie um das Rechteck, auf dem die Pyramide stehen sollte, einen wasserdichten Wall aus Sand und Steinen. In den Fels hauten sie ein dichtes Netz aus Kanälen, die Kanäle füllte man mit Wasser. Nun entfernten Steinmetze alles, was über die Linien hinausragte. Dadurch blieb eine waagerechte Fläche übrig, die den Untergrund der Pyramide bildete. Als Nächstes bestimmte man mithilfe des Abendsterns die Nordrichtung. Die Messmethode der Ägypter war äußerst genau: Die Nordkante der Cheops-Pyramide weicht nur um den Bruchteil eines Grades von der Nordrichtung ab. Später vermaß der Pharao in Begleitung des Hohen Priesters noch einmal die Nordrichtung und schritt das Rechteck der künftigen Pyramide ab.

Mumien (S. 300) (Subjekt; Prädikat)

Aufgabe 4
S. 300

Die Ägypter balsamierten ihre Toten für das Leben nach dem Tod ein. Dazu entfernten sie zunächst die inneren Organe. Nur das Herz blieb an seinem Platz. Anschließend wickelten die Einbalsamierer den Leichnam in feste Tücher und Bandagen und bestrichen jede Schicht mit klebrigem Harz. In jeder Schicht verbargen sie außerdem kostbare Schmuckstücke und Amulette. Dann legten sie die Mumie in einen reich verzierten Sarg und diesen in einen weiteren Sarg. Beide Särge stellten sie zum Schluss in einen Steinsarkophag in der Grabkammer der Pyramide.

Die Objekte (S. 301 – 303)

Ägyptische Handwerker (S. 301)

Aufgabe 1
S. 301

Die Akkusativobjekte sind:
- sehr geschickte Handwerker
- wunderbare Kultgegenstände
- die Küchengeräte
- geschnitzte Kopfstützen, Särge, Möbel und andere schöne Dinge
- gut bezahlte Stellen in Palästen und Tempeln
- einfache Werkzeuge
- Kupfermeißel und Holzschlegel
- die Bearbeitung von Steinblöcken

Tutanchamun (S. 301)

Aufgabe 2
S. 301

Die Ägypter verehrten ***den Pharao*** wie einen Gott. Obwohl er viel ***Macht*** besaß, hatte er ***ein schweres Leben***. Schon am frühen Morgen musste er ***endlose religiöse Zeremonien*** abhalten. Danach erledigte er ***die Regierungsaufgaben***. Außerdem hatte der Pharao ***seine große Familie*** zu betreuen. Neben einer Hauptfrau hatte er ***zahlreiche Nebenfrauen***. Einer der berühmtesten Pharaonen war Tutanchamun. ***Sein Grab*** fand der Archäologe Howard Carter 1922. Bereits mit 9 Jahren musste Tutanchamun ***das riesige ägyptische Reich*** regieren.

Aufgabe 3
S. 302

Er schenkt seiner Schwester ein Buch über die alten Ägypter.
Er schenkt ihr ein Buch über die alten Ägypter.

Die Bauern kamen den Handwerkern beim Pyramidenbau zu Hilfe.
Die Bauern kamen ihnen beim Pyramidenbau zu Hilfe.

Die einfachen Leute haben den Pharaonen vertraut.
Die einfachen Leute haben ihnen vertraut.

Der Schreiber überreichte dem König die Papyrusrolle.
Der Schreiber überreichte ihm die Papyrusrolle.

Die Ausgrabungen brachten den Archäologen neue Erkenntnisse.
Die Ausgrabungen brachten ihnen neue Erkenntnisse.

Der Sinn der Hieroglyphen blieb den Forschern zunächst verborgen.
Der Sinn der Hieroglyphen blieb ihnen zunächst verborgen.

Den Grabräubern war es gelungen, die Schätze aus der Grabkammer zu stehlen.
Ihnen war es gelungen, die Schätze aus der Grabkammer zu stehlen.

Die Ägypter legten ihren Verstorbenen viele Beigaben mit ins Grab.
Die Ägypter legten ihnen viele Beigaben mit ins Grab.

Den Priestern kam eine wichtige Aufgabe zu.
Ihnen kam eine wichtige Aufgabe zu.

Die Menschen huldigten Tutanchamun wie einem Gott.
Die Menschen huldigten ihm wie einem Gott.

Aufgabe 4 S. 302

a) Die Archäologen zweifeln an der Echtheit der Funde.
b) Die Wissenschaftler achten auf eine genaue Ausführung.
c) Die Arbeiter verlangen nach besserer Bezahlung.
d) Die Archäologen sorgen sich um den Zustand der Gräber.
e) Vor dem Fluch des Pharao fürchten sich fast alle Beteiligten.
f) Die Forscher bedanken sich für die Grabungserlaubnis.
g) Auf die Graböffnung warten sie voller Spannung.
h) Alle hoffen auf eine erfolgreiche Ausgrabung.
i) Die Forscher ärgern sich über die Grabräuber.

Aufgabe 5 S. 303

Als Howard Carter 1922 das Grab von Tutanchamun entdeckte, war das eine Sensation, denn das von Grabräubern unbehelligte Pharaonengrab barg herrliche Goldschätze. Außerdem soll sich in dem Grab eine Tontafel befunden haben mit der Inschrift: „Der Tod wird auf schnellen Schwingen denjenigen ereilen, der die Ruhe des Pharao stört“. Die Prophezeiung schien sich zu bewahrheiten, denn in den folgenden Jahren starben viele, die an der Erforschung der Mumie beteiligt waren, an mysteriösen Krankheiten.
Heute nimmt man an, dass der gesundheitsschädliche gelbe Gießkannenschimmelpilz Aspergillus flavus, der jahrhundertelang ohne Sauerstoff überleben kann, bei den Ägyptologen eine heftige allergische Reaktion auslöste, die zum Tode führte.

Aufgabe 6 S. 303

Ines interessiert sich sehr ***für die Geschichte Ägyptens***. Daher freut sie sich ***auf einen Film mit dem Thema „Der Fluch der Pharaonen“***. Ines verfügt schon ***über ein großes Wissen auf diesem Gebiet***, sie hofft aber ***auf neue Informationen und Erkenntnisse***. Obwohl sie sich oft ***über ihren älteren Bruder*** ärgert, diskutiert sie ***mit ihm*** manchmal stundenlang ***über archäologische Neuigkeiten***. Zurzeit beschäftigen sie sich ***mit der Frage***, warum so viele Forscher, die das Grab Tutanchamuns untersuchten, ***an mysteriösen Krankheiten*** starben.

Aufgaben 7 und 8 S. 303

Die Arbeiter bedienten sich beim Transport der schweren Steinblöcke einer Rampe.
Die Arbeiter benutzten beim Transport der schweren Steinblöcke eine Rampe.

Die Grabräuber bemächtigten sich der wertvollen Schätze.
Die Grabräuber stahlen die wertvollen Schätze.

Die Forscher waren sich bei den Ausgrabungen ihrer besonderen Verantwortung bewusst.
Die Forscher hatten bei den Ausgrabungen eine besondere Verantwortung.

Die Bergung der Sarkophage bedurfte größter Vorsicht.
Bei der Bergung der Sarkophage mussten sie sehr vorsichtig sein.

Die Feinde des Pharaos bemächtigten sich des Landes.
Die Feinde des Pharaos nahmen das Land in Besitz.

Beim Gottesdienst waltete der Priester seines Amtes.
Beim Gottesdienst führte der Priester sein Amt aus.

3. Richtig schreiben – s-Laute (S. 304 – 308)

Regen im Glas – Auf die Aussprache kommt es an (S. 304)

Regen im Glas (S. 304)

Aufgabe 1 S. 304 Überall dort, wo erwärmte Luft auf eine kühlere Fläche trifft, kommt es zur Kondensation (Wasserdampf, der sich an der Dunstabzugshaube abkühlt, Kondensation im Winter an den Fensterscheiben, ...).

Aufgabe 2 S. 304 Die Übung sollte sehr sorgfältig durchgeführt werden, um den Schülerinnen und Schülern das genaue Sprechen und Hören als eine zentrale Methode, Rechtschreibprobleme zu lösen, noch einmal vor Augen zu führen. Wenn sie während des Sprechens eines stimmhaften s-Lautes eine Hand an den Kehlkopf legen und die andere flach auf den Kopf, können sie diesen stimmhaften s-Laut auch erspüren (z. B.: Speiseöl).

Aufgabe 3 S. 304 Aus dem letzten Schuljahr wissen die Schülerinnen und Schüler bereits, dass der stimmhafte s-Laut immer mit einfachem s geschrieben wird. Für den stimmlosen s-Laut gibt es folgenden Schreibmöglichkeiten: s, ss, ß.

stimmhaft gesprochener s-Laut	stimmlos gesprochener s-Laut
Sonnenlicht	Glas
Speiseöl	Wasser
sammeln	gieße
sich	Wasseroberfläche
tatsächlich	Einmachglas
sobald	Wassertröpfchen
gesättigt	das
Kondensation	durchlässt
	muss
	es

Leseratten und Sauseschritte – Der stimmhafte s-Laut (S. 305)

Aufgabe 1 S. 305 Amsel, Besen, Besuch, böse, Felsen, Gräser, Hose, Käse, Leser, Lose, Rasen, sausen, tausend, tosen, Wiese

Aufgabe 2 S. 305 Mit der Verlängerungs- oder Erweiterungsprobe wird der stimmhafte s-Laut hörbar: das Glas – die Gläser, er liest – lesen, der Preis – die Preise, das Eis – eisig, es braust – brausen, sie verreist – verreisen

Aufgabe 3 S. 305

das Haus – die Häuser
das Gras – die Gräser
er bläst – blasen
der Eisbär – eisig
dies – diese
die Bremstrommel – bremsen

sie liest – lesen
der Ausweis – sich ausweisen
die Preisliste – die Preise
das Los – verlosen
der Glaskasten – gläsern
wir niesten – niesen

Aufgabe 4
S. 305

Infinitiv	1. Person Singular Präteritum
lesen	ich las
reisen	ich reiste
blasen	ich blies
verspeisen	ich verspeiste
rasen	ich raste
fräsen	ich fräste
niesen	ich nieste

Heiße Füße in kalten Flüssen – Der stimmlose s-Laut (S. 305–306)

Aufgabe 5
S. 305

Der betonte Vokal wird lang gesprochen. Nach dem lang gesprochenen Vokal wird der stimmlose s-Laut ß geschrieben.

Aufgabe 6
S. 305

Bei dieser Übung sollten die Schülerinnen und Schüler nach Möglichkeit mit einem Wörterbuch arbeiten, weil sie auf diesem Weg sehr viel Material erhalten.
Fuß: Fußball, Fußsohle, Fußbank, fußwund, fußkrank, ...
Spaß: spaßig, spaßen, Spaßverderber, spaßeshalber, ...
Spieß: spießig, Spießrutenlaufen, aufspießen, Spießer, ...
weiß: weißeln, Weißwein, Weißwäsche, weißhaarig, ...
Floß: Flöße, flößen, Floßfahrt, Floßholz, ...
Stoß: stoßen, gestoßen, Stoßdämpfer, Stoßstange, ...

Aufgabe 7
S. 305

fließen, draußen, Soße, büßen, stoßen, Straße, beißen, schießen, Grüße, Füße, heißen, dreißig, fleißig, schweißig, rußen, rußig, Maße, grüßen

Aufgabe 8
S. 305

freie Aufgabe

Aufgabe 9
S. 306

Dem stimmlos gesprochenen s-Laut geht immer ein kurz ausgesprochener (betonter) Vokal voraus.

Aufgabe 10
S. 306

Tasse, fassen, vergessen, Adresse, Messer, hässlich, Wasser, Masse

Aufgabe 11
S. 306

Die von den Schülerinnen und Schülern formulierten Regeln sollen sich auf das Wortmaterial in den Aufgaben 5 und 9 beziehen. Ausnahmen (das, es ...) bleiben hier unberücksichtigt.

Aufgaben 12 und 13
S. 306

Mit der Veränderung der Vokallänge ändert sich auch die Schreibweise des s-Lautes.

Infinitiv	3. Person Singular Präsens	3. Person Singular Präteritum
fressen	er frisst	er fraß
beißen	sie beißt	sie biss
fressen	es frisst	es fraß
lassen	er lässt	er ließ
fließen	sie fließt	sie floss
vergessen	sie vergisst	sie vergaß
schießen	sie schießt	sie schoss
verlassen	sie verlässt	sie verließ
zerreißen	es zerreißt	es zerriss
messen	er misst	er maß

essen	sie isst	sie aß
lassen	er lässt	er ließ
gießen	er gießt	er goss
sprießen	es sprießt	es spross
verschließen	sie verschließt	sie verschloss

Aufgabe 14
S. 306

Waagerecht: Karussell, Boss, Grimasse, Stewardess
Senkrecht: Interesse, Terrasse, Delikatesse

Zeugnis und fast ein Omnibus – Nicht alles lässt sich regeln (S. 307)

Aufgaben 1 und 2
S. 307

erleben	Erleb**nis**	die Erleb**nisse**
verstehen	Verständ**nis**	die Verständ**nisse** (selten)
erkennen	Erkennt**nis**	die Erkennt**nisse**
gestehen	Geständ**nis**	die Geständ**nisse**
(be)zeugen	Zeug**nis**	die Zeug**nisse**
ergeben	Ergeb**nis**	die Ergeb**nisse**
erlauben	Erlaub**nis**	die Erlaub**nisse** (selten)
fangen	Gefäng**nis**	die Gefäng**nisse**
sich ereignen	Ereig**nis**	die Ereig**nisse**

Aufgabe 3
S. 307

Atlas
Omnibus
meistens
Globus
fast
hastig
bis
fest
bist

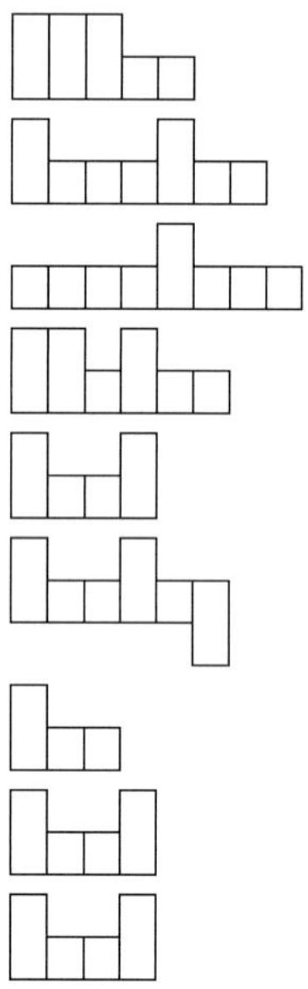

Aufgabe 4
S. 307

Globus – Globen und Globusse
Atlas – Atlasse und Atlanten

Hier kannst du üben (S. 307 – 308)

Aufgabe 1
S. 307

Künstliche Bewässerung

Fülle eine Weinflasche mit Wa**ss**er und stecke sie mit einem Ruck kopfüber in einen Blumenkasten. Die Flasche kann die Pflanze mehrere Tage bewä**ss**ern. Es läuft nur so viel Wa**s**-**s**er aus der Flasche, bi**s** die Erde um sie herum durchnä**ss**t ist und dann keine Luft mehr in die Flasche nachströmen kann. An warmen Tagen kannst du beobachten, da**ss** mehr Luftblä**s**chen aufsteigen als an kühlen Tagen. Die Pflanzen benötigen dann mehr Wa**ss**er.

Der Anti-Schnupfenkuss

Im Jahre 1940 behauptete ein amerikanischer Arzt, ein intensiver Kuss erzeuge so viel Hitze, dass die Schnupfenerreger dadurch abgetötet würden. So ein Mittel hätten wohl alle gern im Haus. Das Ergebnis dürfte jedoch manchmal enttäuschend sein.

Keine feste Größe

Weißt du, dass du abends zwei Zentimeter kleiner bist als morgens? Zwischen den einzelnen Wirbeln deiner Wirbelsäule befinden sich Scheiben aus knorpeliger Masse. Sie federn Stöße ab. Diese Scheiben sind elastisch und sacken im Laufe des Tages etwas zusammen.

Ein einfacher Trick

Wie kannst du mit verbundenen Händen aus einem geschlossenen Becher trinken? Für diesen simplen Trick brauchst du zwei Plastik- oder Pappbecher. Fülle einen Becher halb mit Wasser. Drehe den anderen Becher um und stelle ihn, mit der Öffnung nach unten, auf den gefüllten Becher. Setze dich davor und lass dir die Hände auf dem Rücken zusammenbinden. Jetzt erkläre deinen Freunden, du könntest das Wasser mit auf dem Rücken zusammengebundenen Händen austrinken. Das ist für dich kein großes Kunststück. Stoße einfach mit der Nase den oberen Pappbecher weg. Dann nimm den vollen Becher zwischen die Zähne, hebe ihn auf und kippe ihn so weit hoch, dass dir das Wasser zwischen den Zähnen in den Mund läuft. Wenn du das langsam und vorsichtig machst, wirst du keinen Tropfen verschütten.

Der Grund, warum deine Freunde nicht auf diese einfache Lösung gekommen sind, ist folgender: Mit den verbundenen Händen hast du sie auf die falsche Spur gelockt. Sie haben sich natürlich vorgestellt, du würdest irgendetwas mit den Fesseln anstellen, und das haben sie für unmöglich gehalten.

(aus: Nikolaus Lenz, Das Buch der 1000 Tricks und Rätsel © 1995 Loewe Verlag GmbH, Bindlach)

Urinstinkt

Bevor sich Katzen und Hunde auf dem Teppich oder in ihrem Körbchen zum Schlafen niederlegen, drehen sie sich häufig erst mehrmals im Kreis herum.

Dies ist eine Instinkthandlung, die den Tieren aus Urzeiten angeboren ist. Die wilden Vorfahren der Haustiere mussten im hohen Gras oder Schilf ihr Lager herrichten. Sie lernten damals, durch Drehbewegungen ihres Körpers die Halme zu einem wärmenden Polster niederzudrücken, sie gleichzeitig zu ordnen und dabei auch die Haare ihres Fells zu glätten.

(© Urinstinkt Nr. 272 aus: „Spiel – das Wissen schafft" von Hans Jürgen Press, Ravensburger Buchverlag Otto Maier GmbH, 2004)

Eine Heizung für den Rasen

Früher war es fast unmöglich, im Winter ordentlich Fußball zu spielen, wenn das Gras mit Schnee bedeckt war. Heute ist das zumindest in großen Stadien ganz anders. Dort sorgt nämlich eine Rasenheizung dafür, dass gefallener Schnee nicht liegen bleibt, sondern sofort wegtaut. Das verhindert auch, dass die Vereine größere Geldeinbußen erleiden, weil die Zuschauer auch bei schlechten Wetterbedingungen ins Stadion strömen können. Für die Sitze gibt es jedoch noch keine Heizungen, hier helfen heißer Tee und winterfeste Kleidung.